混龄教育的探索与实践

葛晓英 编著

海峡出版发行集团 福建人民出版社

图书在版编目（CIP）数据

混龄教育的探索与实践 / 葛晓英著. -- 2版. -- 福州：福建人民出版社，2024.1

ISBN 978-7-211-09120-1

Ⅰ.①混… Ⅱ.①葛… Ⅲ.①幼儿教育－研究 Ⅳ.①G61

中国国家版本馆CIP数据核字（2023）第126674号

混龄教育的探索与实践
HUNLING JIAOYU DE TANSUO YU SHIJIAN

作　　者：葛晓英	
责任编辑：吴梅香	
助理编辑：蔡彬彬	
责任校对：陈　璟	
出版发行：福建人民出版社	电　　话：0591-87533169（发行部）
网　　址：http://www.fjpph.com	电子邮箱：fjpph7211@126.com
地　　址：福州市东水路76号	邮政编码：350001
经　　销：福建新华发行（集团）有限责任公司	
印　　刷：福建新华联合印务集团有限公司	
地　　址：福州市晋安区福兴大道42号	
电　　话：0591-88208420	
开　　本：700毫米×1000毫米　1/16	
印　　张：15	
字　　数：244千字	
版　　次：2024年1月第2版	
印　　次：2024年1月第1次印刷	
书　　号：ISBN 978-7-211-09120-1	
定　　价：38.00元	

本书如有印装质量问题，影响阅读，请直接向承印厂调换。

版权所有，翻印必究。

目 录

第一章 混龄教育概述 (1)

第一节 混龄教育的内涵 (1)
一、混龄教育的内涵和特点 (1)
二、混龄教育的理论基础 (4)

第二节 国外开展混龄教育的经验 (10)
一、国外混龄教育开展的历史与现状 (10)
二、国外混龄教育开展的经验 (14)

第三节 我国开展混龄教育的现状与反思 (15)
一、我国混龄教育开展的历史与现状 (15)
二、我国混龄教育开展的反思 (20)

第四节 探索和开展混龄教育的意义 (22)
一、理论意义 (23)
二、实践意义 (25)

第五节 混龄教育探索的基本原则与方法 (28)
一、基本原则 (28)
二、方法 (30)

第二章 混龄教育的实施 (33)

第一节 混龄教育的实施理念 (33)
一、混龄教育实施的一般原则 (34)
二、混龄教育实施的主要流程 (35)
三、实施混龄教育要关注的主要问题 (41)

第二节 混龄教育活动的类型 (45)
一、依据活动内容划分 (45)
二、依据幼儿园一日生活的环节划分 (58)

  三、依据年龄跨度划分 ……………………………………………（65）
  四、依据个体数量划分 ……………………………………………（68）
 第三节 混龄教育活动的开展 ………………………………………（69）
  一、幼儿园混龄教育活动的计划 …………………………………（69）
  二、混龄教育活动计划的类别 ……………………………………（71）
  三、混龄教育活动的组织与开展 …………………………………（75）
 第四节 混龄教育活动的指导策略 …………………………………（77）
  一、投放存在内在关联且多种层次的材料 ………………………（78）
  二、设置开放与私密兼有的活动空间 ……………………………（78）
  三、注意发挥年长幼儿的榜样示范作用 …………………………（79）
  四、对幼儿之间的偏见进行干预 …………………………………（79）
  五、鼓励、关照弱势幼儿 …………………………………………（80）
  六、强化幼儿同伴之间的协商 ……………………………………（80）
  七、以具体、明确的评价来促进幼儿的发展 ……………………（81）

第三章 混龄教育中的师幼互动和同伴互动 ……………………（82）
 第一节 师幼互动概述 ………………………………………………（82）
  一、师幼互动的内涵 ………………………………………………（82）
  二、混龄教育中的师幼互动 ………………………………………（89）
 第二节 混龄教育中师幼互动的类型和指导策略 ………………（93）
  一、混龄教育中师幼互动的类型 …………………………………（93）
  二、混龄教育中师幼互动的指导策略 ……………………………（98）
 第三节 同伴互动概述 ………………………………………………（105）
  一、同伴互动的内涵 ………………………………………………（105）
  二、混龄教育中的同伴互动 ………………………………………（112）
 第四节 混龄教育中同伴互动的类型和教师指导 ………………（118）
  一、混龄教育中同伴互动的类型 …………………………………（118）
  二、混龄教育中同伴互动的教师指导 ……………………………（120）

目录

第四章　幼儿园一日活动中的混龄教育与环境创设 (125)

第一节　一日活动中混龄教育的设计与规划 (126)
一、一日活动中的混龄教育环节 (126)
二、一日活动中混龄教育开展的基本原则 (133)
三、一日活动中混龄教育开展的主要策略 (136)
四、一日活动中混龄教育开展的主要内容 (139)

第二节　一日活动中混龄教育的开展与评价 (146)
一、一日活动中混龄教育的开展 (146)
二、一日活动中混龄教育的评价 (149)

第三节　混龄教育中的环境创设 (155)
一、混龄教育中环境创设的一般原则 (156)
二、混龄教育中环境创设的过程 (160)

第五章　混龄教育中集体教育活动的开展 (165)

第一节　集体教育活动的设计与规划 (165)
一、明确集体教育活动的基本要求 (165)
二、精心制订集体教育活动的计划 (167)

第二节　集体教育活动的组织与开展 (168)
一、幼儿学习特点与集体混龄教育 (169)
二、活动前的准备与检查 (170)
三、活动的开展与指导 (171)
四、活动后的评估 (172)

第六章　混龄教育中区域活动和户外活动的开展 (177)

第一节　区域活动的设计与规划 (177)
一、系统思考活动区的设置 (178)
二、合理有效地利用空间 (179)

  三、材料投放策略 ⋯⋯⋯⋯⋯⋯⋯⋯⋯⋯⋯⋯⋯⋯⋯⋯⋯⋯⋯（179）
  四、主题区域活动设计 ⋯⋯⋯⋯⋯⋯⋯⋯⋯⋯⋯⋯⋯⋯⋯⋯（183）
 第二节　区域活动的组织与开展 ⋯⋯⋯⋯⋯⋯⋯⋯⋯⋯⋯⋯⋯（186）
  一、区域活动组织与开展的一般原则 ⋯⋯⋯⋯⋯⋯⋯⋯⋯⋯（186）
  二、区域活动组织与开展的各个环节 ⋯⋯⋯⋯⋯⋯⋯⋯⋯⋯（188）
 第三节　户外活动的设计与规划 ⋯⋯⋯⋯⋯⋯⋯⋯⋯⋯⋯⋯⋯（193）
  一、创设良好的户外活动环境是重要的物质前提 ⋯⋯⋯⋯（194）
  二、户外活动设计与规划的"五要素" ⋯⋯⋯⋯⋯⋯⋯⋯⋯（195）
 第四节　户外活动的组织与开展 ⋯⋯⋯⋯⋯⋯⋯⋯⋯⋯⋯⋯⋯（198）
  一、户外活动的指导策略 ⋯⋯⋯⋯⋯⋯⋯⋯⋯⋯⋯⋯⋯⋯（198）
  二、户外活动不同阶段的组织与开展策略 ⋯⋯⋯⋯⋯⋯⋯（200）
  三、教师指导幼儿活动时应注意的几个问题 ⋯⋯⋯⋯⋯⋯（203）

第七章　混龄教育中的家园共育 ⋯⋯⋯⋯⋯⋯⋯⋯⋯⋯⋯⋯⋯（206）
 第一节　家园共育的基本问题 ⋯⋯⋯⋯⋯⋯⋯⋯⋯⋯⋯⋯⋯⋯（207）
  一、家园共育的必要性 ⋯⋯⋯⋯⋯⋯⋯⋯⋯⋯⋯⋯⋯⋯⋯（207）
  二、教师和家长在家园共育中的角色 ⋯⋯⋯⋯⋯⋯⋯⋯⋯（209）
  三、家园共育的效益 ⋯⋯⋯⋯⋯⋯⋯⋯⋯⋯⋯⋯⋯⋯⋯⋯（212）
 第二节　家园共育的原则、方式、策略和途径 ⋯⋯⋯⋯⋯⋯⋯（215）
  一、家园共育的原则 ⋯⋯⋯⋯⋯⋯⋯⋯⋯⋯⋯⋯⋯⋯⋯⋯（215）
  二、家园共育的方式 ⋯⋯⋯⋯⋯⋯⋯⋯⋯⋯⋯⋯⋯⋯⋯⋯（217）
  三、家园共育的策略 ⋯⋯⋯⋯⋯⋯⋯⋯⋯⋯⋯⋯⋯⋯⋯⋯（218）
  四、家园共育的途径 ⋯⋯⋯⋯⋯⋯⋯⋯⋯⋯⋯⋯⋯⋯⋯⋯（221）
 第三节　家园共育的实践和探索 ⋯⋯⋯⋯⋯⋯⋯⋯⋯⋯⋯⋯⋯（225）
  一、通过家园共育推进幼儿品德教育 ⋯⋯⋯⋯⋯⋯⋯⋯⋯（225）
  二、通过家园共育提高幼儿的早期阅读能力 ⋯⋯⋯⋯⋯⋯（226）

主要参考文献 ⋯⋯⋯⋯⋯⋯⋯⋯⋯⋯⋯⋯⋯⋯⋯⋯⋯⋯⋯⋯⋯⋯⋯（231）

第一章 混龄教育概述

对于很多人而言，混龄教育并不陌生。无论是在学前教育阶段，还是在中小学教育阶段，很多人或多或少接触过混龄教育这种教育模式。实际上，混龄教育也确实不是一种全新的教育理念或形式，在制度化教育即学校教育发展还不是很成熟的时期，由于教师、校舍等教育资源有限，人们将不同年龄的幼儿集中在一起进行教育，从而形成了最早的混龄教育模式。如果说早期的混龄教育是因教育资源有限不得已而为之，那么近些年在学前教育阶段倡导的混龄教育则是人们有意为之的结果，只不过当下所倡导的混龄教育，是基于教育学、心理学等方面研究的成果，渗透了特定的教育思想与理念的一种新的教育模式。混龄教育对幼儿学习与发展的价值，正被越来越多专家学者、一线教师以及普通家长所认可。

本章首先介绍混龄教育的主要内涵以及相关理论；其次，对国内外有关混龄教育的开展情况进行描述和总结；再次，总结学前教育阶段探索并实施混龄教育的理论与实践意义；最后，提出探索、设计和开展混龄教育应遵循的基本原则和方法。

第一节 混龄教育的内涵

一、混龄教育的内涵和特点

（一）同龄教育与混龄教育

混龄教育最初产生于特定的历史时期，当时的混龄教育可被视作一种泛化的、一般意义上的、包含很少教育理念的教育模式。但混龄教育真正被当作一种值得研究和倡导的教育组织形式后，其内涵实际上已经十分丰富和具体。因此，关于混龄教育的概念，可从广义和狭义两个方面加以理解。

广义上的混龄教育指把不同年龄的幼儿集合在一起所进行的教育。而狭义上的混龄教育则是制度化教育成熟以后的产物，并已成为一个专门的教育术语，与占主流地位的同龄教育相对。因此界定狭义的混龄教育，有必要与同龄教育相对应来理解。同龄教育指基于同一年龄段幼儿遵循着相同的身心发展规律和特点，以此来制订相应的教育目标，按照年龄段对幼儿进行编班，然后对其进行有组织、有计划的教育活动。相比于混龄教育，同龄教育与正式的学校制度的结合更为密切。早在17世纪捷克教育家夸美纽斯提出班级授课制后，世界各国的学校教育便普遍采用同龄编班的授课形式。从某种意义上讲，通过同龄编班的形式开展教育活动有助于快速扩大教育规模、便于管理组织、节约师资等，所以直到目前依然是世界各国学校教育的主要课堂教学形式。当前，同龄教育仍是主流的教育模式，而混龄教育则属于一种新兴的非主流教育模式。

不过，作为一种非主流的教育组织形式，当前的混龄教育实际上是针对主流教育模式的不足而提出的。人们逐渐认识到同龄编班的教育组织形式存在忽视幼儿发展的个别差异，阻碍具备不同经验的幼儿互动学习等问题。因此，混龄教育开始进入专业研究者的视野，以期弥补同龄教育的不足。这时的混龄教育从最初宽泛的非专业概念，发展为一个专业的术语，由此形成了狭义的混龄教育。狭义的混龄教育已经不是指简单地将一群不同年龄的幼儿集合在一起进行的教育，而是精心组织和深入思考后形成的、利用不同年龄幼儿的身心发展特点进行的教育。基于此，狭义的混龄教育可被理解为，是基于对不同年龄幼儿身心发展规律和特点的把握，制订相应的教育目标，有计划、有组织地把不同年龄（主要是3～6岁，年龄跨度在12个月以上）幼儿按照一定的比例和数量集中在一起进行教育的活动。本书所研究的即是这种狭义的混龄教育，且主要将其限定为幼儿园教育中的混龄教育。

(二) 混龄教育的特点

在实际教育活动中，混龄教育还具体表现为多种形式，并被赋予不同的名称，比如混龄活动、混龄班、混合班、"大带小"等。但无论何种形式，只要具备混龄教育所包含的基本要素和特点，就属于混龄教育。目前很多关于混龄教育的研究，主要是从混龄教育的构成要素和特点来界定混龄教育。戴安（Diane，1999）认为混龄教育要包含三个要素：不考虑幼儿的实际能力，而只是将不同年龄的幼儿编在同一个班级；教学的设计和实施重视的是如何满足幼儿的发展需要；坚持幼儿发展的适应性发展方案和整体发展观。安德森和帕凡（Anderson & Pavan，1993）以及美国学校管理者协会（the American Association of School Administrators，1992）都曾对混龄教育的特征进行过阐述，归纳起来体现为以下几方面：异质性的幼儿群体、基于课堂教学需要而采取的灵活的分组形式、以幼儿为中心的教师指导、教师是幼儿学习的促进者、发展适宜性的教学方案、主动积极的合作式学习、真实评价、个性化的报告系统、多样化的教学策略等。基于以上观点，可以把混龄教育的特点归结为以下几方面。

1. 幼儿之间存在一定的年龄差距

"混龄"是混龄教育最为主要的一个特点，即将年龄相差一年甚至更多的幼儿集中在一个班级。教育者有意识地为不同年龄的幼儿创造彼此合作、互动、交往的机会，使幼儿获得相应的经验。需要注意的是，混龄教育对幼儿之间年龄的跨度、不同年龄幼儿组合的比例以及班级内幼儿的年龄范围有要求。在幼儿之间的年龄跨度上，国外一般认为最少要相差2年，国内一般认为相差12个月以上为宜；在不同年龄幼儿组合的比例上，国内一般认为大、中、小班幼儿应以1∶1∶1为宜；在班级幼儿的年龄范围上，整个幼儿园教育阶段的幼儿都适合进行混龄教育。

2. 幼儿身心发展存在较大的异质性

混龄编班，必然形成内部差异明显的幼儿学习群体。相对于同龄编班而言，不同年龄的幼儿在个人背景、能力、兴趣、个性、经验、知识等各个层面均存在差异，这种异质性构成了混龄教育的一个重要特征。幼儿之间的差异，恰恰为幼儿彼此的交流互动提供了机会。混龄教育中具体教育活动的组织与实施，是围绕幼儿之间的差异展开的，不同年龄的幼儿在接纳、理解他人差异的过程中，自身也得到了长足的发展。

3. 根据不同的教育内容和幼儿发展需要采取灵活的分组形式

开展混龄教育的过程中，教师会根据不同的教育内容以及幼儿身心发展的具体需要，灵活采取多种分组活动形式，比如独立活动、结对活动、三人活动、小组活动、大组活动甚至全班活动。不同的分组活动持续的时间往往

混龄教育的探索与实践

不会很长,会基于幼儿的兴趣、个人发展需要、学习方式、问题解决、技能指导乃至经验的巩固强化等而发生变化。在整个混龄教育活动中,教师往往要同时考虑集体和个人的需要,以便灵活采取不同的分组方式,为幼儿的学习提供适宜的支持,促进幼儿学习效果的最大化。

二、 混龄教育的理论基础

任何教育模式的组织和实施都是以一定的理论为基础的,并包含着一系列相关的教育假设。以同龄教育为例,其理论基础来源于近代心理学和教育学研究中有关幼儿心理发展具有年龄特征的分析。米勒(Miller,1995)认为,传统的同龄编班是基于三种假设:同龄儿童具备掌握相同学习内容的基础,同龄儿童要用同样的时间来掌握既有的知识内容,同龄儿童能够以相同的速度掌握预先规定的内容。不过,他补充道:"严格按照年龄分组并没有考虑到不同年龄的儿童在日常生活中可以相互学习这一现实。"[①] 这实际上揭示了同龄教育本身的不足,某种程度上也指出了混龄教育开展的必要性。混龄教育有着广泛的理论基础做支撑。

(一) 皮亚杰的认知发展理论

皮亚杰的认知发展理论主要是从生物学方面的相关理论演绎而来的。他认为,认知或思维只是个体的一种适应,儿童的思维发展起源于儿童基于自身原有的知识结构,在与周围环境持续互动的过程中,不断补充和建构新的知识经验,最终使自身心理实现从低级向高级的发展。皮亚杰认知发展理论的一个核心即强调儿童主动参与,知识并不仅仅简单地通过口头传达就能为儿童所掌握,而需要儿童不断地主动建构和重构。对于儿童而言,要掌握并建构起有关世界的知识,他就必须同外部环境产生持续的互动。在掌握相关经验与知识的过程中,儿童本身必须是积极主动的,而不是一个被动的、需要填满各种事实的容器,"认识起因于主客体之间的相互作用"[②]。

皮亚杰把儿童认知的发展描述为三个基本的过程:同化、顺应和平衡化。

---

① William Miller. *Are Multi-Age Grouping Practices A Missing Link in the Educational Reform Debate* [J]. NASSP Bulletin,1995,79(568).

② 〔瑞士〕皮亚杰. 发生认识论原理 [M]. 王宪钿,等译. 胡世襄,等校. 北京:商务印书馆,1997:21.

同化是将外界新的信息整合进原有的认知结构的过程。顺应是改变原有的知识结构来适应外部的新信息。通过同化和顺应的过程,儿童形成了新的知识结构。平衡化则指儿童面对一些新的经验时,原有的知识结构无法吸收这些经验,认知发展便出现了不平衡,那么通过同化和顺应的过程,儿童的知识结构便可重新获得平衡。在儿童的成长过程中,平衡化的过程会不断进行。不过,皮亚杰认为,儿童对新的知识与经验的掌握,必须基于一定的生理及心理的成熟,为此,儿童的发展既是连续进行的,又具有一定的阶段性,有着不同年龄的阶段性特征。由于受各种因素如环境、教育、文化以及儿童自身学习动机的影响,这些阶段性特征并不与年龄绝对地一一对应,而是在不同个体身上表现出有所提前或推迟,但阶段发展的前后顺序是不变的,同时各个阶段的发展有一定的交叉,前一个阶段往往构成后一个阶段发展的必要条件。对此,他还把人的认知发展划分为四个阶段。

从皮亚杰的认知发展理论可以看出,儿童与外界环境的持续互动是其学习的主要方式,而同伴则是儿童互动学习的重要对象。儿童在与具备不同发展水平的同伴互动时,往往会由于彼此知识经验的不一样,在互动中产生认知冲突。在这样一种认知冲突中,儿童会不断改变自身原有的知识结构,以获得新的知识经验,实现自身认知的发展。这实际上为混龄教育中不同年龄幼儿之间的互动学习提供了理论基础。不同年龄、不同发展水平的幼儿,能够在彼此的合作、交往、分享、互动中不断地产生观念的碰撞和经验的交流,这不仅使幼儿获得了更多的学习体验和机会,而且还激发了幼儿主动学习和交往的动力。

(二)维果茨基的社会文化发展理论和"最近发展区"理论

苏联著名的心理学家维果茨基提出了社会文化发展理论,用来解释人类高级的心理机能的形成。维果茨基借鉴了恩格斯关于劳动在人类发展中的重要作用的思想,认为工具的使用对人类而言意义重大,人类掌握了新的适应外部环境的方式,由此同动物有了本质的区别。动物是以身体接触的直接方式来适应自然,而人则可以通过工具的使用来间接适应自然。人利用工具进行生产,其中往往又凝结着人类的间接经验,即社会文化知识经验,因此人的心理发展不再简单地受生物进化规律的制约,同时也受社会历史发展的制约。

维果茨基把人的心理机能区分为两类:一类是靠生物进化结果的低级心

理机能，另一类是靠历史发展结果的高级心理机能。他由这两类心理机能发展出了他的儿童心理学理论。他认为，由于人的心理是在人掌握间接的社会文化经验中产生和发展的，因而作为传递社会文化的教育活动在儿童心理发展上就起着重要作用，离开了教育教学，儿童的心理发展就不能实现。受社会环境和教育的制约，儿童心理的发展首先属于一种外部的、人与人之间的活动，然后才逐渐内化为儿童自身的内部活动，并随着外部和内部活动关系的发展，最终形成了高级的心理机能。这种强调社会互动以及文化互动在儿童心理发展的重要作用，意味着在混龄教育中异龄同伴间的交往能够增加不同年龄幼儿的文化背景、生活经验之间的相互影响，最终促进每个幼儿在互动过程中获得不同程度的发展。

另外，维果茨基还提出了"最近发展区"理论，其中包含了有关"最近发展区"、教学应该走在发展的前面以及学习关键期等思想，主要阐述了教育与发展的关系。首先，维果茨基认为，教育对儿童的发展起着主导作用，但是教育的实施效果依赖于对儿童两种发展水平的明确：一种是儿童已达到的发展水平，可理解为"现阶段我能做什么"；另一种是儿童未来可能达到的发展水平，这需要成人的帮助或与同伴的互动，儿童才可能超越原有水平达到一个更高的发展水平。所谓"最近发展区"，就是指儿童在成人的帮助下所能达到的解决问题的水平与儿童在独立活动时所达到的解决问题的水平之间的差距或区域。其次，基于"最近发展区"的理论，维果茨基认为，教育就是要在考虑儿童现有发展水平的基础上，重点关注儿童的发展能力及其在外界影响下力所能及的更高水平，因此教育必须走在儿童发展的前面，才能有效地促进儿童的发展。再次，维果茨基还强调了"学习关键期"的概念。他认为，儿童对于技能的掌握都有一个最佳的期限。教学应以幼儿的发展与成熟为前提，同时成人应当注意到儿童特定技能的习得都有一个最佳时期，让教学走在儿童前面，就是要在儿童发展的最佳时期给予儿童充分的支持。

从维果茨基有关"最近发展区"理论的阐述，我们可以看出，幼儿的发展首先是与社会文化环境（包括学校教育、社区）、他人（如家长、同伴）互动的结果；其次，"最近发展区"揭示了幼儿已有能力与发展潜能之间的关系，有效的教育就是要为幼儿提供具有一定难度和挑战性的经验，以激发幼儿的潜能，促使幼儿更好地发展。在混龄教育中，不同年龄幼儿的知识经验和发展水平不同，彼此互动过程中存在各种经验分享、合作探究的机会，当幼儿面对与自身已有经验不相符的问题时，便形成了认知冲突，这会激发幼儿在自身经验和能力范围内持续地主动学习和探究，为幼儿的发展提供了成长的机会。

（三）阿尔伯特·班杜拉的观察学习理论

美国心理学家阿尔伯特·班杜拉提出了观察学习理论。他认为个体通过观察学习和自我调节来获得发展。他同皮亚杰、维果茨基等人一样，同样认为个体行为的习得既受遗传因素和生理因素的制约，又受后天环境的影响。在后天的成长过程中，个体行为习得主要通过两种方式：一种是通过亲自体验来获得直接经验，从而习得相应行为的过程，班杜拉把这种行为习得过程称为"通过反应的结果所进行的学习"，即通常所说的直接经验的学习；另一种是通过观察、模仿示范者的行为而习得行为的过程，班杜拉将它称为"通过示范所进行的学习"，即通常所说的间接经验的学习。后者即班杜拉的观察学习理论所强调的观察学习或模仿学习。

班杜拉认为观察学习可以分为四个阶段。首先，注意过程是观察学习的起始环节，示范者行为本身的特征、观察者本人的认知特征以及观察者和示范者之间的关系等都会影响观察者的学习效果。其次，在观察学习的保持阶段，观察者对不在眼前的示范行为以符号的形式表象化，将其保持在长时记忆中。再次，观察者依据记忆中的行为表象，再现以前所观察到的示范行为。最后，观察者是否能够经常表现出模仿的行为受行为结果的影响，所谓的行为结果包括外部强化、自我强化和替代强化等。简而言之，外部强化使得观察者形成了再现示范行为的动机。

另外，班杜拉还认为，个体要真正习得所观察到的行为，还要经历自我调节的过程，即个体将行为的实际效果与事先对行为的预期做对比和评价，来调节自己行为的过程。因此，个人在对观察到的行为进行模仿学习时，实际上形成了相应的内部标准，用以评判行为学习的效果。这种标准既受各种外在因素（如他人的评价）的影响，也受个人内在因素的调节（如自身的期望值）。一般而言，一个完整的自我调节过程包括自我观察、自我判断和自我反应三个过程。当个体通过一系列的自我调节过程来纠正和完善自己的行为，并获得预期的效果，那么个体就会形成对自己是否具备完成某一方面任务的能力的判断、信念或感受，即自我效能。简单地讲，自我效能就是"认为自己做某件事行不行"。由此可以看出，积极的、正向的行为回馈，对于个体形成积极的自我效能，获得自信、自尊等心理品质颇为重要。

在幼儿园混龄教育中，年长幼儿常常在思维和实际问题解决水平上要高于年幼幼儿，当不同年龄幼儿在一起互动时，年长幼儿往往成为年幼幼儿的模仿对象。年长幼儿的各种行为所获得的消极的或积极的反馈，将会间接强化年幼幼儿对这些行为的模仿或抵触，比如年长幼儿的撒谎行为得到了成人的批评和惩罚，那么年幼幼儿通过观察会形成对撒谎行为的负面认识，从而减少撒谎行为。另外，当年幼幼儿观察、模仿一种行为时，最初可能并不精确，但通过一系列自我观察、评价和反馈的过程，不断地进行纠正，最终就能掌握相对比较复杂的操作技能。当然，混龄教育中的观察学习行为并不绝对是单向的，即年幼幼儿向年长幼儿学习，在一些情境中也会发生年长幼儿向年幼幼儿学习的行为。需要注意的是，在混龄教育中，当幼儿观察、模仿他人的行为时，如果持续地受到负面评价，特别是来自模仿对象的负面评价，就会使幼儿形成不正确的、低的自我效能感，进而发展成消极的情绪，影响幼儿的正常成长。因此，混龄教育中教师对不同年龄幼儿观察、模仿方法的引导，适时的积极评价，幼儿之间合作技能的指导等，对混龄教育开展的效果至关重要。

(四) 伯纳德·韦纳的归因理论

归因理论是关于判断和解释他人或自己行为结果的原因的一种动机理论。在学校情境，儿童经常会提出诸如此类的归因问题，如"我为什么成功（或失败）""为什么我总是做不好"等。关于这类问题的解释，我们可以将其分为两类：外部归因和内部归因。外部归因是指个体将事情发生的原因归结为受某些外部因素的影响，自己无须为事情负责；内部归因则相反，认为事情发生的原因要归结为受自身内部因素的影响，因此自己要为事情负责。

美国心理学家伯纳德·韦纳对此进行了进一步的扩展。他认为，人们对行为成败原因的分析可归纳为以下六种因素：（1）能力。对自己能否胜任某项工作的评价与判断。（2）努力。个人对自己在工作中是否尽力进行反省检讨。（3）工作难度。凭个人经验判定某项工作的困难程度。（4）运气。个人认为事情的成败是否与运气有关。（5）身心状况。个人是否认为自己工作时的身体及心情状况影响了工作成效。（6）外界环境。个人认为事情的成败是否受到了其他的人与事的影响（如别人的帮助或评价不公等）。

韦纳按上述因素的性质，又分别将其归纳为三个维度：（1）因素来源。指个体自认为影响其成败因素的来源可以归为个人条件（内控）或外在环境（外控），实际上就是内部归因或外部归因。由此，"能力""努力"及"身心状况"三项属于内控因素，其他各项则属于外控因素。（2）稳定性。指个体影响事情成败的因素，其性质是否稳定，是否在类似情境下具有一致性。由此，前面谈到的六个因素中，"能力"与"工作难度"两项是不随情境改变的，比较稳定，其他各项则不稳定。（3）可控性。指个体认为影响事情成败的因素，是否能因个人意愿而改变。由此，六个因素中只有"努力"一项是受个人意愿控制的，其他各项均非个人意愿所能控制。

韦纳等人认为，个体对成功或失败的解释会对其以后的行为产生重大的影响。比如幼儿如果把解决某个问题的失败归因为个人能力不行，那么以后面对相似的问题还会担心失败；但如果把失败归因为运气不佳，那么以后面对相似的问题就不大可能担心失败。对此，我们可以把韦纳的归因理论总结为三个方面：（1）个体的个性差异和成败经验等影响着他的归因。（2）个体对前一次成就的归因会影响他对下一次成就行为的期望、情绪和努力程度等。（3）个人的期望、情绪和努力程度对成就行为有很大的影响。

在幼儿园混龄教育中，不同年龄的幼儿普遍会面临各种不同难度的问题。无论是模仿学习、观察学习，还是自主探究式的建构性学习，幼儿对问题解决成败的归因会受到他人评价、期望等多种因素的影响。一方面，教师的反应是幼儿形成合理归因的重要影响因素。不同年龄幼儿的问题解决行为能否得到教师的积极情绪反馈和言语肯定，并被寄予适度的期望，会直接影响幼儿对自我的判断。当幼儿面对成败时，教师能否帮助幼儿对成功或失败进行适当的归因，如将成功归因于内部的、稳定的因素（如个人能力），或将失败归因于外部的、不稳定的因素（如运气），有助于幼儿形成积极的自我效能感，并建立自信心。另一方面，日常活动中的同伴互动同样是影响不同年龄幼儿形成合理归因和正确自我评价的重要因素，特别对于年幼幼儿而言，一般会观察、模仿年长幼儿的行为，并期望得到年长幼儿的肯定和帮助，而同伴的消极评价则会直接影响幼儿对问题的自我归因。

第二节 国外开展混龄教育的经验

一、国外混龄教育开展的历史与现状

(一) 国外混龄教育的历史

在国外,狭义的混龄教育最早可以追溯到 17 世纪中期至 19 世纪中期分布在美国各地的"一间教室的学校"。实际上到了 19 世纪末 20 世纪初,这种混龄教育模式不仅在美国存在,在加拿大、澳大利亚、新西兰、英国、爱尔兰、西班牙等国的广大农村地区甚至一些小城镇里都曾出现过。其主要特征就是,一群学生坐在一个教室里,由一位教师给不同年级的学生进行相关学科知识的讲授。

不过,由于各国国情不同,"一间教室的学校"这种混龄教育在各国的形成过程与发展水平不太一样。比如,早期加拿大的很多"一间教室的学校"常常在周末的时候也被当作教堂使用,很多学校没有专门的用水和卫生设施,教学条件很差。同时,因为教师要同时对不同年龄的儿童进行教学,整个"一间教室的学校"也没有统一的教学标准,因此不同学校的教师会使用不同的教学标准。爱尔兰 1831 年实施免费的小学教育,为了保证偏远农村地区的适龄儿童的受教育权利,催生了很多"一间教室的学校"。由此可见,从早期世界各国混龄教育产生的背景看,这个时期的混龄教育实际上是受制于教育资源的有限而形成的,还没有成熟的教育理念和模式。

真正意义上的混龄教育是伴随着社会经济水平的发展以及人们对原有教育体系的批判和反思出现的。19 世纪末 20 世纪初,各种新的教育理念和思潮开始涌现,人们开始反思工业化社会基础上形成的教育制度存在的各种问题,比如过于强调标准整齐划一的教育方式,在重视教育普及的同时强调知识的简单传授和机械化训练,反而忽视了教育对人的精神启蒙、创造性培养的作用,儿童成长与社会、与日常生活相脱离的问题愈来愈严重。由此,人们开始思考探索一种新型的教育模式,以便更好地适应未来的后工业化社会对具有改革创新意识、合作领导才能、自主学习能力的人才的需要。由此,欧洲出现了以建立不同于传统学校的新学校来践行新的教育理念的教育改革运动,亦被称为"新教育运动"。混龄教育正是在这样一种背景下，开始慢慢成为一个专业术语和教育理念走上了历史舞台。

1889年，英国教育家雷迪（C. Reddie）在英格兰的德比郡创办了阿博茨霍尔姆乡村寄宿学校，标志着新教育运动的开端。该校以11~18岁男孩为教育对象，旨在提供一种全面的现代教育，为未来社会各个领导阶层培养具有领导才能的人。为了实现这一目的，除了在教学内容上强调要促进儿童的全面发展、重视儿童的个性活动和创造性活动外，其组织形式主要不是按年龄、年级等标准分班，而是按儿童对特定科目的学习能力分班；课程包括体力和手工活动、艺术和想象力的课程、文学和智力课程，以及社会教育和宗教、道德教育等。[①] 随后，在雷迪的影响下，欧洲各地又相继出现了一些类似的新学校，如德国的利茨（H. Lietz）在德国哈尔茨山区的伊尔森堡创办的德国第一所乡村教育之家，法国的社会学家和教育家德莫林（E. Demolins）创办的罗歇斯学校。这一时期的新教育学校普遍重视儿童社会合作、人际交往、主动学习和个性化发展等方面内容，相关教育理念和经验为后来混龄教育理念的发展与成熟奠定了基础。

系统提出混龄教育理念的教育家玛丽亚·蒙台梭利（Maria Montessori）认为："按年龄实行隔离是一个人能够做的最残酷最不道德的事情之一，对儿童也是如此。……年龄小的儿童可以看年龄大的儿童做事并请他们进行说明解释。他们是很乐意这样做的；这样教学才真正有价值，因为5岁儿童的心理比我们更接近3岁儿童的心理，幼儿很容易学会我们认为是难以传授的东西。在他们两者之间存在着一种人们在成人与幼儿之间很少发现的交流与和谐。"[②] 为了更好地实现自己的混龄教育理念，蒙台梭利还设计了一系列教具和玩具，精心布置了丰富而有层次的教育环境。在此教育环境下，教师通过发挥协助者、参与者的角色，激发儿童依据自己的发展节奏自主学习的潜力，并鼓励儿童之间的合作互动，促进儿童的全面成长。蒙台梭利对混龄教育的实施与探索在实践中取得了巨大的成就，使混龄教育正式成为早期新教育理

---

① 吴式颖，李明德，单中惠. 外国教育史教程 [M]. 北京：人民教育出版社，1999：447.

② 〔意〕蒙台梭利. 蒙台梭利幼儿教育科学方法 [M]. 任代文，译. 北京：人民教育出版社，2001：550.

念中的一个典型代表,并引发了世界各地的模仿与学习。

20世纪20年代以后,一批蒙台梭利学派的新教育家成立了新教育联谊会,关注儿童创造性的培养、自我表现、自由发展等问题;先是倾向于儿童中心主义,认为只有重视个别化教育才能促进儿童的个性化发展,而混龄教育则有助于实现这一点;后来倾向于社会中心主义,认为在混龄教育群体中有助于培养儿童的民主意识和社会责任感。从关注重点的转变可以看出,新教育运动自始至终都对混龄教育的意义给予了充分的肯定。

20世纪90年代以后,世界各国学前教育呈现一些新的特点,特别是伴随着多元智能理论、建构主义理论等学前儿童发展理论研究的深化,幼儿的同伴交往、师幼交往、个性化发展被赋予了更为重要的意义和深刻的内涵。混龄教育在得到各类最新教育研究成果支持的情况下,开始作为一种专门的、与同龄教育相对应的新的教育模式逐步被很多国家采纳并推广,如德国、澳大利亚、美国等。虽然相比于同龄教育,混龄教育的发展规模与现有教育管理制度在衔接上还存在一些问题需要克服,但混龄教育的实施理念和方式已发展得较为成熟。

(二) 国外混龄教育开展的现状

目前,世界各国在组织、实施混龄教育的过程中,主要采用了"垂直式"的混龄编班模式。这种"垂直式"的混龄教育模式源于蒙台梭利的理念,其主要意图在于增加班级幼儿的异质性,以便让更多在经验、知识和能力上存在显著不同的幼儿之间发生全面的互动。[①] 不过,这并不意味着所有的混龄教育环节都是混龄的而没有同龄教育,比如德国的混龄教育就根据活动内容有多种组织方式:在生活环节上,更多地以混龄进行;但是在学习环节上,除了混龄以外,也根据幼儿不同的能力、爱好进行自由组合。就英国的混龄教育而言,在学习环节上多利用幼儿的年龄差进行分班,然后再按不同的能力编组,在读、写、算的教学中大多数班级实行个别教学,学习小组安排灵活多样。

国外一些幼教工作者对混龄教育的具体实施方法进行了一些总结,如凯兹(Katz)、埃文格鲁(Evangelou)和哈蒙(Hartman)等人认为,混龄班

---

① 转引自:吴文静. 国内外混龄教育研究述评 [EB/OL]. http://www.cnsece.com/KindTemplate/MsgDetail/28179.

的活动应鼓励和允许幼儿利用同伴辅导、合作学习和游戏背景下的自发分组等方式进行合作学习。他们还认为，混龄教育要注意的首要问题是课程。"精心设计，最大限度地促进异龄互动"是混龄课程的精华所在。里斯（Reese）也提醒应考虑怎么利用班级幼儿的异质性来调整课程，强调课程设置要能促进各个年龄段幼儿的互动和合作，要能使互动的效果最大化。

以下具体介绍德国混龄教育开展的实际情况。

在德国，幼儿园中混龄教育十分普遍，不同年龄的幼儿被安排在同一个班级里游戏、生活和学习。这实际上是伴随着德国的独生子女越来越多、独生子女社会适应不良问题突出而出现的。混龄教育旨在模拟一种类似传统的、多子女的家庭环境，让幼儿与异龄同伴相互合作、交往，由此克服诸如自我中心等问题，掌握与人交往的正确技能，形成健康良好的个性品质与态度。

从班级幼儿年龄结构看，德国混龄班幼儿年龄跨度非常大。实际上，德国早期开展的主要是针对3~6岁幼儿的混龄编班教育，之后才扩展为1~12岁儿童的混龄编班。目前德国的混龄教育一般仍以3~6岁幼儿混龄为主，但也分不同情况。比如"Thomizil幼儿中心"共有82名儿童，年龄在2~12岁之间，分成4个班，其中两个班各为21人，另两个班各为20人。每个班的儿童按年龄分配。还有名为"Willy Althof"的幼儿园，有5个班级，每个班10~12人，全部是8个月至4岁幼儿的混龄编班（因为德国政府给予有8个月之前幼儿的家庭一定的经济补助，所以8个月之前的幼儿一般不入托），每个班的各年龄段幼儿数基本相同，以12人的一个班级为例，其中1岁以下2人，1~2岁5人，3~4岁5人。①

从师资配备情况看，德国混龄班基本上一个班级配备两名教师，包括一名幼儿教师（类似班主任），一名幼儿看护（类似保育员），有的班级还另外配备一名准实习生（正在接受培训的学生）。

从教育的基本理念看，因为要模拟家庭环境，所以环境布置要温馨。表现在环境创设上，一些幼儿园会将原来一个大的活动室分割成若干个小的活动区，并搭建一些小阁楼。除了有进行学习和游戏活动的场所之外，还有进餐的地方、休息（午睡）的地方和大龄幼儿学习的场所等。这种布置同目前国内很多幼儿园的环境创设类似。

---

① 施燕. 德国幼儿园的混龄教育[N]. 中国教育资讯报, 2002年11月28日第7版.

在玩教具和家具的投放与设置上，德国混龄班更多地考虑了不同年龄幼儿的不同需求：既有年幼幼儿喜爱的娃娃等玩具，也有年长幼儿喜爱的智力拼插玩具。家具的准备也如此，桌椅的尺寸有着一定程度的差异，设置不同大小和高低的椅子以便不同身高的幼儿使用。与一般幼儿园不同的是，德国混龄班还创设了专供年长幼儿做作业、探讨问题和相互谈心的环境，如书桌、台灯、各类图书（参考书、字典、辞典等）、供小组讨论所用的桌椅，以及供年长幼儿玩耍的小足球场等。在活动时，教师并不严格限制幼儿的活动类型，而是让不同年龄的幼儿共同游戏与学习。

在具体的活动组织环节，教师仔细观察每个幼儿的不同特点，并制订出具有针对性的教育方案。因此，混龄班的生活、游戏、学习等均有不同的组织形式。例如，在柏林的一所幼儿园，整个幼儿园的活动以一种更为开放的组织形式出现：每个幼儿在上午的大多数时间里可以在幼儿园的任何一个活动室内活动，或画画，或制作，或阅读，或表演。幼儿或以兴趣相同为一组，或以年龄相同为一组，或以能力相近为一组，他们的同伴不固定。这种灵活的组合，有助于教师更好地进行个别化教育。

二、 国外混龄教育开展的经验

从国外混龄教育开展的历程与现状可以看出，各国混龄教育的产生与发展具有相似的背景，在具体的组织与实施过程中，有值得我们借鉴的经验。

首先，必须重视对混龄教育班级整体环境的创设与评价。除了在主要的办学条件、管理制度等方面必须符合幼儿身心发展的一般规律与需要外，要突出环境创设的舒适度和亲和度，让幼儿能在一种模拟家庭的轻松、温馨的氛围中自由地交往互动和探索、学习。为此，幼儿园除了要按照一定的安全标准进行基本的环境布置，更重要的是要充分调动幼儿、家长、教师的积极性，基于对幼儿园整体环境的多主体评价，让幼儿和家长切实地参与班级环境的具体布置，并理解环境创设的意义，将班级环境创设作为一种深化混龄教育活动的途径。

其次，在具体环境的布置过程中，一方面，玩教具的投放以及家具的摆放要充分考虑不同年龄幼儿的实际需要，以便不同年龄的幼儿使用和学习。这里突出的是环境创设的专属性，也就是说相关环境创设要专门针对特定发展阶段的幼儿，为他们的自主学习提供适宜的支持。另一方面，为了更好地促进不同年龄幼儿之间的互动，环境布置要具有一定的开放性，也就是说环境创设要能激发幼儿主动地讨论、交流与分享，并能基于环境中的各种素材展开多种形式的合作性活动。

再次，在师幼结构及教师配备上，基于不同年龄幼儿有着不同的身心发展特点和需要，要求教师不仅要有很好的环境创设能力，而且要能敏锐地觉察不同幼儿的发展需要并能及时给予指导。为此，一方面，要求在教师配备上，师幼比不能太小，不能小于同龄班师幼比，并考虑在特定的活动，如户外活动、合作探索活动中，适当增加专业教师，以强化教师对幼儿的针对性指导；另一方面，对教师个人而言，混龄编班应配置具有丰富教学经验的教师，这是考虑到有丰富教学经验的教师对不同年龄幼儿的发展需求会更敏感，能基于对不同年龄幼儿身心发展特点的认识，给予更为适宜的指导和支持。

最后，在具体的教育形式上，要做好各项教育工作的统筹规划，根据不同活动内容的具体要求，适时采取不同的教育形式。如在一些需要幼儿自主探索的区域活动或自主游戏，可由幼儿根据自身兴趣等自由组合，留给幼儿独立思考和探究的空间。同时，在不同活动环节的转换过程中，事先要有规划，针对不同年龄的幼儿分别指导时还需考虑如何减少另一部分幼儿的消极等待。

第三节　我国开展混龄教育的现状与反思

一、我国混龄教育开展的历史与现状

（一）我国混龄教育开展的历史

同国外相似，我国广义上的混龄教育开展的时间很早，但最初也是出现在教育资源有限的农村地区基础教育中。到了20世纪90年代后，对混龄教育进行的专门探讨已比较普遍，特别是学前教育领域中的混龄教育，在不少地方已经有了比较成熟的探索经验。

我国幼儿园混龄教育的开展也有其特定的历史背景和原因。

首先，虽然直到目前，我国绝大多数幼儿园仍采用同龄编班的教育模式，相关课程、教学目标、评价标准的设置均围绕同龄编班展开，但客观上我国

混龄教育的探索与实践

不仅地区间社会经济发展水平差异很大,城乡经济发展水平存在着明显的差距,而且在教育资源分布上,中西部农村地区以及老、少、边、穷地区教育资源普遍短缺,师资不足、校舍有限等问题仍然突出。如果采用传统的同龄编班形式进行教育,很多贫困地区的学前教育活动则将难以正常开展。一些地区的幼儿园和教育工作者基于教育资源紧缺的客观现实,为了更好地满足幼儿的受教育需要,采取打破原有按年龄分班组织教育活动的形式,因地制宜地开展了混龄教育。从目前已有的实践效果看,混龄教育已经不再仅仅是一种应对教育资源紧缺的应急性教育模式。在实际的开展过程中,研究者和教育工作者们普遍发现,混龄教育不仅节约了大量的教育资源,有利于将有限的教育资源集中于贫困地区学前教育发展中最为关键的环节,而且结合"大带小"的传统教育方式,实现了不同年龄幼儿之间的有效互动和共同成长,对于促进贫困地区学前教育的发展起到了一定的积极作用。

其次,从1979年开始,我国的独生子女计划生育政策开始推行。随着独生子女数量的急剧增加,独生子女问题开始引起社会的广泛关注。一方面,伴随着我国城市化进程的加快,城市化进程改变了中国人传统的生活形式,相对封闭的高楼大厦式的居住环境使得人们的日常生活空间变得单一,很多幼儿的日常生活处于一种受到过度保护的半封闭状态。传统弄堂、胡同等相对平面和开放的人际交往空间消失,幼儿社会交往的机会变少,交往空间变小。另一方面,虽然独生子女在家庭中占有优越的物质条件和教育条件,往往还处于几代人共同构建的家庭关系的核心,但是由于缺少兄弟姐妹,导致异龄幼儿之间交往不足,幼儿在家庭内部受到的更多是迁就、保护等,由此幼儿在社会性以及人格发展方面产生了很多问题,如过于自我、骄横、任性等。针对这种情况,很多教育工作者基于如何扩大和增加幼儿的社会交往空间与机会,在幼儿园日常教育活动的基础上,开始主动探索、实施混龄教育,期望能以这样一种不同于传统同龄编班的教育模式,创设出一种更为接近日常生活的社会交往环境,让幼儿的社会性、认知、情感、态度等方面均能获得一定的发展。

再次,国外专门针对混龄教育展开的实践和探讨要早于我国,在具体的教育理念和教育策略上也相对更为成熟,同时与混龄教育相关的各种教育理论研究也十分丰富,为我国混龄教育的开展提供了诸多可供借鉴的经验。改革开放以后,各种西方儿童心理学理论开始被大量地引入我国,在丰富人们对幼儿发展规律的认识和教育实践经验的同时，使我国很多教育研究者和教育工作者对幼儿学习与发展方式的认识发生了深刻变化，逐渐认识到传统同龄编班教育在促进幼儿成长方面的局限性和开展混龄教育的必要性。诸如蒙氏教学、瑞吉欧教学等国外的教育理念中所蕴含的混龄教育相关内容，则成为我国学前教育工作者在力求与世界接轨并促进我国教育现代化的过程中努力吸收和转化的重要部分。因此，国内一些教育工作者和研究者开始在幼儿园中开展混龄教育探索活动，旨在形成同我国现实国情紧密结合的、具有中国特色的幼儿园混龄教育模式。

最后，基于我国的现实国情和社会发展的需要，有关部门出台的一些法规政策中对混龄教育的开展提出了明确要求，为混龄教育的开展提供了法律依据，促进了混龄教育在幼儿园的开展。如2016年版《幼儿园工作规程》中第二章第十一条规定："幼儿园可以按年龄分别编班，也可以混合编班。"国家从政策层面对现实国情下开展混龄教育的肯定与支持，不仅表明了混龄教育开展的必要性和可行性，而且对幼儿园教育的发展方向做出了指引。这一方面表现在，我国混龄教育的开展有着深厚的现实土壤，教育资源的紧缺是我国幼儿园教育发展与规划必须考虑的内容，因地制宜开展混龄教育是提升我国幼儿园教育质量的重要举措；另一方面，基于幼儿园混龄教育是探索新的幼儿园教育模式，创新幼儿园教育的组织形式和内容，深化教师对幼儿发展、课程教学与评价的认识，应是混龄教育开展的另外一个重要目的。

（二）我国混龄教育开展的现状

我国幼儿园混龄教育的开展除了借鉴了国外混龄教育的一些经验，经过多年的探索与实践，目前在组织和实施的对象、组织形式、内容等诸多层面已经形成了一些新的特点和经验。

1. 从组织实施的对象上看

基于对不同年龄幼儿身心发展特点的认识，我国幼儿园混龄教育对象从年龄跨度上看，已经不再局限于年龄跨度为1~2岁的幼儿，而是尝试对不同年龄跨度的幼儿进行混龄教育，形成了小跨度混龄和大跨度混龄这两种混龄教育方式，由此形成了多种年龄组合的混龄教育。

小跨度混龄是指小中班混龄或中大班混龄，大跨度混龄是指小大班混龄或托中班混龄。对于小跨度混龄而言，考虑到年龄越小的幼儿具有独自活动的特点,其相关合作能力还未发展起来,因此同伴之间难以发生深刻的交往和互动,因而在需要有较多认知参与的活动中,小跨度混龄能让幼儿基于彼此相似的经验、思维特征、理解能力,就相同的问题进行推理、判断、比较时,更好地进行沟通和对话;对于大跨度混龄而言,考虑到年幼幼儿喜欢观察模仿,而年长幼儿则更乐于展示和合作,因此在一些以动作技能锻炼为主要内容的活动中,教师有意识地引导年长幼儿主动地发挥榜样示范作用,不仅培养了年长幼儿的责任心等方面的品质,而且也使得年幼幼儿积累了丰富的经验。

2. 从组织形式上看

其一是"连续性混龄"模式,即幼儿园实现全部混龄编班,在幼儿一日生活的各个环节都实施混龄教育。"连续性混龄"模式要求教师对幼儿一日生活的各个环节进行科学规划,在对各个环节的具体活动内容、指导方式、活动目标进行深入分析的基础上,制订不同环节混龄教育开展的具体方式和相应的指导策略,力求保证不同活动环节实现自然过渡。"连续性混龄"模式的主要特点和优势在于,不仅能保证幼儿有充分的混龄活动时间,强化混龄教育的效果,而且对于教师而言,能够借此提升自身对幼儿一日生活活动的安排和规划能力,强化他们对幼儿学习特点和发展规律的认识。不过,由于"连续性混龄"模式活动持续的时间较长,且不同年龄的幼儿一起参加活动,活动的复杂性加大,对于教师而言,在具体的管理、教学工作等方面就面临着更多挑战。

其二是"间断性混龄"模式,主要是指按照混龄教育组织的时间维度来划分,每天或每周安排一定的时间开展丰富的混龄活动(如区域活动等),其他时间则仍采用同龄编班的形式。"间断性混龄"模式考虑了混龄教育的开展对教师、幼儿园管理等方面有着较高的要求,力求在场地资源、教师资源有限的情况下,让混龄教育更好地发挥其积极作用。对此,基于幼儿园自身资源分布的特点以及相关教育活动的具体形式和要求,幼儿园选择在一些固定的教育环节开展混龄教育,并借此安排好相关的人员配备和资源支持,尽可能地提高幼儿园资源的利用率。"间断性混龄"模式相比于"连续性混龄"模式,在组织的复杂性和难度上都要低,对教师而言所面临的管理压力就会小很多,同时还具有时间固定、地点固定、幼儿编班固定、教师配班固定以及活动内容灵活等特点,是目前幼儿园较常采用的一种混龄模式。

其三是"梯度混龄"模式，指当幼儿入园时先进入小跨度混龄（一般是1岁）的小混龄班。在小混龄班，由于幼儿之间年龄差异不大，身心发展水平相似，方便教师组织管理和幼儿之间更好地合作互动。而当幼儿在情绪情感等方面有了一定的基础和准备后，再让其进入大跨度混龄（2~3岁）的大混龄班。"梯度混龄"模式充分考虑了不同年龄幼儿的身心发展特点对混龄教育开展形式、指导策略、评价目标等方面的诸多要求，同时力求将混龄教育的功能和价值发挥至最大。这种有着明确发展导向的、循序渐进的教育模式，其最大的特点是，活动本身的具体组织和实施是分阶段进行的，大跨度混龄教育的开展是建立在小跨度混龄教育开展成熟的基础上，因此对于教师而言，所面临的压力要小很多，同时由于每个阶段的活动有着明确的、层层递进的活动目标，幼儿活动的状况也易被观察与评价。

3. 从组织内容上看

幼儿园混龄教育的组织与开展十分灵活，并没有明确的、特定的限制，但在某些具体的活动内容方面，相比于同龄教育而言则要进行专门的设定和组织，故难易程度上有一定区分。

首先，诸如讲述、谈话等语言活动以及手工操作、实验探索、艺术欣赏与表现、体育游戏等活动较易开展混龄教育。这主要是因为：（1）这些活动对幼儿的认知水平要求相对较低。尽管不同年龄幼儿的具体发展特点和目标不一样，但在总的发展目标上趋于一致，只是对特定时期的发展要求有高低的差别，比如语言活动和体育活动，对于幼儿而言，易于模仿与观察，其中隐含的活动目标虽然存在差异，但并不是质上的巨大差异，一般都处于幼儿的"最近发展区"内，因此活动目标的内在连续性较强，易于教师组织和评价。这种特征在幼儿的社会性发展、情感发展、健康发展方面也是如此。（2）这些活动的内容与幼儿日常生活联系最为密切。从素材的选取上讲，教师更容易从幼儿周围生活环境中选取幼儿常见的材料作为教学素材，如手工活动中很多材料可以取材于生活中的废旧物品，幼儿对这些材料的特点和性质有一定的了解。从幼儿的经验准备上讲，幼儿能够在生活中积累与这些活动相关的丰富的日常经验，因此活动的开展更易激发幼儿的兴趣，并能调动幼儿参与互动的积极性。

其次，对于一些主要需要个体内在的心理认知能力参与的活动，如数学教育、文学欣赏、绘画等，以及对个体技能水平要求较高的音乐、体育活动，则比较难作为混龄教育的内容。主要原因在于：(1) 这些活动对幼儿的认知发展水平要求较高，活动过程中主要依赖个体内在思维力、想象力等的参与，对于仍主要依靠观察、模仿以及表象思维进行学习的幼儿而言，很难通过互动交往的方式来获得这类活动的相关经验。同时，同龄幼儿在思维发展水平、学习兴趣相近，而异龄幼儿显然在经验准备、兴趣爱好、思维方式等方面存在较大差异，因此围绕这些内容开展的混龄教育活动比较难调动幼儿互动学习的兴趣。(2) 受不同年龄幼儿身心发展水平的制约，围绕这些内容开展的教育活动的侧重点会有所不同，同时活动开展所需要的幼儿的经验准备也不一样，在制订活动目标和具体的指导策略上就会存在较大差异，因此对于教师而言，要在不同的教育内容及教育策略之间取得平衡，往往面临很多困难。这不仅要求教师要有丰富的教育和管理经验，而且要对各个年龄段幼儿的发展目标有全面的了解和认识，并能随时根据教育活动的开展调整自己的教育策略和节奏。如对于大班幼儿而言，其归纳、推理、判断能力已经有较大的发展，在进行一些科学实验类活动时，其兴趣点和思考问题的重心同小班幼儿往往不在一个层面，如果围绕这样的内容开展混龄教育，将很难满足不同年龄幼儿的发展需求，最终可能会导致活动目标难以真正实现。

二、我国混龄教育开展的反思

从我国混龄教育的发展历程以及目前混龄教育开展的实际情况看，学前教育工作者和研究者经过不断摸索和探讨，在教育理念、组织形式等多个方面积累了不少经验。不过，与此同时需要思考的是，任何一种教育模式的实施和发展，都离不开一套完整的教育理论体系做支撑。与传统的同龄教育相比，我国幼儿园混龄教育在相应的教育理论体系、教育评价、组织策略等方面还存在诸多不足，因此未来还需要不断地加以改进和完善。

首先，混龄教育的有效开展离不开高素质的专业教师队伍，因此不断提升教师的专业素质，改变教师的观念和行为，就成为保证混龄教育质量的关键。目前我国幼儿园教师队伍整体质量不高，同中小学教师相比，无论是在学历、职称还是专业素养上，都存在较明显的差距，甚至有相当一部分教师未获得教师资格证。如前所述，混龄教育对教师的专业素养有着较高的要求，但从当前幼儿园教师队伍的状况来看，符合基本专业素养要求的幼儿园教师比例较小，能满足混龄教育需要的高素质的幼儿园教师则更少。当前，我国幼儿园混龄教育的专业探索主要在一些公办性质的优质幼儿园开展,这类幼儿园各类资源丰富,为混龄教育的研究与开展提供了诸多保障。更为重要的是教师队伍质量相对较高,能够比较好地领会混龄教育的理念和要求,并有效地进行混龄教育的实践和探索。从这方面看,目前我国混龄教育所取得的一些成果和经验,更像是优质幼儿园才能有资格独享的"奢侈品",对于普通幼儿园而言,相关成果与经验是否适宜则有待进一步考察。因此,混龄教育未来要在我国得到发展和普及,一方面是要不断提高幼儿园教师队伍素质,另一方面还需要考虑如何进一步细化混龄教育的操作流程和方法,使其能真正发展成为一种适合普通幼儿园开展的教育模式。

其次,幼儿园教师及管理者要注重对幼儿园一日生活的安排与优化。目前,无论是哪一种混龄教育模式,其实际开展都是基于幼儿园一日生活的各个环节,在既有课程设置的基础上进行的,而不是独立于幼儿园现有教育活动的教育模式。与同龄教育相比较,混龄教育的活动安排相同的教学内容往往同时需要多种教育策略、评价标准。这对教师和幼儿园相关资源提出了更高的要求。这种更高的要求就是要对一日生活的各个环节进行相应的调整和安排。比如,对于一个混龄体育游戏活动而言,不同年龄幼儿的活动兴趣点和运动水平会存在一定差异,那么为了吸引幼儿围绕特定的活动主题进行互动,就需要在活动器材投放、场地准备、教师指导等多个方面做好多重准备,并为不同幼儿的互动学习留足相对充裕的时间。这不仅要求幼儿园要适当地改变原有一日生活的内容结构及时间安排,还要在人员配备方面做好相关准备。由此可以看出,幼儿园混龄教育的开展往往需要比较全面的整体设计与规划,其中最有效的方式应是紧密地同一日生活的各个环节自然地融合与衔接,避免混龄教育活动对幼儿园原有的其他教育活动造成干扰。

再次,混龄教育在具体的组织和实施过程中,要仔细研究活动内容和活动材料的关系,要充分考虑不同年龄幼儿对活动材料的需要。幼儿园各类活动一般都可以设计为混龄教育活动,如体育活动、区域活动、角色游戏等,但与同龄教育活动相比,由于不同年龄幼儿在参与某类活动时的行为表现、目的等存在比较大的差异,因此如何促进不同年龄幼儿相互之间发生积极的影响,往往需要教师在材料提供、指导策略上提前做出设计和规划。比如角色游戏,不同年龄的幼儿对主题存在明显的偏好,同时游戏情节的复杂性也存在差异。年幼幼儿主要是独自游戏、平行游戏,而年长幼儿则以合作游戏和平行游戏为主。如果教师组织实施不当，那么幼儿之间的互动学习机会就会很少。另外，由于不同年龄幼儿的知识经验准备以及动作技能发展水平的不同，在进行相似活动时所借助的活动材料也不同。比如，在区域活动中，不同年龄的幼儿往往选择适合自己水平的材料，年长幼儿更容易选择复杂的材料，年幼幼儿则选择简单的材料，因此大跨度混龄活动可能会因幼儿选择的材料差距过大，难以真正发生有意义的互动学习。

最后，混龄教育应重视对多种资源的利用，尤其是家长资源的利用。混龄教育相比于传统同龄教育而言，由于活动目标的扩大以及相应的活动内容的扩展，往往需要更为丰富的资源支持。其中，最为重要的资源就是家长资源。家园合作是幼儿园常规管理与教育活动的一个重要内容。家园合作的一个重要意义就在于，要让家长了解、认可并支持幼儿园教育活动的开展，因此引导家长认同幼儿园的教育理念成为家园合作的前提。传统的同龄教育活动对于一般家长而言早已不陌生，但是对于混龄教育而言，一些家长往往会囿于对传统同龄教育的理解，认为在混龄教育活动中年长幼儿总是对年幼幼儿进行帮助，担心会影响年长幼儿的成长，或是担心年幼幼儿受到欺负等，因此对混龄教育的意义持怀疑的态度。家长的不理解势必会降低其对幼儿园混龄教育的支持。对此，幼儿园需要对混龄教育进行严格的设计与规划，制订详细具体的活动目标和要求；积极向家长宣传混龄教育的理念和价值，引导家长亲自参与幼儿园混龄教育活动的设计与实施；适时对混龄教育开展的成果和经验进行总结，让家长在认同混龄教育的同时，主动支持并配合幼儿园混龄教育的开展。

第四节　探索和开展混龄教育的意义

相较于国外，我国幼儿园混龄教育开展的时间比较短，相关的理论探讨和研究也比较薄弱，但在实践中的运用和开展速度却很快。这是因为混龄教育不仅有助于丰富并完善幼儿园教育形式和理念，而且对促进幼儿发展、教师专业成长也有着重要作用。因此，基于混龄教育本身的功能和属性，在幼儿园探索和实施混龄教育对于推进我国学前教育的整体发展有着深远的意义。

一、理论意义

（一）能促进各种幼儿园教育理念的相互吸收和融合，丰富幼儿园教育的专业内涵

时至今日，包括教育学在内的各种学科的发展，都在不断为学前教育理论的发展注入新的内涵。不过，无论在实践领域还是在理论研究领域，都不存在绝对正确的标准或依据，有的只是相对的价值判断。比如，学前教育发展至今，出现了行为主义学说、精神分析学说、人本主义学说、存在主义学说等各种理论范式下的学前教育理论，但无论哪一种都难以独立解释学前教育实践中所面临的各种问题，因此，目前各种学说开始走向融合。但是，对于普通的一线教育工作者、家长而言，各种理论的融合在某种意义上都增加了他们对学前教育实践专业性的迷惑，这既源于一线教师与家长关注更多的是教育理论的可操作性和标准化程度，也源于人们无暇对教育实践背后隐含的理论取向做批判性思考。由此导致的是，不仅部分幼儿园教师轻视理论对实践的指导意义，对学前教育的专业性认识不足，而且一些家长也无视幼儿发展规律，总是基于自身的日常生活经验，想方设法将世俗的、非专业的教育理念强加给幼儿乃至教师。对此，应当基于对多种教育理念的实践与探讨，促进各种教育理论的融合，并推动完整、系统、规范的教育模式的形成，从可操作性、科学性、专业性、标准化等多个层面帮助教师和家长认识学前教育的专业性。我们对幼儿园混龄教育进行探索与实践的意义即在于此。

如前所述，幼儿园混龄教育是不同于传统同龄教育的一种新的教育模式，其背后有着多种理论支撑。虽然目前在具体的操作程序、教育内容、评价标准等方面的探讨还不够系统，远不能与同龄教育相比，但其在当前社会背景下的现实意义正被越来越多的人认同。为此，就混龄教育展开探索与实践，一方面，要进一步对其所依赖的各种教育理论进行不断的探讨和分析，围绕如何提高混龄教育的可操作性和专业性，促进各种理论彼此吸收和融合，从而形成一个新的、统筹在混龄教育模式下的理论体系，以强化各种理论对混龄教育中各种问题的解释力和指导力；另一方面，应基于对混龄教育的实践与探讨，通过理论与实践的不断磨合，将各种日常教育中零碎的感知经验整合提升为系统化的教育理论，加深人们对幼儿园教育乃至早期教育的系统性认识，提升混龄教育的科学性和可操作性。

（二）有助于深刻理解幼儿园教师专业成长的过程，丰富教师专业化的相关理论

教师专业化是当前教师教育领域的研究热点，包括教师职业的专业化和教师的专业成长，前者多关注教师的专业培养和准入，后者多关注教师入职后的成长过程与影响因素。由于我国幼儿园教师队伍素质问题已经成为制约我国学前教育事业发展的重要因素，幼儿园教师的专业化问题近年来得到社会各界的广泛关注。需要指出的是，无论是从哪个层面谈论教师的专业化问题，都必须基于各种教育实践活动，从探讨教师专业行为的角度探讨教师的专业化内涵，而对混龄教育的实施与探讨则为分析幼儿园教师的专业化问题提供了途径和平台。

幼儿园教师的专业素养和教育组织能力是混龄教育有效开展的重要保障，而使教师真正具备开展混龄教育所需要的专业素养并不是一朝一夕的事，往往需要贯穿于教师专业化的整个过程。针对混龄教育实际开展过程中对教师提出的一系列具体要求，结合教师专业成长的路径进行整体分析时会发现：一方面，幼儿园教师相关专业素养的形成过程符合整个教师专业发展阶段的划分，有效实施混龄教育要经历从新手教师到熟手教师再到专家型教师的过程，因此就混龄教育实践开展的具体要求来探讨幼儿园教师素养的形成与发展，有利于印证并丰富已有教师专业理论，而且结合学前教育本身的特殊性，探讨幼儿园教师专业成长中的共性问题和特殊问题，有助于人们更深刻地理解幼儿园教师的专业成长过程；另一方面，从教师专业素养形成的内在机制上讲，教师教育能力的发展与提升，是教师对入职前所学到的各种专业知识和学科知识不断内化的结果，即不断地将理论与实践相结合，最终形成教师自身专属的实践性知识。有关教师实践性知识的探讨很多，但对于教师如何将实践中各种零散的感性经验转化为实践性知识的过程，目前仍然缺乏全面了解。因此，基于混龄教育的实施与探索，分析幼儿园教师在具体教育活动组织、规划、指导的过程中的专业思考过程，有助于丰富我们对教师实践性知识形成机制的认识。

（三）有助于深化对幼儿身心发展规律和特点的认识，丰富有关幼儿学习的理论

无论是混龄教育还是同龄教育，其最终目的都是要促进幼儿的发展，而混龄教育的有效开展同样需要以幼儿的身心发展规律和特点为依据。一般而言，任何一种教育理念的贯彻与实施，都是基于对幼儿学习特点和发展规律的某种判定而展开的。目前，各种各样的幼儿发展理论在彼此吸收、融合的基础上，逐渐就幼儿学习和发展的内在机制形成了一些共识，比如幼儿成长具有主动性等特点。不同的幼儿学习理论的主要差别在于对影响幼儿学习的因素的重要性判断不同，比如行为主义者持外因决定论，格塞尔则持内因决定论，建构主义者则持内外因交互作用论等。各种不同的教育流派对幼儿身心发展规律和特点的认识，虽然都经过了大量的研究实验验证，但研究实验毕竟同真实的日常教育活动有一定差距，因此伴随着人们对传统教育研究方式的质疑，从真实的教育实践场域出发，系统分析幼儿真实的学习与成长过程，就变得更有实际意义。

通过对混龄教育的探索与实践，我们可以在真实的教育场景中观察幼儿的学习，并分析教师与幼儿、幼儿同伴之间的互动形式和过程，结合相关理论设计多种教育方案，检验相关教育理论的适切性。由此，一方面可以帮助人们在实践中不断改进和完善自身教育策略，深化对幼儿成长规律的认识；另一方面还能通过对各种幼儿发展理论的检验，发现各种理论的不足和彼此的契合点，丰富幼儿学习理论的内容。

二、实践意义

（一）能推动当前学前教育改革的一些新理念在幼儿园教育中的贯彻与执行

我国 2001 年颁布的《幼儿园教育指导纲要（试行）》（后文简称《纲要》）以及 2012 年发布的《3～6 岁儿童学习与发展指南》（后文简称《指南》）中都强调，幼儿园教育的重心在于让幼儿形成积极的学习体验和情绪，感受学习的乐趣，愿意主动探索并解决问题，通过合作、互动等方式获得相关的学习经验。这样的要求代表了当前学前教育的主流教育理念，而如何将这些理念贯彻到幼儿园日常教育实践中，就成为教师和研究者持续探究的内容。

混龄教育作为一种新型的教育模式，最初的价值定位是对独生子女社会化教育问题的补偿，但是当对混龄教育开展的实际情况进行分析时可以看出，混龄教育的意义已经超越了解决当初独生子女社会化教育问题这一定位。在幼儿园混龄教育中，每个幼儿都从单一的角色定位中跳出来，都有机会当哥哥姐姐或弟弟妹妹，角色的不断转变增加了他们社会性互动的机会和范围。在此过程中，幼儿的学习过程、探索过程、互动过程是全方位的，其体验与经验获得呈现出开放性。因此，在吸收与实践当前学前教育的各种新理念的过程中，并不需要特意围绕各种理念设计某种活动，教师需要做的仅仅是为幼儿的互动学习提供更多、更全面的机会，同时敏锐地感知不同幼儿的发展需要，做好引导者、合作者和支持者，就能很好地在实践中贯彻和执行各种教育理念。

（二）对于提升幼儿园教师专业素质、缓解幼儿园师资紧缺的现状具有重要意义

实现学前教育的普及和高质量发展是当前我国学前教育发展的主要目标，而目前主要的制约因素就是教师队伍专业化程度不高及师资短缺。混龄教育最初是为了应对师资等教育资源短缺而出现的，目前对混龄教育展开的专业探讨，则主要侧重于其对传统教育模式的革新以及促进幼儿社会化的重要意义。虽然混龄教育的开展在一定程度上缓解了师资不足的状况，但也对教师的专业素养提出了更高的要求。因此，在幼儿园中开展混龄教育，其主要意义体现在以下几个方面。

首先，混龄教育要求教师同时考虑不同年龄幼儿的发展需要。以往单一的教育方式和指导策略将难以应对多元教育目标的挑战，这会迫使教师更为自觉、主动地贯彻因材施教的理念，主动了解不同年龄幼儿的身心发展特点，积极地对不同年龄幼儿的发展状况进行对比、分析。基于混龄教育的探索，教师在规划、组织并实施相关教育计划的过程中，对幼儿学习与成长的一般规律会有更深刻的认识，能促进教师相关教育实践经验的积累。

其次，混龄教育对教师在环境创设以及活动材料运用方面的能力提出了更高的要求。如何针对不同年龄的幼儿创设丰富的环境、投放适宜的材料，并将相应的活动目标内化在环境创设中，促进环境与幼儿、幼儿之间的持续良性互动，以实现隐含的教育目标，是开展混龄教育的关键。这往往需要教师在环境创设和材料提供的层次性、操作指导的适宜性等方面做好充分规划，引导幼儿凭借环境和材料自主学习、合作交流。因此，探索和实施混龄教育

能帮助教师自觉提升自身在环境创设、活动指导等方面的能力。

再次，围绕如何因地制宜有效开展混龄教育展开持续探索，是回归混龄教育最初的功能定位，即缓解教师资源的紧缺。开展混龄教育虽然对教师素质有较高要求，但是只要环境创设、材料投放、活动指导策略适当，就能够有效利用幼儿之间的互动学习，将教师从重复的示范活动中解放出来，让教师能将精力更多地投向个别化的指导和整体教育活动的规划。因此，在广大农村地区大力探索和实施混龄教育，可在一定程度上缓解农村地区幼儿园师资短缺的状况。

（三）能有效促进幼儿的社会性发展、个性品格的完善以及满足发展滞后幼儿的现实需要

混龄教育的开展最初被当作缓解教育资源紧缺和保障幼儿受教育权的一种"妥协"。时至今日，混龄教育对幼儿成长的重要意义已逐渐被社会所认可。在幼儿园探索和实施混龄教育，有助于从多个方面促进幼儿的发展。

首先，混龄教育为幼儿提供了更多的社会交往机会，有助于促进幼儿社会性的发展。在混龄教育活动中，不同年龄的幼儿一同学习与生活，一方面，为年长幼儿提供了关怀、领导的机会，逐渐使年长幼儿形成了团体责任感和互相帮助、宽容耐心的品质，增强了他们维护团体秩序的意识；另一方面，年长幼儿会帮助年幼幼儿强化相关行为规则，帮助年幼幼儿解决同伴冲突，同时还为年幼幼儿树立了帮助他人、分享合作的榜样，有利于年幼幼儿通过观察模仿以获得社会交往的新经验。

其次，混龄教育活动有助于幼儿认知方面的发展，特别是为发展滞后的幼儿提供了很好的学习参考和榜样。对于幼儿而言，经历认知冲突是认知发展的重要条件。在混龄教育活动中，不同年龄、不同经验、不同发展水平的幼儿通过不断互动，面对相同的问题往往会采取不同的解决策略。面对不同的认知冲突，对于年幼幼儿而言，年长幼儿通过榜样示范展示了更强的问题解决能力，从而为年幼幼儿解决问题提供了新思路、新线索、新策略；对于年长幼儿而言，在为年幼幼儿示范、讲解的过程中，他们也巩固了自己对相关知识的认识和理解，使自己已有的知识结构更加系统和明晰。

第五节　混龄教育探索的基本原则与方法

混龄教育相比于同龄教育，在教育目标的制订、教育方式的选择、教育策略的运用、活动材料的准备等方面，往往需要考虑更多的因素，而在具体的实施过程中，对教师的教育经验与素养则有着更高的要求。与此同时，混龄教育也要遵循基本的教育规律，因此，对混龄教育的探索仍需基于教育的基本规律来展开。

一、基本原则

（一）理论联系实际的原则

如前所述，混龄教育的实施有着广泛的理论基础，如建构主义理论、社会学习理论等，这些理论既解释了混龄教育对幼儿发展的意义，也解释了混龄教育的作用机制。实际上，随着混龄教育的开展越来越深入，不断有新的研究成果为其提供新的理论支撑。需要指出的是，混龄教育目前的系统化、可操作化、规范化程度还远不及同龄教育，这一方面源于混龄教育本身的内容及目标定位更为复杂，另一方面源于其所依赖的各种理论还尚未对混龄教育的开展构成一个完整的、系统性的支撑。因此，混龄教育探索活动必须遵循理论联系实际的原则。

在进行混龄教育探索时，遵循理论联系实际的原则就是要在深刻把握各种教育理论内涵的同时，一方面，要遵循科学研究的一般规律，积极将各种理论运用到实践中加以检验，对各种理论假设进行持续的证伪，分析不同理论对混龄教育的解释力和适用度；另一方面，要重视对混龄教育探索活动中面临的各种问题、感性经验、研究成果进行总结与分析，力求就混龄教育开展的各个环节形成较为系统的理论支撑。

（二）循序渐进的原则

混龄教育的对象是不同年龄的幼儿，而不同年龄的幼儿在身心发展特点与规律方面存在的差别，直接影响了混龄教育的活动目标、评价标准以及指导策略。因此，在进行混龄教育探索时，要充分考虑幼儿身心发展的特点与规律，活动的设计与实施过程要遵循循序渐进的原则。

具体而言，就是要考虑混龄教育活动设计与规划的连续性和递进性。根据目前国内外混龄教育开展的经验，混龄教育的组织形式主要从两个维度考察：混合前的年龄跨度组合和混合后的分组方式。前者主要指按年龄的不同跨度进行组合来实施混龄教育，如前面提及的大跨度混龄组合和小跨度混龄组合。后者则是指依据一定的年龄跨度组合后，再根据活动的内容与主题进行相应组合。无论何种年龄跨度组合，之所以要把年龄作为一个重要的因素，在于幼儿的发展具有年龄特征，因此在活动设计和规划环节必须考虑采取哪种年龄跨度组合更为合适。一般而言，小跨度混龄组合更易组织和实施，当幼儿在这类组合活动中逐步适应后，再考虑大跨度混龄组合。这是考虑到幼儿的发展具有阶段性特点的同时，又具有相对的连续性。另外，按照年龄跨度组合以后，为了调动幼儿主动参与活动的积极性，可以由幼儿根据自身兴趣、能力自由组合。这样方便教师根据不同的主题确定具体的指导策略，同时也能保证师幼互动、同伴互动的效果。依据年龄跨度和活动主题进行混龄组合，实际上就是将活动分为连续递进的几个环节和板块，在提前设计和规划的基础上，推动活动朝着更为深入的方向发展。因此，在进行混龄教育探索时，无论采取哪种分组形式，必须考虑分组活动是否充分考虑了幼儿发展的阶段性和连续性，并要提前做好相应的规划与设计。

(三) 因地制宜的原则

混龄教育的课程内容是整个教育活动的核心部分。目前国内外开展的混龄教育中，在具体的课程内容选择上五花八门，并没有统一的课程内容大纲。基于幼儿身心发展的特点和要求，混龄教育的课程内容主要是以主题、学科领域或幼儿发展能力作为主要的内容选择依据。《纲要》提出的相关要求，即我国幼儿园教育分为健康、语言、社会、科学、艺术等五大领域；《指南》同样依据这五大领域列出了相关目标和教育建议。在确定了混龄教育的课程内容选择的基本框架后，就必须考虑课程内容选择的因地制宜问题。

我国是一个民族众多、地域文化和地区间社会经济发展差异十分明显的国家，基础教育领域长期以来都倡导因地制宜的发展思路，鼓励各类基础教育学校积极开发校本课程，充分利用本地资源，因地制宜地发展基础教育。对于学前教育而言，《纲要》和《指南》为幼儿园因地制宜实施园本课程留下了巨大空间。混龄教育作为一种特别的教育模式，其课程内容的选择与设计依然要在原有的幼儿园课程框架内，只是课程内容的具体组合方式要体现混龄教育独特的要求。因此，进行混龄教育探索时，必须考虑相应课程内容的选择是否充分考虑了当地的实际情况、是否有机地将地方文化融入了课程内容，保证混龄教育活动的开展尽可能地调动幼儿日常生活经验，并适合幼儿园组织与开展。

(四) 真实可行的原则

通过环境创设、材料投放的形式对幼儿进行渗透式教育，一直是学前教育领域普遍采用的教育方式。混龄教育活动的开展，同样需要依赖经过精心布置的教育环境和投放的学习材料。这些资源可以帮助幼儿在互动合作和游戏过程中进行主动的学习与探索，并潜移默化地获得各种学习经验。因此，如何让环境的创设和材料的投放更适合幼儿发展的需要，就成为混龄教育探索所要解决的重要问题。对此，确保环境创设、材料选择的真实可行是关键。

幼儿园环境创设和材料投放的主要意义在于，为幼儿自由地开展各类游戏活动提供支撑。因此，环境的布置和材料的选取，必须考虑与幼儿日常生活经验紧密相连，尽量向幼儿展示真实、客观的现象和事物，以帮助幼儿同环境和活动材料产生持久、深入的互动。另外，本着节约、有效的原则，幼儿的游戏材料更多的应该是废旧物等易加工、易获取的物品，在材料准备和使用方面应该可操作与易操作，避免选取和幼儿日常生活联系不密切的物品。

二、方法

(一) 观察法

观察法是研究者通过感官或借助一定的仪器设备，有目的、有计划地考察和描述客观对象的活动或行为表现，以收集研究资料的一种方法。[①] 在学前教育领域，由于幼儿语言表达能力有限，同时对外界环境的反应又比较敏感，因此为避免对幼儿正常的学习生活产生干扰，观察法往往被作为记录和分析幼儿行为表现最为常用的一种方法。观察法可依据不同的标准分类：按照是否借助相关仪器设备，可以分为直接观察法和间接观察法；按照是否对观察对象进行人为控制，可分为自然观察法和实验观察法；按照是否直接参与观察对象的活动，可分为参与观察法和非参与观察法；等等。在现实的教育研究过程中，为能更真实地观察幼儿的自然表现，研究者往往采用对幼儿影响

---

① 董奇. 心理与教育研究方法 [M]. 北京：北京师范大学出版社，2004：33.

最为微弱的观察方式,如自然观察法等。

考虑到教育活动本身的完整性、连续性以及混龄教育活动的复杂性,对混龄教育活动的实施过程、效果进行持续观察时,可以根据活动不同环节的特点和需要,采用多种观察方法,灵活借助各种仪器设备和观察工具,及时、准确地观察和记录幼儿的相关信息。

(二) 案例分析法

案例分析法是研究者如实、准确地记录某一事件发生、发展、变化的过程并对其进行研究与分析的一种方法。它与观察法的区别在于,观察法在实际运用的过程中并不要求对事件做详细的描述,因此所获得的相关信息往往是片段式的;而案例分析法则要求对事件的来龙去脉进行详细的描述,并在此基础上做进一步分析。一个案例往往就是对一个实际情景的完整描述和再现,在这种逼真的描述中,可能包含了研究者或记录者对事件的若干思考和疑问,同时也有可能包含相应的答案。因此,案例分析法实际上就是在尽力还原事件真相的基础上,找出其中所包含的各种问题以及答案,并基于研究目标对整个事件进行解释。

在进行混龄教育探索时,活动开展的过程中往往会出现各种突发状况或事件,其中一些状况或事件直接关系到活动的效果以及需要解决的关键问题,因此利用案例分析法对事件发生的过程进行完整的描述和分析,有助于从中总结出有关教师指导策略、幼儿发展需求、问题破解思路等一系列重要信息。利用案例分析法就案例进行集体研讨,集思广益,寻找相关问题的解决途径,有助于为混龄教育的有效开展提供有针对性的支持。

(三) 访谈法

访谈法是研究者通过与研究对象进行口头交谈的方式来收集研究对象心理活动和行为表现的一种方法。[1] 在学前教育研究中,由于幼儿语言表达能力还未很好地发展起来,一般情况下访谈对象主要是与幼儿生活关系密切的家长、教师等。通过对这些与幼儿生活关系密切的重要他人进行访谈,能够获得有关幼儿成长的重要信息,同时还能了解教师或家长面对幼儿发展中出现的特定问题所持有的态度、想法以及所采用的教育策略。

在进行混龄教育探索时,对教师访谈的内容主要围绕混龄教育活动开展

---

[1] 董奇. 心理与教育研究方法 [M]. 北京:北京师范大学出版社,2004:33.

中的困难、问题以及教师所采取的相关教育策略,对家长的访谈主要是要了解家长对混龄教育活动的认识和所持的态度。

(四) 作品分析法

作品分析法是指对研究对象的各种作品如笔记、作业、日记、文章等进行分析研究,以了解研究对象发展情况,帮助研究者发现和界定问题,并把握研究对象的发展特点和规律。目前作品分析法在学前教育领域的运用十分普遍,曾经在一段时期内特别流行的"档案袋法"即是作品分析法的一种类型。作品分析法的核心是尽量收集能够反映幼儿成长的各种素材,这些素材主要是由幼儿自行创作的各类作品。结合心理学有关个体思维、想象力、逻辑推理能力等各方面发展的一般特点和规律,对相关素材进行具体分析,能够帮助研究者比较深入和全面地了解幼儿身心发展的实际情况。这种研究方法相比于观察法、访谈法等,所获得的幼儿发展信息更为客观和全面,因此受到研究者和教育工作者的普遍欢迎。不过,作品分析法对研究者的专业知识储备和研究分析能力有较高要求。

在混龄教育探索中,作品分析法是对观察法、访谈法、案例分析法的一个很好的补充,能够弥补这些研究方法在获取幼儿成长信息方面的不足。由于混龄教育活动本身的复杂性和多样性,活动过程中必定会形成大量的幼儿作品和学习成果。对这些素材进行全面的收集和系统的分类与分析,不仅能够帮助研究者深刻理解混龄教育活动中幼儿实际的发展水平,而且有助于研究者对活动开展的实际效果进行评估。

第二章　混龄教育的实施

一般认为，课程是承载了一定教育理念和教育内容的方案、计划，类似乐谱；教学往往包含着一系列具体的教学策略与方法、实施手段，类似演奏过程。课程决定着教学的总体目标和执行方式，教学影响着课程目标的达成与效果。因此，从教育活动开展与实施的过程看，混龄教育的实施同样要考虑混龄课程和混龄教学在实践中的相互关系。

从课程设计与实施的角度来看，混龄课程要包括课程目标的制订、课程内容的选择、课程方案的设计与实施、课程的评价与改进等；而从教育活动具体开展的角度讲，混龄教学同样要包括教育目标的制订、教育内容的选择、教育活动的设计与实施以及评价与改进等。混龄教学实际上是对相应的混龄课程的分解执行。

本章主要是围绕幼儿园混龄课程与教学的关系，系统阐述混龄教育实施的基本理念、主要类型、实施过程和指导策略。

第一节　混龄教育的实施理念

理念是一种理性化的想法和见解。在教育活动中，理念就是关于教育活动如何开展的总体思路。混龄教育的实施理念是指混龄教育在实际开展过程中所应遵循的总体思路，可以概括为混龄教育所要遵循的一般原则、实施的主要形式和框架、关注的主要问题等。由于幼儿园教育对象是处于敏感期的稚嫩的学前儿童，因此混龄教育实施过程中，必须结合教育对象的这种特殊性，既要考虑如何更好地协调课程与教学之间的关系，又要遵循学前教育开展的一般原则，在特定的、科学的实施模式和框架下，促进幼儿更好地发展。

一、 混龄教育实施的一般原则

（一）主体性与发展性原则

教育活动的规律也是幼儿发展的规律，只有在真正尊重幼儿发展规律的基础上，教育活动服务于幼儿成长的目标才能真正实现。一方面，幼儿成长的过程是幼儿主动参与的过程，不是被动灌输和被改造的过程。教育除了要遵循幼儿身心发展的规律，选择适宜的内容和采用有针对性的教学策略，关键还是要激发幼儿成长的主动性，尊重幼儿在实现自我发展过程中的主体地位，让幼儿自主、自信地主动发展。另一方面，教育活动首先要以发展的眼光看幼儿。混龄教育的对象是不同年龄的幼儿，既要满足不同年龄、不同发展水平幼儿的发展需求，又要有一定的挑战性，保证不同年龄幼儿的学习潜力得到最大激发，能在各自的"最近发展区"内得到最大限度的发展，不断地促进和深化不同年龄幼儿之间的互动，最大限度提升异龄同伴互动的质量以促进幼儿体能、认知和社会性等方面的全面发展，最终实现幼儿健康、和谐、富有个性的成长。

（二）全面性与差异性原则

从古至今，公平是人类社会孜孜以求的一个普遍价值。在现代社会，教育公平往往强调要尽可能满足所有幼儿的教育需要，让幼儿都能有平等的受教育机会，最终获得自身的充分发展。

混龄教育面对的是身心发展存在显著差异的幼儿，要体现教育公平的理念，就要考虑如何使教育更好地满足不同幼儿的发展需要，因此混龄教育的全面性至少包含两方面内容：一是要面向全体幼儿，关注全体幼儿的发展需要，同时注意幼儿年龄间、发展水平间的差异，充分满足不同幼儿的发展需要；二是要促进幼儿的全面发展，不同幼儿的身心发展需要和优势领域不同，教育要全面考虑幼儿身心发展的总体规律，促进幼儿身心的全面发展。

混龄教育的差异性也包括两方面：一是混龄教育要充分利用异龄幼儿之间发展的不平衡和差异性，促进幼儿间自主地"教与学"，并根据幼儿个体的差异有针对性和层次性地因材施教；二是要关注同一年龄段或同一个幼儿在成长的不同阶段，其身心在不同方面的发展速度和水平存在差异，要充分考虑幼儿在不同时期身心发展的关键期，抓住发展时机，尽可能地促进幼儿的成长。

(三) 兴趣性与整合性原则

兴趣是维持幼儿学习动机的主要原因。《纲要》中强调幼儿园教育要激发幼儿学习的兴趣、让幼儿体验学习的乐趣，其中"激发幼儿学习兴趣"是整个幼儿园教育中一个重要的组成部分。因此，混龄教育活动的开展也要注重激发幼儿学习的兴趣。首先，混龄教育活动的兴趣性。从课程与教学内容的选择来看，就是活动内容要与幼儿日常生活密切联系，要能唤起幼儿已有的生活体验，在幼儿已有知识和经验储备的范畴内提供经过精心组织的材料和内容，引发幼儿质疑和探索的兴趣；从教学策略与方法上来看，就是要根据幼儿认识和理解事物的特点，具体形象地呈现问题及活动内容，让幼儿围绕问题亲自展开探索，引导不同年龄的幼儿合作解决问题。其次，混龄教育实施的整合性。即整个课程与活动内容的展开，要针对不同幼儿的身心发展特点和需要组织相应的课程与活动内容，统筹各方资源，注重课程内容间不同领域内部和领域之间的内在联系，对课程内容、形式与手段进行科学、合理、有效的整合，激发每个幼儿的兴趣，引导幼儿形成健全的品格和积极的情感。

二、混龄教育实施的主要流程

(一) 整体分析

目前，我国幼儿园设置课程与教育目标主要依据的是《纲要》《指南》等文件中关于幼儿发展目标和幼儿园教育目标的内容。因此，幼儿园在实施混龄教育时，首先需要对各种构成混龄教育课程的要素进行分析。具体而言，幼儿园要对影响混龄教育课程的各种园内、园外因素进行整体分析。

就园外因素而言，包括社会对幼儿园教育的总体需要、社会中占主流的教育价值标准、家长的希望要求以及国家教育主管部门层面的教育要求等；就园内因素而言，包括幼儿自身的发展需要与规律、幼儿园的师资条件和物质条件、幼儿园的管理制度和氛围、园所文化等。这些因素中，最为重要的还是社会对幼儿园教育的总体需要、幼儿的发展需要与规律以及幼儿园自身的条件等。社会对幼儿园教育的总体需要决定了混龄教育开展的总体目标，幼儿的发展需要与规律决定了混龄教育的具体内容和实施手段，幼儿园自身的条件决定了混龄教育活动最终开展的具体形式、内容和效果。

（二）确定目标

对幼儿园课程建设的各种因素进行全面考察和分析后，就可以确立相应的混龄教育目标。在课程目标的制订上，考虑到同一类课程的实施往往要同时面对多个年龄段的幼儿，因此课程目标的制订要体现出层次性和差异性。相比于同龄教育而言，混龄教育的目标比较难设置，由于要同时面对不同年龄的幼儿，要关注每个幼儿的特点、注重每个幼儿不同于他人的学习特点或能力，就必须根据每个年龄段幼儿的经验、能力设置不同的目标。这些目标本身存在一定的层次性和差异性，目标之间能够较好地衔接，全面地反映幼儿成长的需要，方便教师灵活调整教育活动的进度和内容。在实践中，对课程目标的多层级划分可遵循以下思路：课程的总目标—社会性目标—各类教育目标—共性目标和分龄目标。其中，混龄课程的总目标是指让每个幼儿都在原有水平上得到发展；社会性目标是指完成去自我中心化，发展幼儿分享、责任、交往、合作等能力；共性目标主要包含幼儿习惯的养成、兴趣的培养以及情感的体验感受；分龄目标则是根据不同年龄幼儿的兴趣点、认知、经验和思维特点来设置。如在混龄教育主题活动"相亲相爱的一家人"中，共性目标在健康、社会、语言、科学、艺术等五大领域中均有所体现，针对大班幼儿和小班幼儿又分别细分出不同的分龄目标。（见表1）

表1 主题活动：相亲相爱的一家人①

共 性 目 标				
健康	社会	语言	科学	艺术
• 熟悉环境，喜欢上幼儿园。 • 喜欢参加体育活动，体验与同伴游戏的快乐。 • 能辨认并正确使用自己的生活物品。	• 爱老师，爱兄弟姐妹。 • 和睦相处，体验有兄弟姐妹的快乐。 • 熟悉常规音乐，按规则进行活动。 • 遵守游戏规则，懂得轮流玩、一起玩。 • 知道9月10日是教师节，并表达对老师的爱意与谢意。	• 会自我介绍。 • 知道说话时眼睛要看着对方。 • 展开想象，替换或仿编诗歌中的一部分。	• 能从环境中感受事物的对应关系和数量关系。	• 学唱歌曲，大胆表达爱家、爱国、爱老师、爱兄弟姐妹的情感。 • 选择自己喜欢的方式制作贺卡。

---

① 葛晓英.混龄班幼儿教育活动实例［M］.福州：福建人民出版社，2011：3-4.

续表

分 龄 目 标					
	健康	社会	语言	科学	艺术
大班幼儿	• 能带弟弟妹妹参加体育游戏，动作协调、灵活。 • 学习初步的安全防护方法。	• 喜欢当哥哥姐姐并具有一定的自豪感。 • 初步懂得关心弟弟妹妹，增强责任感。 • 知道9月10日是教师节。 • 体验当"小老师"的乐趣。	• 能大方地介绍自己、介绍环境。 • 尝试总结经验并教给弟弟妹妹。 • 学习做访问和记录，乐于与老师交流。 • 能描述老师的外貌特征，并祝老师节日快乐。 • 能讲述自己的趣事，并大胆想象和仿编诗歌，借用事物表达对家的感受。	• 巩固认识1年有12个月。 • 能初步认识整点、半点，并按时间顺序排出活动内容。	• 能用适当的声音较恰当地表现歌曲，并掌握领唱和齐唱。 • 能正确表现发型、服装的细节特点，练习画正面的人物画。 • 尝试看步骤图进行手工制作。
小班幼儿	• 消除陌生感和胆怯心理，喜欢上幼儿园。 • 熟悉幼儿园环境和一日活动，初步适应集体生活。 • 在园情绪稳定，较快乐。 • 能区分并正确使用自己的物品。	• 喜欢哥哥姐姐，乐意跟哥哥姐姐学本领。 • 愿意和大家一起玩，享受与同伴分享、游戏的乐趣。 • 愿意亲近老师，与老师一起游戏。 • 尝试用自己的方式表达对老师的爱。 • 愿意在入园、离园时向老师和同伴问候、告别。	• 会说自己及哥哥姐姐的名字。 • 尝试说出常用物品的名称。 • 能简单地介绍自己的家庭成员，掌握一些量词。	• 尝试手口一致地点数5以内数量的物体。	• 喜欢参加音乐活动，体验唱歌和韵律活动的愉快。 • 尝试用撕、团、贴的方法粘贴画及装饰卡片。

（三）选择内容

在确立混龄教育课程目标后，就要围绕相应的目标选择合适的课程内容。选择课程内容的过程，实际上还涉及对内容的分类和组织，以确定最终的混龄教育课程体系。课程内容既要对年长幼儿提出挑战，又要防止年幼幼儿停滞不前。因此，课程内容的具体组织要考虑两种顺序：逻辑顺序和心理顺序。逻辑顺序是根据学科本身的系统及其内在的联系组织课程内容；心理顺序则是指以适合幼儿心理特点的方式组织课程内容。① 多数学者认为应将二者结合起来，保证课程内容的组织更好地服务于幼儿成长。当所选择的课程内容学科性质更显著时，适合首先按照逻辑顺序来组织课程内容，保证幼儿所获得的经验是系统的、完整的，其次再考虑按照幼儿的心理顺序，对课程内容的具体呈现方式进行分类设计。如在混龄教育主题活动"金色的秋天"中，教师按照幼儿的感性经验以及主题内容本身的相关性来搭建课程实施的内容框架，围绕与"秋天"联系最为密切的三个元素——"落叶""秋天收获""节日"，构建三个二级主题，具体活动内容的设计则覆盖《纲要》中所提出的五大领域，旨在促进幼儿的全面发展。（见表2）

另外，《纲要》中明确提出："幼儿同伴群体及幼儿园教师集体是宝贵的教育资源，应充分发挥这一资源的作用。"因此，混龄教育课程的内容要考虑幼儿同伴资源的价值，内容的选择和提供要考虑不同年龄幼儿的现实需要。对此，教师在组织课程内容时，既要分析每个年龄段幼儿的关注点、兴趣点，又要分析同一活动内容中的多个层面：哪些内容适合年长幼儿，哪些经验年幼幼儿能接受；这个活动能促进年长幼儿哪些能力的发展，使年幼幼儿的哪些能力得到锻炼。实际上，这也是按照幼儿发展的心理顺序考虑课程内容的选择和组织。如在混龄教育主题活动"鞋子"中，针对年幼幼儿常穿错鞋的现象，可以让年长幼儿教年幼幼儿"鞋的配对""区分左右脚鞋"；进行以鞋为工具的测量活动，年幼幼儿虽不会测量，但对试穿大鞋很感兴趣，可以让年长幼儿扶着试穿大鞋的年幼幼儿测量，年幼幼儿走和量，年长幼儿数和记，共同体验合作测量、穿大鞋的快乐，同时拓展了各自的经验。

---

① 朱家雄. 幼儿园课程 [M]. 上海：华东师范大学出版社，2003：152.

表2 主题活动：金色的秋天[①]（内容框架）

一级主题	二级主题	活动名称	组织形式
金色的秋天	秋天落叶飘	寻找秋天	混龄集体
		落叶	混龄集体
		落叶大搜索	混龄集体/结对子
		大风和落叶	混龄集体
		树叶变变变	混龄集体/混龄分组
	秋天硕果熟	丰收的秋天	混龄集体
		秋天的水果	分龄活动
		亲子水果拼盘大赛	混龄集体
	秋天节日到	中秋节	混龄集体
		中秋博饼	混龄集体
		爷爷为我打月饼	混龄集体
		多变的月亮	混龄集体/同龄分组
		好吃的月饼	混龄集体/同龄分组
		博状元	混龄集体/同龄分组
		重阳节到了	混龄集体

（四）组织实施

在混龄教育组织实施的具体阶段，需要考虑以下方面的内容：首先，所选取的课程内容适宜采用何种组织形式，是主题式活动还是自由探索式活动；其次，要采取何种教育途径，比如主要通过环境渗透教育内容，还是开展正式的教育活动；再次，确定正式的教育形式，是集体教学还是分组活动，或者是个别活动；最后，确定课程的实施时间和阶段。混龄教育活动的具体组织形式和教育途径常常受教育目标和内容的制约，对此要认真分析不同教育内容本身的学科逻辑和幼儿学习的心理特点，选择和设计最佳的呈现方式，而在正式的教育形式和课程时间安排等方面，则需要考虑整个课程结构。

不过，无论采用何种组织形式和教育形式，都应高度重视活动过程中的

[①] 葛晓英. 混龄班幼儿教育活动实例［M］. 福州：福建人民出版社，2011：30-32.

异龄同伴互动。混龄班与同龄班相比，特色就是不同年龄幼儿之间可进行有效互动，良好的互动对于两个或三个年龄段的幼儿都具有特殊的重要价值。由于不同年龄幼儿的经验、能力和认知范围有差别，因此针对个体差异，可以通过主题活动、区域活动、游戏及生活活动，采取多样化的组织形式：混龄集体教育活动、同龄分组活动、混龄分组活动、混龄区域活动、混龄游戏、结对子、个别学习等。同时在具体的活动中，对年长幼儿和年幼幼儿的要求也不同，例如针对同一个内容的提问，不同年龄的幼儿要回答的问题就应当显示出层次性。此外，还可以分时段在全园开展打破班界的混龄活动，如班级间"结对子"、全园互动式早操、混龄户外活动、混龄区域活动、混龄游戏等，有效促进全园每个幼儿的社会性发展。（见图1）

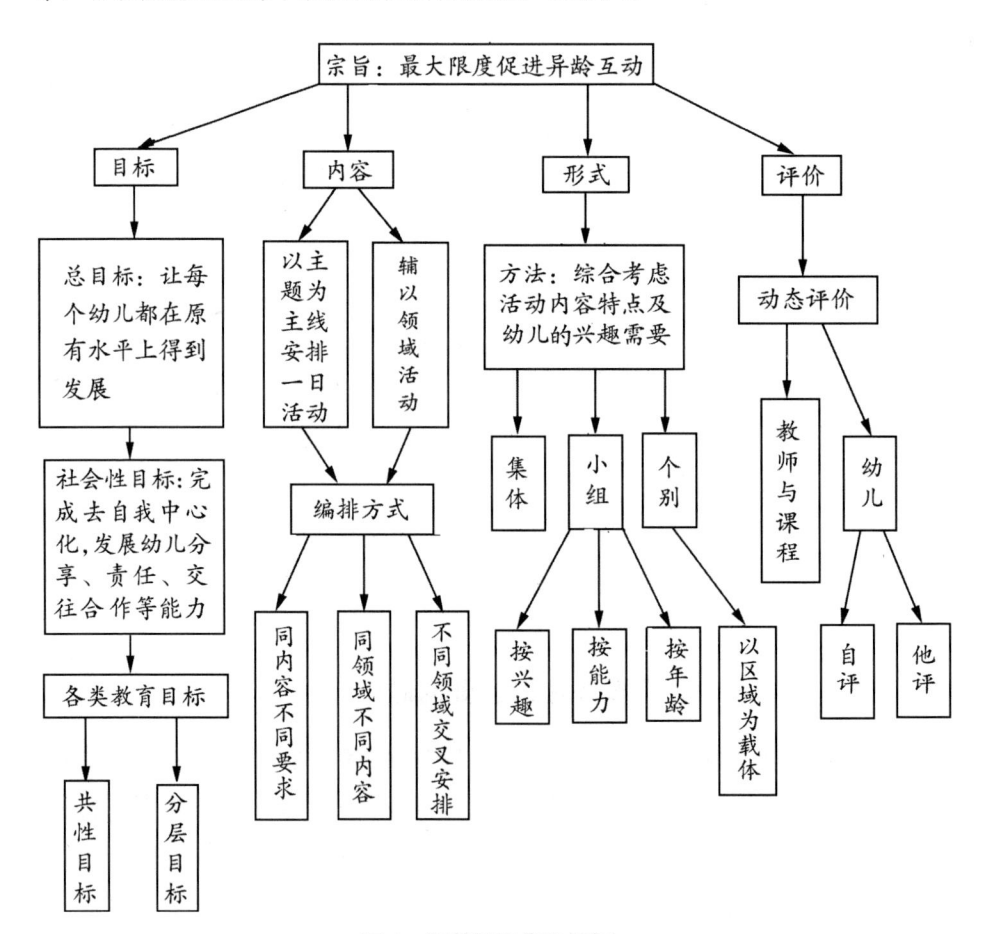

图1 混龄课程优化框架

(五) 课程评价

课程评价是指依据一定的标准，以科学的方法检查和判定课程的目标、编订和实施是否实现教育目的及成效如何。一般而言，课程评价要客观、公正和标准化，因此课程标准和相应的指标制订也应规范化。与课程标准相对应的是课程评价方式的选择和使用。由于教育活动本身的复杂性，课程评价往往难以绝对标准化。课程评价的过程中，需要密切关注课程实施的价值取向，由此导致课程评价的方式更为多元。具体而言，一是课程评价取向多元化。教师的评价不再把幼儿对知识技能的掌握作为重点取向，更多的是关注幼儿各方面的发展。二是评价情境自然化。依托不同年龄幼儿互动的真实情境开展评价，将评价渗透于一日各环节、各活动中。三是评价方法多样化。根据实际情况与需要，灵活选择、运用适宜的评价方法，将诊断性评价、形成性评价、终结性评价等多种评价方法加以综合运用。四是评价手段客观化。进行评价时可将现场笔录、录音、录像、拍照、幼儿档案袋、家园联系册等有机结合。五是评价主体多元化。管理者、教师、幼儿及家长均是教育评价工作的参与者，评价过程是各方共同参与、相互支持与合作的过程。

混龄教育活动中，由于同一类活动要包含多个层次的幼儿发展目标和课程实施目标，评价目标同样要体现出层次性。同时，针对不同年龄幼儿的不同层级的评价目标存在较大差异，在具体的评价方式选择上，要根据评价目标做灵活调整。如在混龄教育活动"会变的颜色"中，对中班幼儿而言，活动目标主要是让幼儿乐意与同伴交流自己的实验过程和结果，感受色彩变化的美；对于小班幼儿而言，活动目标则是要让幼儿对颜色感兴趣，愿意动手操作。围绕这样不同的活动目标，评价的具体方法就会有所不同。对中班幼儿可采用录音、观察记录的方式，把握幼儿对颜色的理解和认识；对小班幼儿则可采用录像、拍照等方式，分析幼儿是否主动、积极地参与了活动。

三、实施混龄教育要关注的主要问题

从混龄教育实施的一般模式来看，其同传统同龄教育在课程实施框架上类似，但是在具体的课程内容、教育策略、教育评价等方面则存在较大差异。混龄教育因为幼儿群体构成的不同，幼儿之间和师幼之间的相互影响关系到整个活动能否有效开展。这就要求教师在实施混龄教育的过程中，对混龄教育中幼儿的学习、教师的指导以及管理要有整体性认识。

(一) 混龄教育中的学习应该是什么样的？

混龄教育中发生的学习行为实际上是多方位的，不仅仅有幼儿的学习，而且教师同样从组织活动、与幼儿互动的过程中获得了发展。相比于传统的同龄教育，如果仅从幼儿学习的角度讲，教师至少应该对混龄教育中的幼儿学习有以下认识。

1. 无论是幼儿自发的学习活动，还是教师发起的学习活动，让幼儿充分感受彼此之间不同经验的碰撞是关键。混龄教育强调不同年龄的幼儿在各自的"最近发展区"内能通过合作探究和观察、模仿、学习来获得自身发展，而幼儿各自已有的知识经验则是其学习的主要支撑。因此，无论是哪种类型的混龄教育活动，如果活动中不同幼儿的已有经验未能被充分地展现和利用，那么混龄教育活动开展的效果就很难显现。对此，教师在活动内容的组织和指导策略的运用方面，应围绕如何更好地调动幼儿已有经验来进行。

2. 要引导幼儿与同伴就各自的学习体验进行讨论、描述、思考和初步评价。学前儿童的记忆力和思维力等都处于发展时期，学习以无意识为主，但有意学习正在发展，因此，引导幼儿有意识地对相关事物或活动进行概括、总结，能够帮助幼儿形成相应的学习品质，并让幼儿最终能自主地学习与发展。对此，教师在实施混龄教育的过程中，一方面要指导幼儿掌握与同伴讨论、描述和评价的方法，另一方面要引导幼儿及时对自身的各种学习经验以讨论、描述等方式加以梳理和总结，以强化幼儿的学习效果。

3. 要帮助幼儿掌握一定的学习和交往技巧，这包括如何分享、转变话题、倾听、协商、解决冲突等。混龄教育中幼儿之间的学习和交往行为虽然多样化，但主要集中在如何逐渐去除自我中心，并能思考和理解别人的观点，围绕观点展开协商，寻找最佳的解决问题的办法。因此，对幼儿进行有关如何分享、转变话题等学习和交往技巧的培养就变得非常重要。

(二) 混龄教育中的教学应该是什么样的？

1. 要注意混龄教育活动中不同环节之间的衔接问题，避免幼儿的消极等待。混龄教育活动的开展强调以幼儿为导向，在活动内容的组织和环节的设计方面，需要同时考虑不同年龄幼儿的发展需要。由此带来的一个重要问题是如何保证不同活动和环节的紧密衔接。对此，从活动内容的组织到指导策略的选择方面，根据活动目标，要提前做好相关环节的过渡准备。目前，在实践中为了保证混龄教育活动开展的有效性，比较常采用的是"生活混龄、教学分龄"的"间断性混龄"这样一种活动实施形式,其目的是规避一些对于不同年龄幼儿而言难度差异比较大而不适合开展混龄教育活动的内容。

2. 混龄教育应该充分利用家长和其他社会专业人士、团体等资源。家长等不仅可以参与具体的教育活动,以丰富幼儿的经验,而且还可以参与混龄课程的编制。家园合作是幼儿园课程实施的重要一环,混龄教育的实施同样离不开家庭、社区等支持。混龄教育本身的层次性和复杂性决定了必须更广泛地依靠园外资源来开展活动,教师可以充分利用家长及社会专业人士在育儿经验和不同专业知识上的优势,帮助幼儿园开展更为多元的混龄教育活动。一方面,通过让家长等参与混龄教育活动,借此让家长们在理解幼儿园教育理念和要求的基础上,为幼儿园教育活动提供更多的支持;另一方面,家长等园外教育资源本身即是一种很好的教育素材,对此教师应该提前搜集和分析,在混龄教育活动的特定环节为家长等的参与预留位置,丰富混龄教育活动开展的形式与内容。

3. 混龄教育应长期使用"真实性评价",即通过档案袋记录等方式,对不同幼儿的学习经验、能力、素质等进行记录,同时鼓励和引导幼儿初步对自己和他人的学习活动进行评价。幼儿园教育评价的目的是服务于教师改进教学和促进幼儿发展,因此更多的是形成性评价,而不是总结性评价。对于教师而言,教育过程中通过观察、记录以及幼儿成果的收集与整理等多种方式,建立幼儿成长的档案袋,能够帮助其全面、客观地认识本班幼儿的成长;对于幼儿而言,教师有意识地培养幼儿掌握对自己和他人的学习行为和成果进行评价的策略,实际上也是在帮助幼儿进一步巩固学习经验,内化相关知识和体验,并逐步地去除自我中心。

4. 在混龄教育实施过程中,教师应该注重将行动研究和批判性反思作为促进自己专业发展、提升自己教育水平、改进自身教育策略的重要方式。混龄教育对教师素养的要求是多方面的,教师既需要应对多元的混龄教育目标的挑战,还要具备较高的环境创设能力,同时也要具备相当的教育行为机智。① 教师提升自己专业素质的最好方式就是借助混龄教育活动的开展,带着相应的教学目的、假设、策略,对各种困难和问题进行探索研究,同时不断对自身的教学假设、价值判断进行反思,使教育活动不再是对原有教学方案

---

① 华爱华. 学前教育改革启示录 [M]. 上海:上海社会科学院出版社,2009:58-60.

的忠实复制,而是对原有教学方案的不断超越和完善。

5. 教师可以通过提问、激励、示范、演示、对比、归纳、说明等多种方式,引导幼儿学会以多种方式进行学习和思考。《纲要》在各个领域的教育目标中都提到幼儿园教育重在让幼儿获得完整的学习经验和体验学习的乐趣。《指南》中则强调要培养幼儿的学习品质。学习品质的获得以及良好学习体验的形成,直接影响幼儿的学习动机和学习效果。学习品质的形成更为根本,更具持久性。因此,教师在指导策略和方式的选择与使用上,应注重培养幼儿形成良好的学习品质和主动学习的兴趣,帮助幼儿在未来的学习阶段能够自主探究与成长。

(三) 混龄教育中的活动开展应注意的问题

1. 混龄教育活动开展的过程中应注意避免竞争,避免对幼儿进行比较,要培养幼儿不怕失败,鼓励幼儿自主、自信地探索和尝试。混龄教育中不同年龄的幼儿通过交往互动来学习,幼儿之间自发的比较、模仿能够帮助幼儿界定自身的问题,制订个人的学习目标。这种幼儿自发的比较和评价对于幼儿而言是一种必要的学习手段,但是教师切忌以成人的评价标准和方式对幼儿进行外部的比较和评价,或鼓励幼儿相互竞争。这会过多地让幼儿经历失败的体验,从而减少他们的学习动机和自信心,不利于幼儿主动学习和自主成长。

2. 混龄教育活动应该是相对自由和开放的,避免成为教师严格执行教学方案的"试验田"。不少教师在实践中会让自己处于活动的绝对主导地位,并严格按预先制订的教学方案组织和实施教育活动。对于混龄教育而言,由于幼儿群体构成的复杂性,教师在常规管理等方面的确面临更多的压力,但这不是教师强化管制的理由,应允许幼儿在教师提供的主题框架下,自主地以多种方式表达他们的想法并做出选择,幼儿的意见应得到尊重。教师应鼓励幼儿依据自身想法进行探索和学习,让学习成为幼儿真正感兴趣的活动。

3. 混龄教育活动应允许幼儿自主组合,鼓励幼儿一起合作和学习,帮助他们体验合作的乐趣,形成稳定的合作伙伴关系。混龄教育中的社会交往活动永远是整个教育活动的重点。年长幼儿常常乐于去帮助年幼幼儿,帮助的过程不仅让他们感受到了自我价值,而且增强了他们的自信心。教师鼓励幼儿自主组合的意义就在于,不同年龄的幼儿基于自身愿望和能力,选择乐于交往与合作的对象,能够为自己的选择负责,由此提升同伴互动的质量和效果。

第二节 混龄教育活动的类型

混龄教育在实际实施的过程中,并不存在一种绝对有效和规范的组织类型,往往是根据活动的目标和内容采取相应的活动类型。不同的混龄教育类型彼此之间还存在一定的交叉,一类混龄教育活动在具体实施过程中时常会包含着其他的活动类型。目前常见的混龄教育活动类型,划分的维度不太相同,有的是从活动内容维度来划分,有的则是从功能属性来划分。具体表现为以下几类。

一、依据活动内容划分

依据混龄教育活动的内容,可以划分为混龄健康活动、混龄语言活动、混龄社会活动、混龄科学活动、混龄艺术活动等五类。这种划分方式侧重于从学科逻辑角度考虑活动开展的方式与策略,因此虽然可以采用多种指导策略,但是倚重程度存在一定差别。另外,混龄教育的课程内容设计与要求方面,应与《纲要》中的相关内容保持一致,在具体实施过程中活动目标要体现出层次性和连续性,并遵循教育活动开展的一般原则。

(一) 混龄健康活动

幼儿园是保育与教育并重的教育机构,健康教育在幼儿园课程体系中占据着重要地位。根据《纲要》中的相关要求,健康教育的主要目的可以概括为:提高幼儿对健康的理解和认知水平,知道如何关心、保护自己,养成良好的生活与卫生习惯,喜欢体育活动。从《纲要》的相关要求可以看出,幼儿园健康活动不仅注重对幼儿的保护与关照,同时也强调幼儿自理能力的养成。因此,幼儿园健康教育的内容大致可以概括为身体素质的提高、运动能力的培养、个人卫生习惯的养成、环境卫生教育、生活方式教育、心理健康教育、性教育、安全教育等。此外,从健康教育的活动内容来看,既可以专门组织与健康有关的集体教学活动,也可以借助幼儿园一日生活的各个环节开展渗透式的健康教育活动,由此可见健康教育活动内容的丰富性和组织实施的灵活性。

混龄健康活动组织和实施的前提依然是幼儿身心发展的特点和规律。由于不同年龄幼儿在身心发展方面的差异，特别是在生理发展水平上的差异，混龄健康活动需要更为细致和准确的设计与筹备，需要生理保健方面的专业知识做支撑，同时考虑到一些健康活动如体育活动需要大量的动作练习，为防止因不恰当的教育内容和方式对幼儿造成直接的伤害，有必要事先在活动的组织和安排方面提前做好预案，如增加看护教师的数量、提前清理场地、做好危险防范等。具体而言，从活动内容的选择到活动的具体实施，都要围绕不同年龄幼儿的身心发展规律来展开。

首先，从活动目标的制订上看，混龄健康活动的对象不宜选择年龄跨度较大的幼儿，这是因为年龄跨度大的幼儿在生理素质上存在较大的差异，因而活动的要求也必然存在较大差异，不利于教师引导幼儿之间展开互动和学习。因此，从活动目标的制订上，应首先基于小年龄跨度的混合，让幼儿积极参与、以乐意模仿学习为主，同时对于年长幼儿，可尝试引导他们对动作进行创编或对相应的活动内容进行延伸。

其次，从活动内容的选择来看，混龄健康活动可选择的内容十分丰富，与个人成长、健康有关的所有素材均可被开发为活动内容，但在具体的活动内容上要注意选取与幼儿日常生活联系最为密切的内容，特别是在幼儿一日生活环节中经常会涉及的内容。同时，活动内容要尽量简化，在保证内容的客观、真实、科学的同时，仔细分析相关内容如何组织更易为幼儿所接受，比如防治龋齿的健康教育，不同年龄幼儿或多或少都有相关经验，那么教师在组织相关内容时，可以将有关的动画短片、儿歌、图片、模型等作为活动的素材，强化幼儿对活动内容的直观理解和感受。

再次，从活动的组织开展来看，混龄健康活动要充分利用幼儿喜欢观察和模仿的特点，活动内容的呈现形式要直观、具体，并且能最大限度地吸引幼儿参与活动。同时，注意对不同年龄幼儿的指导要结合活动内容和目标，帮助幼儿掌握活动的要领。如对于年长幼儿，可以示范的方式帮助他们分解、练习较为复杂的动作，保证幼儿动作的准确性和连贯性；对于年幼幼儿，则多引导其观察、模仿并练习。

以混龄健康活动"我们一起来跑步"为例。

我们一起来跑步

> 活动目标

- 能大胆地与同伴一起游戏，体验跑步的快乐。
- 大班：培养速跑技能及敏捷性。
- 中班：练习跑步的正确姿态，提高跑的速度。

> 活动准备

- 幼儿人手一张报纸。
- 韵律操音乐。

> 活动指导

1. 准备运动。

（1）两手交叉，足尖点地交替活动双侧踝关节。

（2）屈膝半蹲，足跟提起，反复练习2~3次，活动双侧膝关节。

（3）左右交替旋转上体，髋下保持稳定，或双手伸直练习弯腰或后仰，以活动腰椎各关节。

（4）交替抬高和外展双下肢，以活动髋关节。

（5）前后、左右弓箭步压腿，牵拉腿部肌肉和韧带。

2. 交流讨论。

引导语：什么样的跑步姿势会更快？怎样跑才不容易受伤？

示范，介绍正确的跑步姿势：保持头与肩的稳定；头要正对前方，两眼注视前方；不要含胸；两手弯曲自然摆动；从脖子到腹部保持直立，不要前倾；腰部保持自然直立；大腿和膝用力前摆，而不是上抬；落地轻、平稳，后腿用力蹬地。另外，小腿前摆方向要正，脚应该尽量朝前，不要外翻或后翻，否则膝关节和踝关节容易受伤。

3. 接力比赛。

（1）将幼儿分成两组（每组中班幼儿和大班幼儿的人数相同），站在跑道起点处。

示范、介绍游戏玩法：两组第一名队员手拿小棒同时从起点出发，跑到终点处绕过小椅子再回到起点处将小棒交给下一名本组队员，然后下一名队员以同样方式接过小棒接着跑。

（2）讨论不同的接力方法：我们要怎样传递小棒子才能使速度更快？

指导幼儿掌握正确的交接棒的方法：接棒人将接棒手臂向后伸直，四指并拢，掌心向上，虎口张开，传棒人将传棒的前端由上而下地压入接棒人手中。

（3）幼儿开始比赛，教师为他们助威呐喊。

师幼共同讲评比赛结果；为胜利的一队欢呼，为失败的一队加油。

（4）再次比赛和讲评。

4. 游戏：蜻蜓点水。

（1）介绍游戏方法：将幼儿分成四组，每组排头的幼儿手持两个空瓶子，发令后向前跑去，到水桶里装满水后往回跑，跑到脸盆位置将水倒入，然后将两个空瓶子交给下一人，以此类推。速度又快、装的水又多的队为胜，如先完成而水少者判为失败。

（2）幼儿游戏，教师为幼儿喊加油。

提醒幼儿注意跑步的姿势和安全。

5. 放松运动。

上述活动案例中，分龄目标中大班幼儿注重动作完成的质量，而中班幼儿则注重动作完成的连贯性和准确度。在"活动指导"中，第1环节"准备运动"中教师的准确示范是关键，对于年幼幼儿可采取"大带小"的方式；第2环节"交流讨论"应注意引导幼儿归纳、掌握动作要领；第3环节"接力比赛"，活动的组织和开展应降低比赛的竞争性，引导幼儿注意合作和相互帮助。

(二) 混龄语言活动

无论是在日常的家庭生活还是幼儿园生活中，幼儿随时随地都在与他人进行各种言语交流的活动，同时日常生活的各个方面都充斥着各种语言信息。可以说，幼儿一出生就被包围在语言的环境中，并一直在主动或被动地使用着语言。因此，幼儿在自然的成长过程中，听、说的能力实际上已经借助各种各样的语言交流活动，逐步地发展起来。这构成了幼儿园开展语言活动的基础。

对于幼儿如何获得语言以及如何对幼儿进行语言教育，存在很多理论，这些理论的主要区别就在于对影响幼儿发展的决定因素的判断。有关幼儿发展的理论中，一直存在两种争论，即环境决定论和遗传决定论，也被称外因决定论和内因决定论。环境决定论认为外部环境如教育对个体的发展起决定性作用；遗传决定论则认为内部环境如幼儿的遗传基因对个体的发展起决定性作用。这两种争论发展至今，已逐渐融合并形成了内外因交互作用论，即认为幼儿的发展是内外因共同作用的结果。在有关幼儿语言能力的习得与培养方面，同样存在着相同的争论，如"先天论"者乔姆斯基（Chomsky）就认为，每个儿童都具有先天的掌握语言规则的能力，即语言能力；这种语言能力的体现机制，他称之为"语言获得装置"（Language Acquisition Device, LAD）。乔姆斯基认为，LAD中存在一套普遍的语言规则，这些规则通过一定的逻辑顺序，就能构成一系列可供选择的转换语法，经过 LAD 对语言输入材料的"过滤"和选择，使普遍语法转换成母语的语法，由此儿童能够快速掌握母语中的语法并掌握母语。[①] 行为主义理论则认为，外部环境中的他人如儿童的父母通过自身语言的示范和传递，对儿童的相关反应进行强化，由此推动儿童对语言的理解，并逐渐去模仿别人的语言而习得语言。无论是美国心理学家斯金纳（Skinner）所强调的儿童言语行为是一系列刺激和反应的连锁活动，还是班杜拉所强调的儿童言语能力的形成是儿童对成人语言模式的模仿和观察的结果，其核心均认为外部环境对儿童语言的习得起了决定作用。到了当代，有关儿童语言习得相关理论同儿童发展理论的总体趋势保持一致，开始强调外部环境和内部环境的交互作用是儿童语言习得的关键所在，如建构主义者皮亚杰就认为语言是人与环境交互作用的结果。

有关儿童语言发展的理论为幼儿园语言教育活动提供了诸多启示，尤其是在幼儿园语言活动的目标和语言教育的方式方面。根据幼儿园语言发展的一般特点和规律，语言活动注重引导幼儿认真倾听他人说话，从感受语言、理解语言，到乐于主动与别人交流，并最终能自主运用语言。语言活动内容的组织和指导方式的选择，强调要以丰富的语言材料作为依托，并用多种方式向幼儿展示语言的要素，引导幼儿尝试表达和运用。因此，在幼儿园语言

---

① 赵寄石，楼毕生. 学前儿童语言教育［M］. 北京：人民教育出版社，1993：79.

活动中，教师既要为幼儿提供足够的语言刺激，同时也要鼓励幼儿主动理解、模仿和运用。

混龄语言活动在具体的组织和实施层面，相应的活动目标和教育形式要求严格按照幼儿语言发展的一般规律，考虑到不同年龄幼儿语言能力发展存在一定的连续性和阶段性，模仿和主动运用在语言习得中扮演了重要角色，因此混龄语言活动的开展要注意：首先，在活动目标定位上，要考虑幼儿语言能力发展的特点，年幼幼儿更多的是要理解相关内容如理解故事内容等，年长幼儿更多的是要能对相应内容进行讨论和分析。其次，在活动指导上，主要是引导年幼幼儿关注内容的核心部分，帮助他们形成完整的认识；引导年长幼儿分析、归纳、创编相关内容，提升其语言运用的能力。

以混龄语言活动"没有牙齿的大老虎"为例。

没有牙齿的大老虎

活动目标：

- 产生保护牙齿的意识。
- 大班：能理解作品内容，能参与谈话和讨论；懂得老虎贪吃又爱听恭维话是其上当的主要原因，并初步了解如何保护牙齿。
- 小班：能专心倾听故事，初步了解保护牙齿的重要性。

活动准备：

- 故事视频、故事图片。

活动指导：

1. 播放故事视频，引起幼儿的兴趣。

引导语：小朋友，今天我们要看一个大老虎的动画片。大老虎的牙齿没了，这是怎么回事呢？

2. 完整讲述故事《没有牙齿的大老虎》，引导幼儿讨论。

（1）边有表情地讲故事边出示图片。

（2）引导幼儿围绕主题进行谈话。

引导小班幼儿重点说说：老虎原来有牙齿吗？是谁使大老虎变得没有牙齿的？他是怎样让老虎上当的？

引导大班幼儿重点说说：大老虎为什么没有牙齿？我们要如何保护我们的牙齿？

启发幼儿将自己听到的、看到的表达出来。

3. 分组再次感受故事。

（1）鼓励小班幼儿看图片讲述故事内容大意。

（2）引导大班幼儿根据自己的想象改编故事。

上述活动案例中，"活动目标"对大班幼儿和小班幼儿有明确不同的要求：大班幼儿要能理解故事的深层寓意，而小班幼儿则侧重了解故事的基本内容。在"活动指导"交流讨论的环节中，"重点说说"的侧重点也不同：小班幼儿通过交流，要能理解故事内容并丰富语言经验；大班幼儿则注重经验的迁移与扩展。

（三）混龄社会活动

幼儿园的社会领域教育，旨在让幼儿理解自身作为社会中的一员，正确处理自身和社会之间的关系，认识自我，理解他人，明确自身的社会角色，形成正确的自我认识。具体而言，幼儿园的社会教育不仅要求幼儿能够获得一定的社会知识和人际交往技能，形成正确的自我价值观，而且要培养其健康、积极的社会态度和情感，形成对社会行为规范、人与人之间的差异的正确认识。为了实现这一目的，幼儿园的社会领域教育内容包含多个学科门类，如历史、地理等，但对于幼儿而言，并不以让幼儿掌握特定的知识体系和框架为主要目的，重在让幼儿感受并理解自身周围的环境及各种社会现象。比如对于历史方面的活动而言，主要是让幼儿基于一定的时间线索，理解过去、现在乃至未来可能发生的事件，帮助幼儿反观自身的成长历程；对于地理方面的活动而言，则主要是帮助幼儿理解自身生活的自然环境，理解个人生活与自然环境之间的密切关系，引导幼儿形成保护环境、节约资源等积极的认识和体验。

混龄社会活动在遵循幼儿园一般社会领域活动的基本原则和要求的基础上，相比于其他领域的课程，更多地强调幼儿人际关系的建立和交往技能的掌握，在活动内容的选择方面要求更具开放性和包容性，要能充分激发不同年龄幼儿之间的互动与交往。因此，在活动目标、活动内容、活动方式等的设计上要注意以下几方面的要求。

首先，活动目标可以根据不同年龄幼儿的生活经验和理解能力的不同，各有侧重。年幼幼儿生活经验少，推理判断能力较弱，重点是引导他们形成对活动内容中所包含的社会事件、文化现象等的总体感知，培养他们积极的情感体验；年长幼儿生活经验较为丰富，并已积累了一定的有关各个学科的知识经验，因此重点引导他们延伸活动内容，了解单一的社会现象背后所蕴含的丰富的社会意义，扩大他们的知识面。

其次，活动内容要具有整合性。如前所述，幼儿在社会领域的学习并不是简单掌握一些客观的学科知识，而是要理解其中所包含的人与社会、与他人之间的关系。因此，在内容的选择和组织上，一方面，要尽量与幼儿的日常生活经验相衔接，注意不同年龄幼儿在生活经验积累方面的差异，活动内容的选取与呈现要能充分调动幼儿的已有经验；另一方面，社会领域的教育涉及多个学科，是一个综合性的领域，选择的内容要能调动幼儿多种感官的参与，如听、说等，让不同年龄的幼儿以不同的方式参与进来。

再次，在活动具体实施过程中，教师通过多种方式与不同年龄幼儿互动，如利用直接的肢体动作、一问一答式的语言交流、表情的沟通和模仿等，也可以引导幼儿与同伴以多种方式进行互动，这都是强化社会领域教育活动效果的重要途径。这是因为社会领域活动本身就包含了各种有关人的情感体验、互动交往的内容，多种方式的互动能调动幼儿的各种感官，使其全面体会社会领域活动的意义。

以混龄社会活动"老师的节日"为例。

老师的节日

> 活动目标

- 知道教师节并表达对老师的谢意。
- 大班：巩固认识一年有12个月，知道9月10日是教师节。
- 小班：萌发爱老师的情感，并尝试用自己的方式表达对老师的爱意。

活动准备

- 一张幼儿园毕业生给教师的贺卡,一张教师送给自己老师的贺卡。
- 日历、录音笔等。

活动指导

1. 分享教师的礼物。

(1) 和幼儿围坐在一起,引导幼儿猜一猜:老师手上的信封里装的是什么?

(2) 出示并欣赏贺卡,让幼儿猜猜是谁送给谁的,将贺卡中的祝福语念给大家听。

2. 认识教师节。

(1) 引导幼儿想一想:为什么这个时候给老师送贺卡?

(2) 出示日历,请大班幼儿找出教师节的日期,在翻日历过程中引导幼儿认识一年有12个月。

(3) 请小班幼儿说一说自己对教师工作的看法,如:老师是做什么工作的?你喜欢什么样的老师?

3. 表达对教师的谢意。

(1) 教师说说自己与老师的故事,表达老师对自己成长的重要性,并出示自己准备送给老师的贺卡,读出对老师感谢的话,录音后播放。

(2) 每人讲一句最想对老师说的话,录音后播放。

(3) 鼓励小班幼儿用肢体表达对老师的爱,如亲亲教师、抱抱教师等。

活动延伸

- "我"为老师做件事:引导幼儿选择一件自己力所能及的事情坚持做下去。
- 引导幼儿观察本班教师一天的工作。

上述活动案例中,"活动目标"的"知道教师节并表达对老师的谢意"是无差别的共同目标,分龄目标中针对大班幼儿的目标则由单一的社会现象延伸出相关的知识经验,这对于时间概念掌握较好的大班幼儿来说是适宜的,而小班的目标只是注重引导小班幼儿体会节日的社会意义。"活动指导"部分的第2环节"认识教师节"中，不同的提问显示出针对不同年龄幼儿问题的适宜性。第3环节"表达对老师的谢意"，大班幼儿和小班幼儿都可以参与，并鼓励幼儿用多种方式与教师互动。

(四) 混龄科学活动

幼儿天生对周围环境中他们所不熟知的事物有着探究的兴趣，因此从出生之日起，便积极地利用自身的各种感官获取周围世界中的各种信息，并尝试对这些信息进行分析、推理，逐渐形成对客观世界的理解。鉴于幼儿的这种特性，科学活动在进入幼儿园课程领域时，最初仅仅是通过如培育植物、饲养动物等活动或成人为幼儿讲述自然界各种现象的方式，引导幼儿积累有关各种科学现象的经验和感受。20世纪二三十年代之后，幼儿教育机构才开始出现真正具有近代意义的科学教育活动，幼儿科学教育不再只关注幼儿科学经验的积累，开始关注如何让幼儿去理解相关的科学概念、方法和规律。

目前幼儿园科学活动的组织主要是基于建构主义的相关理念，强调让幼儿基于日常生活中已积累的一些简单、朴素的科学常识，依靠正规的、专门组织的科学活动来进一步获得体系化的科学概念和知识。换句话说，从幼儿学习的一般过程来讲，幼儿科学概念的获得就是幼儿基于自身的成熟，不断地进行概念的建立，不断地修正自身已有的科学概念，最终形成相对完整的、系统的科学经验的过程。从幼儿园科学活动和幼儿科学经验形成的过程来看，激发幼儿探索的好奇心，联系幼儿的日常科学经验，引导幼儿自由探索与尝试，构成了幼儿园科学活动的主要内容。

幼儿园混龄科学活动在组织形式与流程上，同同龄科学活动相似，但考虑到不同年龄的幼儿在事物关注的兴趣点、观察探索事物的方式以及逻辑推理等方面的差异，在具体的活动组织上也存在一定差异。

以混龄科学活动"昆虫博物馆"为例。

昆虫博物馆

活动目标

- 认识常见的昆虫，知道它们的名称及基本特征。

- 中班：初步了解常见昆虫的生活环境，尝试做参观记录。
- 小班：乐意参加活动，愿意用语言表达自己的发现。

:活动准备:

- 常见昆虫标本、图片，记录表、笔（中班幼儿使用），昆虫卡片、昆虫拼图。

:活动指导:

1. 参观"昆虫博物馆"。
（1）教师以"馆长"的身份，邀请幼儿参观"昆虫博物馆"。
（2）中班幼儿带小班幼儿参观"昆虫博物馆"，请中班幼儿记录自己看到的结果。
2. 分享交流。
（1）引导小班幼儿重点说说：你看到了什么昆虫？你知道它们的名称吗？
（2）引导中班幼儿重点说说：你看到的昆虫长什么样子？在哪里生活？
3. 分组活动。
小班组：分类，根据图片提示，放入相应的昆虫卡片。
中班组：拼图，认识昆虫的基本构造。
小结：昆虫的身体分为头、胸、腹三部分，有三对足，通常头上有一对触角。

:活动延伸:

- 鼓励幼儿回家和爸爸妈妈一起找找周围还有哪些昆虫，并记录下来，和同伴分享自己的记录结果。

上述活动案例中，首先，在"活动目标"的共同目标上，要求所有的幼儿都要能够观察并了解昆虫的特征。但在分龄目标中，对于中班幼儿，要求观察的内容更为具体和深入，而且要求进行归纳和记录；对于小班幼儿，则主要是激发幼儿观察的兴趣，强调让幼儿有动机、愿意自由地用语言表达自己的发现。其次，在"活动指导"方面，对不同年龄的幼儿都强调前期感性经验的积累，但在具体操作要求上有不同要求；要求中班幼儿能细致地对昆虫的特点进行总结归纳，注重对原有经验的凝练和提升；要求小班幼儿能初步区分不同的昆虫，注重对原有经验的巩固和利用。因此，在具体的材料使用上，不同年龄的幼儿也存在差别，如中班幼儿要用到笔、记录表等。

（五）混龄艺术活动

在日常生活中，幼儿随时都会接触到各种与美术、音乐相关的内容。可以说，幼儿日常的各种艺术体验已经帮助幼儿逐步形成了一些审美能力，并引发了幼儿对各种艺术活动的兴趣和想象力。美术、音乐等艺术活动强调对幼儿想象力的激发。对于幼儿园艺术教育而言，其目的和宗旨就是挖掘幼儿日常生活中的各种艺术体验，让幼儿能自由地、不受约束地运用各种材料和他们所处环境中的艺术元素，以自己的方式去表达和表现自己的所思、所想和所感。对此，幼儿园艺术课程的重点在于为幼儿创造良好的学习环境，提供与幼儿日常生活经验紧密联系的材料，并借助教师的引导和组织，激发幼儿利用现有材料自由地表达和表现。

幼儿园混龄艺术活动在实际开展过程中，活动的主要目的和组织形式同幼儿园同龄艺术活动相似。但考虑到艺术教育活动的内容更多地强调幼儿艺术经验的积累，以及在此基础上的自由表达与表现，这与个人经验以及主观价值倾向联系密切，更多的是一种内隐的心理活动，不易于幼儿之间的交流和学习。因此，混龄艺术活动在选择活动素材和主题、组织运用相应的指导策略方面，注重让幼儿通过实际动手操作，表达和表现相应的艺术内容。艺术创作的内容占据了整个活动的大部分，这样可以让不同年龄的幼儿在具体的操作过程中相互模仿和学习，自主感受创作的乐趣，体验艺术创作过程中各种美的元素的运用。

以混龄艺术活动"树叶变变变"为例。

树叶变变变

活动目标

- 感受树叶的多种多样，培养动手操作能力和想象能力。
- 大班：用多种叶子制作自己喜欢的作品。
- 小班：尝试用叶子制作拼贴画。

> **活动准备**

- 活动室地面上有各种各样特征鲜明的树叶等。
- 树叶项链、树叶手镯、树叶花环、树叶拼贴画、树叶线描画、树叶拓印画等树叶作品，图画纸、胶水、彩笔、扭扭棒等美工材料。

> **活动指导**

1. 以"大带小"的形式寻找树叶，交流讨论。

（1）鼓励大班幼儿带小班幼儿去找一片自己喜欢的叶子。

（2）引导幼儿互相说说：自己喜欢的叶子是什么颜色的？像什么？

（3）引导幼儿相互比较各自喜欢的叶子。

小结：叶子宝宝穿着不同颜色的衣服，长着不同的样子。

2. 装饰"有趣的叶子"。

（1）找一找。

引导语：叶子宝宝可有趣了，它还会变魔术呢！你发现它变成什么了吗？

引导幼儿观察用树叶做成的作品（树叶项链、树叶手镯、树叶花环、树叶拼贴画、树叶线描画等）。

（2）学一学。

教师重点示范树叶拼贴画和毛根的用法。

（3）做一做。

引导幼儿根据自己的兴趣分组操作。

①树叶拼贴画：提供树叶、图画纸、胶水、彩笔等，引导小班幼儿尝试创作树叶拼贴画，引导大班幼儿用树叶剪贴成一幅完整的画。

②树叶装饰品：提供树叶、毛根等，引导小班幼儿制作树叶项链、树叶手镯、树叶花环。

③树叶线描画：提供树叶、图画纸、记号笔等，引导大班幼儿先将树叶外形拓印下来，然后创作线描装饰画。

④树叶拓印画：提供树叶、图画纸、油画棒等，引导小班幼儿创作树叶拓印画。

> 活动延伸

• 帮助幼儿将树叶拼贴画制作成一本"小画册",投放在语言区,引导幼儿创编及讲述简短故事。

上述活动案例中,"活动目标"部分,同一般的幼儿园艺术活动相似,注重让幼儿在感受树叶的多样性的同时,能自由发挥想象,利用树叶自主表达和表现,进行简单的艺术创作。但在具体的要求上,根据不同年龄幼儿想象力、动作技能等发展的水平和特点有不同的要求:大班幼儿的想象力和精细动作能力已经初步发展,有较好的自由创作的基础,因此针对他们的活动目标是"制作自己喜欢的作品";小班幼儿想象力和精细动作还未发展起来,引导他们通过观察、模仿"拼贴画"这种艺术表现形式,学习以拼贴这种简单的方式进行初步的艺术创作与表达。在具体的"活动指导"环节,要求大班幼儿利用更多的活动材料进行相对复杂的树叶拼贴、线描等制作,而小班幼儿则是进行简单的拓印、拼贴。

二、依据幼儿园一日生活的环节划分

混龄教育活动作为一种教育组织形式,结合不同的教育目标和内容能发挥不同的教育功能。幼儿园一日生活中的不同环节,为实现各类教育目标常需要组织包含不同内容的教育活动,有的教育活动便可以采用混龄的教育形式。

(一) 混龄集体教育活动

1. 混龄集体教育活动的目标、内容和策略

一般而言,混龄集体教育活动同一般的幼儿园教育活动一样,都有其活动目标、活动内容和指导策略。其中,混龄集体教育活动的目标主要是促进幼儿身体的健康发展,增强幼儿的体质;发展幼儿的认知能力,开发幼儿的智力;培养幼儿良好的生活习惯和社会交往能力,促进幼儿的社会性发展。混龄集体教育活动的内容根据《纲要》中所划分的领域,要凸显趣味性和综合性,贴近幼儿的生活经验,内容丰富的同时又要具有时代性。指导策略则涵盖了讲授、演示、实验、游戏等多种方法。同常规的幼儿园集体教育活动

的区别是，混龄集体教育活动在目标的确立、内容的组织、指导策略的选择方面，要同时考虑不同年龄幼儿的发展需要，具有层次性。因此，当常规集体教育活动以混龄教育的形式开展时，活动从目标、内容到策略都会发生一定的变化，在具体的活动实施过程中也有不同。

2. 混龄集体教育活动的对象安排

混龄集体教育活动对幼儿已有的知识经验和认知思维发展水平有较高的要求，为能更好地促进不同年龄幼儿在"最近发展区"内获得长足的发展，混龄集体教育活动要根据幼儿的年龄特点和能力发展水平灵活组织，为此要深入分析幼儿实际的能力发展水平，进而采取适当的分组。从目前混龄教学班实际开展的情况看，特定的内容尤其是学科性较强的内容如数学等，对幼儿认知发展等方面的要求较高，而幼儿在相关方面的发展存在明显的阶段性和质的差异，因此为了有效开展混龄集体教育活动，使不同发展水平的幼儿都能得到全面发展，活动中的幼儿年龄跨度不宜过大，一般以1岁左右为宜。这样既可以避免活动对年长幼儿而言过于简单，缺乏挑战性，也可以避免对年幼幼儿而言过于复杂，难以理解和学习。

3. 混龄集体教育活动的内容组织

混龄集体教育活动内容依然是围绕《纲要》所指出的五大领域来组织，常规要求有：遵循常规幼儿园教育活动的组织原则，如活动内容的选取要具有特色、因地制宜，充分利用当地社会与自然资源；有可行性，方便教师获取和幼儿操作、探究；要遵循幼儿学习规律，充分考虑不同年龄幼儿的身心发展特点，活动内容的呈现要从易到难、循序渐进，在具有整体性的同时还要有一定的层次性，能让幼儿在各自的"最近发展区"内得到最大程度的发展；活动的组织要能激发幼儿的学习兴趣，要以幼儿易接受的事物作为活动的内容。

除了这些常规要求外，在混龄集体教育活动中，同样的活动内容要同时满足不同年龄幼儿的学习需要，因此具体活动内容的选取和组织还要注意以下几点：首先，活动内容本身应具有一定的开放性，在为幼儿提供学习经验的感知方面要包含较多的信息，以便让不同年龄的幼儿面对相同的学习材料都能获得相应的学习经验。如在以"认识钟表"为主题的活动中，活动素材的选择包括了幼儿日常所能见到的各类钟表如挂钟、台钟、手表等实物或图片，让不同年龄的幼儿都能调动自身已有经验参与学习活动。其次，活动内容的组织与呈现应考虑不同年龄幼儿学习的主要方式，以充分调动不同年龄幼儿的各种感官参与为前提。如以"保护牙齿"为主题的活动为例，应该选择有趣的保护牙齿的故事、具体生动的视频动画以及相应主题的游戏活动，在调动幼儿积极参与的同时，让不同的幼儿都能从活动中获得相关经验。

4. 混龄集体教育活动的实施方式

混龄集体教育活动同常规幼儿园集体教育活动一样，在整体活动内容的选择和组织、实施方面有一定程度的相似之处，可以借鉴目前幼儿园教育活动较常采用的综合性课程模式。

简单地讲，综合性课程就是将各种课程因素综合化后加以实施，在实践中最常见的是以主题的形式进行。幼儿园综合性课程的实施，应该以幼儿为中心、以活动过程为评价依据，打破学科界限，并与幼儿日常生活经验紧密结合。这里主要以综合性课程中的主题活动为例来分析幼儿园混龄集体教育活动的开展。

混龄主题活动根据不同年龄幼儿的发展差异，在具体的活动和要求方面有不同要求，因而采取不同的组织方式：相同主题、相同内容，但要求不同；相同主题，不同内容、不同要求；相同内容，不同领域、不同要求；等等。在具体的主题活动设计过程中，以幼儿所熟悉的一个事件、现象等为切入点，确立一个开放性的活动主题，然后针对不同年龄幼儿提出不同的要求。

（1）相同主题、相同内容，不同要求

主题：时间 → 相同主题
活动一：认识钟表 → 相同内容

活动目标

- 初步了解钟表的种类和时间。
- 大班：知道时针、分针、秒针及钟面数字表示的意义。→ 不同要求
- 中班：初步感知钟面的组成。→ 不同要求

(2) 相同主题，不同内容、不同要求

主题：昆虫→相同主题
活动一：蜈蚣的滑冰鞋→不同内容

活动目标：

- 小班：初步了解蜈蚣的外形特征，知道它的名称。→不同要求

活动二：蝴蝶的一生→不同内容

活动目标：

- 中班：能根据蝴蝶的生长过程进行图片排序，培养按顺序观察的能力。
→不同要求

(3) 相同内容，不同领域、不同要求

主题：数字
活动一：理解有趣的数字→相同内容

活动目标：

- 大班：能将数字想象并绘成各种人物，提高想象力。
→不同领域（绘画）、不同要求
- 小班：学唱数字歌。→不同领域（歌唱）、不同要求

(二) 混龄生活活动

生活活动是幼儿园日常教育的一个非常重要的环节。混龄生活活动即在遵循幼儿园日常生活活动的一般组织形式和理念的基础上，结合混龄教育开展的特殊要求，将各种教育元素融合于幼儿一日生活的各个方面，帮助幼儿养成良好的生活卫生习惯，促进幼儿身心健康发展，增强幼儿的生活自理

能力。

1. 混龄生活活动的目标

在同龄生活活动中，根据不同年龄幼儿的身心发展特点，在有关卫生保健常识教育、安全规则教育、生活习惯及能力教育等方面均有不同的要求。如在卫生保健常识方面，年幼幼儿需要了解眼睛、耳朵、鼻子等身体器官的用处，知道要保持眼睛等器官的清洁卫生，并懂得如何去保护，能够勇敢地面对各种健康检查和预防治疗等；年长幼儿则需要了解如何保护视力、牙齿，懂得牙齿等器官的生长、变化，初步了解如何预防疾病和细菌对身体器官的损害，懂得天气变化等与自身身体健康成长之间的关系，学会自主增减衣服，养成健康的饮食习惯，了解体育锻炼的好处及合理的锻炼方法等。

在混龄生活活动中，面对相同的内容，每个年龄段幼儿总的活动要求是相同的，但同时也包含了针对不同年龄幼儿的若干层次的活动要求。因此在活动目标的制订上，既要凸显针对不同年龄幼儿的活动要求，同时还要注意这些活动目标的内在衔接，保证活动内容可以围绕具有一定连续性的活动目标组织和展开。

具体而言，除了卫生保健常识教育，如在安全常识教育方面，年幼幼儿应懂得如何规避风险，不跟陌生人走，不随便接触不明的危险物品；年长幼儿则应懂得不玩危险游戏，能够预测一定的风险，不自行去危险地区，懂得日常安全规则如交通规则等，能够掌握一些常见的自救方法如拨打呼救电话、地震逃生等。在生活习惯及生活能力等方面，年幼幼儿要掌握一定的自理能力，如洗手、洗脸、自己吃饭、穿衣、穿鞋、大小便等；年长幼儿要养成讲究卫生、保护环境的良好习惯，如不随便丢垃圾、主动维持公共卫生清洁等。

从这些幼儿生活教育的活动目标的构成看，混龄生活活动更强调在同样的活动中要同时兼顾不同年龄幼儿生活能力方面的发展，引导幼儿在各自力所能及的范围内提高相应的生活自理能力。

2. 混龄生活活动的内容及组织、实施

混龄生活活动的内容主要是幼儿在园一日生活的各个环节，包括来园、离园、吃饭、睡觉、盥洗等，这同常规同龄生活活动没有区别。需要注意的是，混龄生活活动因为要同时关注不同年龄的幼儿在一日生活各个环节的需要，对教师而言，除了工作量增大以外，将各种细微的生活细节作为教育的契机加以利用，增加生活教育不同环节中幼儿之间的互动学习，也成为提升教师指导混龄生活活动的关键。因此，混龄生活活动的组织与实施要特别注意以下几方面。

首先，教师对幼儿进行生活指导要体现层次性，基于不同年龄幼儿发展的重心实施有针对性的指导。这要求教师在指导前，一方面要对不同年龄幼儿身心发展的总体特点有一定的认识，能够比较全面地预测幼儿的需要；另一方面要提前对幼儿进行仔细观察，归纳和总结不同年龄幼儿的特点和需要，然后根据幼儿的实际发展水平灵活编组，进行有针对性的指导。其中，针对年幼幼儿，教师要重在示范、讲解、操作，帮助他们掌握一定的自理能力；针对年长幼儿，教师要在巩固前期形成的自理能力的基础上，侧重于提高他们对卫生保健的认识和良好生活习惯的养成，多以言语激励等方式进行引导。

其次，教师应注意发挥异龄同伴交往在混龄生活活动中的作用。在混龄教育活动中，既有同龄幼儿之间的互动，也有异龄幼儿之间的互动，而日常生活的各个环节所包含的教育元素又十分复杂，特别是涉及社会性交往、行为规范等方面的教育元素，同伴之间的观察学习是幼儿理解、习得各种社会规则与能力的重要途径。对此，教师应围绕如何引导幼儿之间互动学习来组织相应的活动。对此，可以有以下几种方式。

（1）"大带小"式互动。即利用一日生活的各个环节，让年长幼儿一对一带领年幼幼儿参加活动。在一些活动细节方面，让年长幼儿更多地通过主动的示范和帮助，引导年幼幼儿习得必要的活动规则和能力。如户外活动时，让年长幼儿一对一引导年幼幼儿完成相关活动，利用年长幼儿对危险事物、活动规则的经验，在互动中对年幼幼儿产生积极影响；在穿衣环节，可以让年长幼儿以亲自示范、纠正等方式，帮助年幼幼儿逐渐掌握基本的穿衣技巧。与此同时，年长幼儿在关心、帮助年幼幼儿的过程中，自身的已有经验也得到了巩固，从而实现不同年龄幼儿之间的共同发展。

（2）互动空间设计。即根据幼儿园已有的客观环境，在诸如幼儿座位安排、生活区布置、游戏场景设计等方面，围绕如何增加不同年龄幼儿之间的互动来规划相应的空间。比如在集体教育活动的座次安排方面，可以采取不同年龄幼儿交替落座、两两相间的方式，增加不同年龄幼儿的互动机会；在游戏场景布置上，可以尽量投放以低结构材料为主的游戏材料，让不同年龄幼儿在创造性使用材料的过程中，更多地观察、模仿其他幼儿探究、操作的过程，从而丰富自身的经验。

(3) 幼儿一日生活环节的灵活组合。幼儿一日生活的各个环节一般较为固定，不同生活环节对幼儿的要求也不尽相同，因此在不同生活环节选择何种教育方式，要考虑不同年龄幼儿的特殊需要，同时还要从符合教育规律的角度出发，对不同生活环节做出合理安排，保证幼儿的活动能够动静交替、室内室外相结合，为幼儿成长提供适宜的支持。因此，考虑在生活环节对幼儿进行混龄教育时，一定要事先对各个生活环节作细致分析，避免为混龄而混龄。一方面，对一些不太适合开展混龄教育的环节应采取传统同龄教育，如午休环节不需要不同年龄幼儿之间发生互动，宜采用传统同龄教育；另一方面，按照各个生活环节对幼儿发展的持续性要求，可以适当调整混龄活动的频率和内容，如在来园环节，最初异龄同伴互动主要是让年幼幼儿尽快对幼儿园形成积极的情感体验，而随着幼儿对幼儿园适应性的增强，异龄同伴互动应更多地指向具体的学习活动。

（三）混龄游戏活动

游戏是幼儿园最为主要的一种教育方式，且游戏本身的开放性、趣味性、参与性为混龄教育的实施提供了充分的支持。一般而言，不同年龄幼儿的身心发展特点决定了游戏的组织形式和内容，一些开放性较强的游戏如角色扮演类游戏，其本身的组织和实施主要依靠的是同伴之间的互动，因此很适合开展混龄教育活动。但由于年幼幼儿在社会交往能力方面发展不足，更多进行的是独自游戏或平行游戏，因此混龄游戏活动的开展必须考虑不同年龄幼儿游戏的特点。

1. 混龄游戏活动的目标

当把游戏作为一种主要的教育方式时，它可以承载多种内容，因此游戏活动的目标是多元的。一般而言，游戏活动主要的目标是借助于游戏过程中幼儿的全身心参与以及幼儿同伴之间的互动，促进幼儿在认知、社会性、情感、态度等方面的全面发展。无论是同龄游戏活动还是混龄游戏活动，其主要目标与游戏活动的内容有很大关系。

2. 混龄游戏活动的组织与实施

混龄游戏活动因为要考虑不同年龄幼儿游戏的特点，为了让幼儿能在游戏活动中实现较充分的互动，游戏活动在内容上应与不同年龄幼儿的已有经验相结合，并且游戏规则应易于被不同年龄的幼儿理解。这要求教师提前对混龄游戏活动进行充分的设计与规划。

首先，根据幼儿园一定时间段（一般是一个学期或一学年）课程的整体设计和安排，在具体的教育活动环节融合相应的混龄游戏活动，其中混龄游戏的类型应以适合集体参与、互动的游戏为主，如表演类游戏、体育类游戏等。需要注意的是，混龄游戏活动的设计和组织主要是为了完成相应的教育目标，是混龄教育活动中的混龄游戏活动，而不是一种完全由幼儿自由组合的游戏活动。

其次，混龄游戏活动内容的选择要尽量接近幼儿的经验，能够引起幼儿的兴趣和关注，同时在材料的选择上也要因地制宜、就地取材，以低结构性材料如积木、拼插玩具等为主，也鼓励幼儿动手制作玩具。

再次，在具体的混龄游戏活动指导策略上，教师应注重发挥年长幼儿的作用，引导年长幼儿做好教师的"助手"，在常规维持、个别辅导、规则制订等方面，可以发挥年长幼儿的榜样示范作用。

最后，在混龄游戏活动的总结与评价阶段，教师要及时就游戏活动开展的效果与问题进行深刻分析和反思，围绕制约不同年龄幼儿有效互动的关键因素，及时调整下一步的混龄游戏活动。

三、依据年龄跨度划分

依据年龄跨度来划分混龄教育活动，主要依据是不同年龄跨度的混龄活动对幼儿学习与发展的支持有着不同的优势，而这又是由幼儿本身的身心发展特点和规律所决定的。从目前已有的研究成果和实践经验来看，无论是小跨度混龄还是大跨度混龄，都对教师的专业素质提出了较高要求，主要体现在对教师的儿童观和课程意识方面有较高要求。教师要基于对不同年龄幼儿的身心发展需要和学习特点的理解，全面考虑不同年龄跨度的混龄活动的具体要求，及时做好活动规划与设计。

（一）大跨度混龄活动

大跨度混龄活动主要指年龄跨度在1岁以上的不同年龄幼儿之间的混龄教育活动，即小班与大班的混龄教育活动或托班与中班的混龄教育活动。由于年龄跨度的加大，不同年龄幼儿的身心发展水平存在较大的差异。因此，大跨度混龄活动对活动内容的选择要求更为严格，同时活动目标上也存在更为明显的差异，教师的指导策略要更具有针对性。

首先，大跨度混龄活动的活动目标随着不同活动内容有所差别，且在层次性上也更为明显。因幼儿本身的年龄跨度较大，即使是相同的活动内容，具体的活动目标也具有十分明显的差异。比如大跨度混龄的体育活动，年幼幼儿更重要的是有参与的兴趣和形成良好的活动体验，通过观察学习，主动地模仿一些基本的动作，并能乐于表达、表现，为后续专门针对年幼幼儿开展相应的体育活动奠定基础。而年长幼儿则主要是掌握活动要领和技巧，能熟练完成相应的动作。

其次，大跨度混龄活动内容的选择和组织，主要的依据是不同年龄幼儿已有知识经验的储备状况、学习的特点。一般而言，在某些以动作技能为主要内容的技能性活动如体育活动、操作活动中，年长幼儿往往能够更好地发挥榜样示范的作用，为年幼幼儿提供更多可供观察学习的内容。除此之外，一些学习活动如科学探索活动，虽然易于观察和模仿，但不容易引起幼儿之间的互动学习，幼儿更多的是持续地自主探究与操作，相对而言是一种较为独立的行为。因此，大跨度混龄活动内容的选择和组织，除了要看幼儿的学习活动更多的是外显还是内隐、是否更易于同伴之间直接观察模仿，还要看能否引起幼儿之间的互动与合作。

再次，由于大跨度混龄活动的内容主要是一些易引起幼儿外显的学习行为的内容，同时结合混龄活动教育功能发挥的基本机理，大跨度混龄活动主要围绕如何强化幼儿之间的互动与观察学习，并引导年长幼儿更多地展现自身的学习过程来展开。在大跨度混龄活动中，由于幼儿年龄差异较大，在一些特定的活动中不同年龄幼儿的活动完全不在一个水平上，当教师鼓励年长幼儿帮助年幼幼儿学习时，年长幼儿无法正确地指导，仅是一味地演示和自行操作，年幼幼儿也沦为了"旁观者"，使得混龄教育活动的效果大打折扣。因此，在具体的活动指导过程中，首先，教师要注意活动材料选取的适宜性。对于结构化程度不同的活动材料，幼儿采取的学习行为也不一致。以低结构的活动材料（如积木）为例，小班幼儿更多地将注意力放在探索材料本身的属性方面，以简单、直接的堆、搭等操作为主，而大班幼儿对材料本身的属性已经比较了解，其操作更多地带有创造性。其次，教师要注意指导方式对幼儿的影响。在混龄教育活动中，年长幼儿往往是年幼幼儿的榜样，教师应注意以语言来强化年长幼儿以"大带小"的方式帮助年幼幼儿成长。

（二）小跨度混龄活动

小跨度混龄活动指年龄跨度在1岁左右的不同年龄幼儿之间的混龄教育

活动。小跨度混龄活动是目前混龄教育中最为常见的一种形式。由于年龄跨度小，幼儿之间的身心发展水平差异不大且存在一定的交叉和重叠，因此活动目标的确定、活动内容的选择和组织以及教育活动总结与评价等方面，容易设计和操作。

首先，小跨度混龄活动的目标同样需体现出一定的层次性，同时应该关注目标之间的连续性。换句话说，年龄跨度在1岁左右的不同年龄幼儿，在身心发展的总体水平上往往有着较大的连续性，不会存在较大的差别，因此活动目标的确立既要体现幼儿发展的连续性，同时也要反映特定年龄段幼儿身心发展最为主要和特殊的要求。此外，活动目标的设置还要注意有一定的弹性，不同层级目标之间的理想跨度应该正好处于幼儿的"最近发展区"内。活动目标的设置过程中，主要是依据特定年龄段幼儿发展的一般特征，分别来确定不同层级的目标，但考虑到混龄教育的特殊要求是让幼儿依靠彼此之间的互动学习来获得发展，因此在目标的设置上还要考虑不同层级之间的衔接。

其次，小跨度混龄活动内容的组织不仅应考虑幼儿身心发展的连续性和阶段性并存的特点，同时也要考虑不同活动内容对幼儿学习能力的要求。年龄接近的幼儿在个人经验、思维特征、理解能力等方面也较接近，其对相同问题的判断、推理水平也基本处于同一个层次，因此，小跨度混龄的幼儿之间能够比较有效地进行沟通和对话。能较好反映幼儿身心发展连续性的活动内容，可以成为小跨度混龄教育活动的素材，但在一些对幼儿生理发展要求较高，或者对幼儿的能力发展水平要求存在较大差异的活动中，相应活动就不太容易被有效地组织。如特定的体育活动，在年龄跨度上的要求会有较大的差异，如果不加设计而生硬地组织成混龄教育活动，会对不同年龄幼儿造成过难或过易的困扰，从而影响活动的效果。

再次，小跨度混龄活动如果在活动内容上经过了较科学的设计和组织，在具体的组织实施过程中相对会更易为教师所掌控，也方便教师及时给予必要的指导和支持。不过要注意的是，教师要善于利用活动材料的投放和环境的布置来引导不同年龄幼儿进行深入互动，帮助幼儿自主地通过合作学习解决问题，而不是一味地直接对幼儿提出要求。考虑到活动材料和环境是幼儿学习的主要对象，教师在预设活动材料的难度时，应主要依据幼儿实际的发展水平，而不仅仅是特定年龄段幼儿的一般特征；同时还要考虑材料的结构化程度本身对幼儿的要求也不一样，不同年龄幼儿的操作水平存在一定差异，在小跨度混龄活动中，低结构材料实际上更适合不同年龄幼儿之间的互动和学习。

四、依据个体数量划分

混龄教育活动的具体内容往往决定着活动的具体人数和组织形式，因此当按照活动的个体数量来对混龄教育活动进行分类时，实际上前提是已经考虑了不同的活动内容对活动人数的要求，从而进一步也对活动的目标、组织形式、指导策略提出了相关的要求。

(一) 混龄集体活动

顾名思义，混龄集体活动就是对包含不同年龄幼儿的班级群体进行教育的活动。混龄集体活动同一般的幼儿园集体教育活动类似，其主要特征是活动的群体主要是以班级为单位，人数较多，但混龄集体活动还有一个显著的特征是，活动群体本身存在一定的年龄差异，进而在活动目标、活动内容的确定和组织方面同一般的集体教育活动有着明显的区别。

首先，混龄集体活动在目标上具有层次性，这种层次性既体现了对不同年龄幼儿身心发展的阶段性的考虑，也体现了对同一年龄段幼儿可能存在的身心发展差异的考虑。因此，目标在具有一定层次性的同时，还需要有一定的弹性，并且要考虑不同层次目标之间的衔接和适当的延伸。

其次，混龄集体活动在内容的选择上较为宽松，关键是活动的内容要尽量丰富，能满足不同年龄幼儿的发展需求，并与幼儿已有的经验充分联系起来，引起幼儿的学习兴趣。

再次，在具体的活动组织与实施方面，适合于常规集体教育活动的方法与策略如讲授、演示、实验等均可以使用。需要注意的是，混龄集体活动如果是小跨度混龄，那么实施方法的选择相对比较自由，但如果是大跨度混龄，就要充分考虑不同年龄幼儿主要的学习方式和特点，以使相关指导和支持更为有效。

(二) 混龄分组活动

混龄分组活动指按照幼儿身心发展的实际水平以及幼儿自身的兴趣，对不同年龄幼儿进行分组而开展的活动，如混龄区域活动、混龄表演活动等。混龄分组活动主要是基于不同年龄幼儿身心发展水平具有连续性和阶段性，再结合幼儿的学习兴趣,将具有相同兴趣的幼儿按照身心发展的实际水平进行混龄混合,而不是按绝对的年龄标准进行分组。由此,混龄分组活动具有以下的特点。

首先,混龄分组活动内容的选择主要依据的是幼儿当下的兴趣和实际的发展水平,相比于按绝对的生理年龄进行分组,按幼儿实际的心理发展水平进行分组更有利于活动的组织和实施。这一方面是因为幼儿实际的心理发展水平为活动内容的选择与活动的有效开展提供了基础,使得幼儿能更易于理解学习内容,并获得相应的能力和经验;另一方面是与幼儿心理水平接近的活动内容更易于幼儿将活动内容与已有经验联系,从而激发幼儿参与活动的兴趣和积极性。

其次,混龄分组活动的指导策略相对而言也较为同质,一方面主要是因为幼儿的身心发展水平接近,对外界信息的认知和理解相似,因此教师只要采用相近的方法来指导,就能为不同年龄幼儿所接受和理解;另一方面是因为混龄分组活动内容与幼儿身心发展水平接近,内容的弹性、开放性以及内在的逻辑性都强,也易于教师提前预设相应的指导策略。

第三节　混龄教育活动的开展

一、幼儿园混龄教育活动的计划

教育本身即是一种有目的、有计划、有组织地向受教育者施加积极影响的活动,因此制订教育活动计划对于完成教育的使命至关重要。幼儿园混龄教育活动计划同样是为了实现幼儿园教育所要求的既定的教育目标,由幼儿园管理者和教师根据《纲要》和《指南》中的相关内容和要求设计安排的具体教育工作方案和规划,以保证教育教学工作的有序性、目的性、规范性和针对性。由此可以看出,幼儿园混龄教育活动计划的制订、实施是一个系统、细致的工程。

(一)幼儿园混龄教育活动计划的要求

1. 符合我国有关幼儿园教育的相关政策要求

目前《纲要》和《指南》是我国幼儿园教育所要参考的最为主要的政策

文件，其对当前我国幼儿园的教育目标、内容、方法、原则与具体要求都给予了详细的说明。因此，混龄教育活动计划的制订必须认真、深刻地贯彻其中所包含的理念和内容。

2. 符合幼儿身心发展的水平与规律

幼儿园的教育对象是幼儿，幼儿身心发展的水平与规律必然是幼儿园一切教育活动计划制订的基础。混龄教育活动要想真正做到有的放矢和因材施教，全面把握幼儿身心发展的水平和规律是关键，由此才能制订出既符合幼儿发展实际需要又易于教师操作的教育计划。

3. 要因地制宜、切实可行

幼儿园教育活动的顺利开展离不开对已有资源的有效利用，因此必须因地制宜，全面考虑幼儿园自身的师资、硬件设备情况、整体环境等，避免照搬某种教育理念或其他幼儿园的经验。特别是对于混龄教育活动而言，要满足不同年龄幼儿的需要，在教育资源利用方面更需考虑可行性。

4. 要保持开放和创新相结合

混龄教育与传统同龄教育有着较大的区别。在具体的教育理念、教育方法等方面缺乏像同龄教育一样成熟的体系。因此，混龄教育活动计划的制订应保持对各种相关理念的开放性吸收，并不断进行相应创新，以逐渐完善教育计划。

(二) 幼儿园混龄教育活动计划制订的一般步骤

1. 全面分析教育要素

混龄教育活动计划的制订必须对幼儿园及混龄班活动的具体情况进行全面分析，这包括需正确评估混龄班内不同年龄幼儿的身心发展水平，分析以前或当前相关的混龄教育活动组织与开展的一般经验和启示，了解本班、本园现阶段所能利用的各种教育资源如图书、教具、玩具、设施和场地等，明确特定时间段内可供利用的资源如季节特征、节日、社会文化现象等。

2. 选择适当的教育内容

根据《纲要》和《指南》中所提出的相关要求以及对幼儿园混龄教育活动开展所能利用的各种资源的分析，搜集各类素材。在选择适当的教育内容时，一方面要选择那些具有科学性、趣味性、能引起幼儿关注的材料；另一方面要对相应的材料进行加工，以充分调动幼儿既有的生活经验，激发幼儿的想象力和兴趣。

3. 做好时间的规划与安排

根据确定好的混龄教育活动内容，并结合幼儿园的实际情况，可以着手根据幼儿园总的课程实施计划，在具体的教育活动时间安排方面尽量做到与原有课程相结合，统筹安排混龄教育活动的具体时间。

4. 科学、规范地编制相应的计划

根据前期的规划与准备，教师要形成最终的混龄教育活动计划。在编制计划的过程中，必须结合教育活动开展的一般流程进行编制。具体的呈现方式上可以是图片、文字等多种方式相结合，但是无论如何呈现，都应条理清晰、简明扼要、重点突出、切实可行。

二、混龄教育活动计划的类别

一般而言，混龄教育活动的计划在结构框架上同幼儿园常规的教育活动计划没有区别，只是在具体的教育目标、内容、组织实施策略等方面有不同。混龄教育活动的计划也应当从不同角度反映《纲要》和《指南》中所规定的教育任务、内容和要求，为教师顺利开展混龄教育活动提供相应的指导，保证教师教育工作的顺利开展和教育任务的完成。

幼儿园混龄教育活动计划依据不同的标准可以分为不同的类别。根据计划的指导范围，可分为全园的混龄教育活动计划和班级混龄教育活动计划；按计划的时间长短可以分为学年计划、学期计划、月计划、周计划和单项混龄教育活动计划；按计划的具体内容又可根据主题或领域进行分类，如分为混龄社会活动计划、混龄艺术活动计划、混龄数学活动计划、混龄科学活动计划等。

需要注意的是，不同混龄教育活动计划的分类彼此不是绝对孤立的，而是存在一定的交叉。在制订相关教育计划时，往往要注意混龄教育更多的是作为传统的同龄教育的重要补充。

(一) 全园学期混龄教育活动计划

全园学期混龄教育活动计划是由幼儿园管理者、教研组、教师在共同分析全园一学期主要的教育任务、要求及工作重点的基础上，制订的有关混龄教育活动开展的具体计划，一般包括以下方面。

1. 混龄教育活动开展的主要班级、幼儿人数、教师情况、可利用的资源，以及前期工作的问题、经验等。

2. 本学期全园混龄教育活动的总任务、基本要求和工作重点。

3. 本学期混龄教育活动开展的具体任务、主要活动内容及时间安排。具体包括：混龄教育活动开展的具体流程、关键环节、主要措施和要求等；以月为时间段，确立每月混龄教育活动开展的重点、具体要求及活动安排；混龄教育活动开展班级的具体工作要求；全园混龄教育活动开展的主要负责人及日程安排。

4. 各班级在混龄教育活动中的具体分工与配合。

（二）全园一日生活混龄教育活动计划

全园一日生活混龄教育活动计划是由幼儿园管理者和教师根据幼儿园一日生活的常规流程和规律，并结合幼儿园总的教育计划，制订的有关幼儿在园参加混龄教育活动的具体时间安排。将幼儿在园一日生活作为促进幼儿在园发展的主要方式，要保证能在各个生活环节恰当地安排混龄教育活动，在不干扰幼儿日常生活作息规律的同时，又能有助于教师有效促进幼儿在混龄教育活动中获得发展。因此，全园一日生活混龄教育活动计划的制订应该符合以下要求。

1. 一日生活中混龄教育活动的开展应同幼儿园一日生活安排保持协调。

2. 一日生活中混龄教育活动的时间分配不宜过于密集，避免造成幼儿原有一日生活的时间安排被打乱，应在保证原有活动时间安排的基础上，灵活穿插相应的混龄教育活动。

3. 应注意避免混龄教育活动的组织与插入过于突兀。在原有同龄分班活动的基础上，保证混龄教育活动自然地插入和过渡，时间上应避免让幼儿消极等待，引入方式上应避免对原有生活节奏和秩序的改变。

4. 混龄教育活动的时间安排要考虑原有同龄教育活动课程安排的时间节奏。在相应的同龄教育内容中自然融入混龄教育活动，要保证幼儿自选活动与教师有组织、有计划的活动相结合，个人活动与集体活动相结合，日常活动与教学活动相交替。

5. 在一日生活中混龄教育活动的时间安排及分配应具有一定的灵活性、连贯性和可行性，既要防止因混龄教育活动的开展而让幼儿消极等待或感到迷惑，又要兼顾幼儿在情感、认知等方面切实的发展需要。一日生活的各个环节中应有序地穿插各种混龄活动。

(三) 班级学期混龄教育活动计划

班级学期混龄教育活动计划应同班级传统的同龄教育活动计划相匹配，在每学期开始前，由教师根据幼儿园总的园务计划和课程实施计划，对本班幼儿混龄教育活动开展的日程、内容、要求等进行规划，并将其与原有的常规教育活动计划有机衔接。它反映了班级学期内混龄教育活动计划实施的主要目的、具体任务、内容、要求和工作重点等，是保证班级混龄教育活动有效组织与开展的基础。

班级学期混龄教育活动计划一般包括以下内容：(1) 本班情况分析，包括班级人数、男女比例、幼儿在认知及社会性等方面的发展水平、幼儿的个性特征及家庭教育情况等。(2) 对本班幼儿在混龄教育活动中的认知、情感等方面的具体要求，相应的教育活动内容和具体教育活动计划的制订，园所及家长对混龄教育活动的要求等。(3) 班级学期混龄教育活动的总目标，包括幼儿在认知、情感等方面的具体发展目标。(4) 混龄班同其他年龄班之间的课程衔接与配合，包括与哪个年龄班共同开展混龄教育活动、具体的时间和流程安排、相关教学辅助以及工作交接等。

(四) 班级月混龄教育活动计划

班级月混龄教育活动计划应根据幼儿发展的实际情况，在反映每月教育工作的具体内容、要求和措施的基础上，有序地将各种混龄教育活动与已有的班级课程教育计划相结合，以保证整个教育计划的有序开展。

(五) 班级周及日混龄教育活动计划

班级周及日混龄教育活动计划是在结合班级学期混龄教育活动计划、班级月混龄教育活动计划和全园一日生活混龄教育活动计划的基础上，根据班级每周教育活动计划开展的总体要求，制订的周及日混龄教育活动开展的具体实施计划，具体反映一周内每天班级混龄活动开展的主要任务、内容、重点及目标，是班级教师有序组织和开展混龄教育活动的重要依据。

班级周及日混龄教育活动计划要根据幼儿在园一日生活的各个环节如入园、离园、就餐、午休等，以及结合正式的教育活动安排，在各个环节和流程中安排特定的混龄教育活动，并将详细的教育内容、任务等写进整个一日教育活动计划中，其中要包括一日活动的工作重点、可能存在的问题、主要的解决思路以及要开展的工作等。具体的教育活动内容要与总的教育活动计划相契合，即在常规教育活动开展过程中适时融入相应的混龄教育活动。

班级周及日混龄教育活动计划需要比较详细和具体地列明幼儿在园一日生活的各个环节，混龄教育活动开展的具体时间安排、班级间的合作与衔接流程以及其他常规管理事宜等。尤其要注意的是，需要连同其他班级教师在共同把握混龄班级幼儿身心发展的特点和实际情况的基础上，遵循一般的教育要求如动静交替、保教结合等，共同筹划与设计一日混龄教育活动开展的具体环节。

(六) 单项混龄教育活动计划

单项混龄教育活动计划就是指一个混龄教育活动的具体开展计划，即单个混龄教育活动组织实施的方案，是幼儿园整个混龄教育活动计划中最基本、具体和重要的组成部分，直接指导班级教师开展具体的混龄教育活动。

单项混龄教育活动计划是相关的混龄教育理念、内容、素材以及教师的个人经验、专业素养等的集中反映，计划的合理与否直接影响混龄教育活动开展的效果。单项混龄教育活动计划具体包括以下方面。

1. 活动目标：包括对幼儿的社会性、行为习惯、认知、情感等诸多方面的要求。

2. 活动的重点和难点。

3. 活动准备：主要是有关幼儿的知识和经验准备，材料、环境、设备、教玩具等物质准备。

4. 活动过程。混龄教育活动过程同一般的幼儿园教育活动过程相似，一般分为以下步骤。

（1）开始部分（引出内容，提出要求）：活动的开始环节，主要是通过具体、形象的方式向幼儿介绍活动内容，吸引幼儿的注意力，激发幼儿的学习兴趣。

（2）基本部分（活动内容）：向幼儿详细介绍活动开展的主要内容与要求，以实物演示、讲解、示范等多种方式帮助幼儿了解相关活动内容。具体的活动组织形式，可以根据活动内容及要求，采取集体、分组或自由组合等形式。

（3）活动结尾：主要讲评和小结整个活动中所发现的问题、取得的成果和经验，并做好活动后诸如教玩具等相关材料的整理。需要注意的是，混龄教育活动结尾环节，尤其要注意考虑不同年龄幼儿认知发展的特点，在总结和讲评时尽量引导不同年龄幼儿以自己的方式对自身经验和认识进行归纳和巩固。

5. 活动延伸：在对活动开展的实际效果和经验进行总结与分析的基础上，提出下一步混龄教育活动开展的内容、安排和需改进的方面，使得前后混龄教育活动能在培养目标、课程实施重心上实现不断延伸和扩展。

三、 混龄教育活动的组织与开展

本部分所讲的混龄教育活动的组织与开展,指的是具体的某个混龄教育活动的组织和开展。

(一) 混龄教育活动开展的原则

1. 主动性原则

这里的主动性包括两个方面:一方面,教师在混龄教育活动开展的过程中应该主动关注幼儿的成长需要,除了前期要对幼儿的发展需要进行分析和预设,在活动开展过程中也要随时观察不同年龄幼儿之间的互动情况及学习需求,主动地及时给予相应的指导和支持;另一方面,要充分发挥幼儿的主动性,引导幼儿主动与同伴交往、学习和探索。

2. 直观性原则

教师在活动过程中,要注意运用多种生动有效的方法,结合图片、视频、模型等具体形象的教具,调动幼儿以多种感官参与活动,使幼儿在获得丰富感性经验的同时,能积极地对教师的指导、同伴的需求做出回应。

3. 因材施教原则

混龄教育活动的主体是不同年龄的幼儿,幼儿之间的发展差异性很大,相比于传统同龄教育,教师需要同时关注不同年龄幼儿更大范围内的发展差异,因此必须因材施教。这既需要教师能把握不同年龄幼儿发展的主要特点和差异,还要充分认识到同龄幼儿发展中的个别差异性,并由此来展开有针对性的指导。

4. 巩固性原则

混龄教育活动的开展在总的教育目标上是要丰富幼儿的经验,让幼儿获得积极的学习体验。在具体的活动开展过程中,无论是对于哪一年龄段的幼儿,活动结束后,教师都应适时地帮助幼儿巩固已获得的经验,这是提升混龄教育活动效果的一个重要环节。一般而言,引导幼儿对自身或他人的活动进行分享或者教师进行讲评较为常见,但考虑到混龄教育活动中不同年龄幼儿的发展差异较大,因此可以采用更为生动、灵活的方式,如游戏、舞蹈等,用幼儿易接受的形式帮助幼儿巩固相关经验。

(二) 混龄教育活动的准备

混龄教育活动的准备主要考虑两方面内容：一是物质准备，二是心理准备。物质准备是指根据既定的教育计划，同时基于本班、本园实际情况，通过自制、搜集等多种方式，准备活动所需的课件和材料、硬件设备、活动场地等。心理准备是指考虑到目前幼儿园以传统的同龄教育活动为主，混龄教育活动仅是对同龄教育活动的一种补充，因此在活动开展前期，要提前同其他班级教师就活动的组织与开展进行详细商讨、协调，同时结合不同年龄幼儿的身心发展特点，做好相关活动预案。

(三) 混龄教育活动的指导

1. 活动的引入与开展需要教师的直接指导和间接指导相结合

当前，幼儿园教育十分强调幼儿探究式学习，无论何种类型的教育活动，能引导幼儿主动地发现问题、解决问题，对于保证活动的效果都非常重要。一般而言，在混龄教育活动中，虽然受教育群体是不同年龄的幼儿，但学前儿童的学习方式总体上是相似的，教师需要在活动开始部分尽可能快地吸引幼儿的注意，激发幼儿的学习动机和兴趣，因此较多的是采用直接指导的方式，如利用各种直观、形象的图片及实物模型等，配合教师的语言讲解来调动幼儿学习的积极性。随着活动的进一步展开，教师可更多地采用间接指导的方式，利用玩具、幼儿关心的事物或现象等，引导幼儿去发现、探索。不过需要注意的是，在引导幼儿进行发现式学习时，教师要根据幼儿的学习特点和需要，在引导目标和行为上要有所区别。如科学探索活动"我来听一听"中，在"听辨声音"环节，要引导小班幼儿感受几种不同物体如硬币、米和黄豆等发出的声音，并鼓励幼儿大胆说出自己所听到的声音；鼓励中班幼儿自由探索更多物体如棉花、碎布条、回形针等发出的声音，并要求中班幼儿能进行归纳和总结。

2. 活动中要鼓励幼儿自主学习

在活动开展的过程中，针对不同的活动内容，教师的控制程度不同。在一些更多依靠教师示范和演示、幼儿模仿来完成的活动中，教师的控制程度会较高，如体育类活动；在一些需要同伴合作、自主探究的活动中，则应更多地发挥幼儿的自主性，如表演类活动、科学探索类活动等。总而言之，引导幼儿自主学习是实现混龄教育活动价值的重要途径。幼儿只有在自主的学习过程中，才有机会与同伴发生自然的互动。因此，一方面，需要教师为幼儿创设良好的学习、探究环境，提供能够引起幼儿学习兴趣并与幼儿既有经验相联系的各类材料，鼓励幼儿自主操作，同伴之间多进行合作式探究和学习；另一方面，教师还要随时观察不同年龄幼儿的学习过程，了解幼儿在与同伴交往、观察学习中遇到的问题并予以解决，引导不同年龄的幼儿彼此关注，自主选择、参与、探索、表达，并获得积极的学习体验。

3. 活动具体组织形式应尽量多元化

一般而言，幼儿园教育活动主要采用集体教育活动、分组活动和个别活动三种形式，但三者不是相互排斥的，即在同一个活动中三种形式可以交替运用。混龄教育活动中，由于不同年龄的幼儿在学习的不同环节所需要的支持不同，发展目标也不尽相同，因此教师需要提前对活动各个环节的具体组织形式进行设计，但需要注意的是，一定要将同伴作为幼儿学习的重要资源。在混龄教育活动中，教师应更多地采取分组活动的形式，基于幼儿年龄和实际的身心发展需要对幼儿进行分组，教师作为分组活动的观察者、支持者，引导幼儿进行经验的共享。如在"我的手"这一活动中，考虑到不同年龄幼儿精细动作的能力不同，在临摹环节采取分组活动的形式，由中班幼儿帮助小班幼儿将自己的手掌描画在纸上，然后再由小班幼儿自行给自己画的小手涂颜色。同时，教师也要加强对幼儿的个别指导，特别是一些社会交往能力较弱的幼儿在混龄教育活动中可能会处于被忽视的地位，对此，教师除了要积极给予个别帮助和指导，还要引导其他幼儿给予其充分关注和支持，利用群体的力量帮助每个幼儿都获得充分的发展。

4. 争取家长对幼儿园混龄教育活动的支持

针对不少家长对幼儿园开展混龄教育活动的担忧和疑惑，应设法引导家长参与混龄教育活动的设计与开展环节。在将家长作为一种重要的教育资源加以利用的同时，也让家长亲身感受混龄教育活动对幼儿成长的重要意义。另外，教师还可以通过课堂展示、海报宣传、幼儿园开放日等多种形式，邀请家长观摩、了解幼儿园的混龄教育活动，向家长展示混龄教育活动的成果，并做好相关专业的解释工作，谋求家长持续的理解和支持。

第四节　混龄教育活动的指导策略

从混龄教育活动开展的一般过程来看，要确保混龄教育活动取得良好的效果，关键点之一是通过相应的教育手段突出混龄教育的意义。就相应的指导策略而言，在秉承幼儿园教育活动常用的指导策略的基础上，要结合混龄教育活动的特殊性，对混龄教育活动指导策略进行设计。这包括要重视活动环境的创设、注意活动规则的设计、准确把握幼儿的需要、强化同伴交往与合作、帮助幼儿形成正确的自我认同等。

一、 投放存在内在关联且多种层次的材料

幼儿园一般设有多种活动区，如表演区、建构区等。不同活动区的功能不同。传统的活动区内，材料投放与布置同质性较强，是因为考虑到同龄幼儿之间的发展水平相当，因此更多注重材料本身的数量和丰富性。在混龄教育活动中，由于不同年龄幼儿的身心发展水平存在较大差异，活动区的材料不仅要丰富，而且还要具有一定的层次性，以满足不同幼儿探究与学习的需要。同时，不同层次的材料之间应具有一定的内在关联，如在以积木、拼插材料为主的建构区，材料的结构可以从简单到复杂，材料的功能也可以从低结构到高结构，以充分帮助不同年龄的幼儿自主探索不同材料的性质，同时也可以从同伴对更为复杂的材料的操作中获取相关的经验。

二、 设置开放与私密兼有的活动空间

幼儿园日常活动空间的设置，一般会兼顾开放与私密的空间，其主要目的是满足幼儿不同活动的需要。混龄教育活动中，同样可以利用开放和私密空间。需要注意的是，混龄教育活动中的开放空间和私密空间的设置，要充分考虑不同年龄幼儿的学习特点和需要，以促进幼儿之间的互动为主要目的。这是因为，对于年幼幼儿而言，他们的交往活动更多的是一种平行互动，常以旁观者的角度去观察他人的行为；而对于年长幼儿，由于社会交往能力的发展和活动能力的增强，他们往往需要更多的开放空间进行充分的互动。因此，教师需要对各类空间进行统筹设置。

一是要适当扩大私密空间的数量和范围，为进行"大带小"小组学习提供条件。考虑到年幼幼儿活动精力与社会交往能力的有限，在游戏、探究活动中多以平行活动为主，因此宜多设置私密空间，并在私密空间内投放数量充足、层次分明的材料，引导年长幼儿同年幼幼儿在私密空间内一起探究，为年幼幼儿提供观察模仿的对象。

二是要系统规划开放空间的结构与格局。一方面,要利于不同年龄幼儿根据自身兴趣自主探究。另一方面,开放空间同私密空间之间要有一定的缓冲区,防止开放空间中的活动对私密空间造成影响。在空间布局上要么远离私密空间,要么中间有一定的遮挡和隔断,同时也要注意在开放空间内设置一些小障碍,以限制幼儿过快跑动。

三、注意发挥年长幼儿的榜样示范作用

传统的同龄教育活动中,相应的规则要求是相同的,但在混龄教育活动中因不同年龄幼儿的规则意识发展水平不同,因此相应的规则要求也不尽相同,但总体而言,借助混龄教育活动中幼儿之间的观察学习和榜样示范,促进幼儿规则意识的发展,构成了混龄教育活动的一个重要目标。

根据科尔伯格的研究,3~4岁幼儿正处于道德发展的前习俗水平,这个时期的幼儿道德认识往往以服从规则、避免惩罚为主要特点,也就是说年幼幼儿对成人或年长幼儿的规则有盲从的倾向。因此,当教师在组织混龄教育活动时,相关规则的制订和示范要考虑不同年龄幼儿规则习得的特点。教师对年幼幼儿提出相关规则要求时,除了采取直接提要求的方式外,还可以注意发挥年长幼儿的榜样示范作用。如在维持活动秩序、设定活动规则时,一方面,教师可以通过对年长幼儿的合理行为给予正面、积极肯定,为年幼幼儿树立遵守规则的榜样;另一方面,教师可以发挥年长幼儿"小助手"的身份,协助教师完成简单的规则设定、秩序维持等工作,达到同时强化两个年龄段幼儿的规则意识的目的。

四、对幼儿之间的偏见进行干预

教师对混龄教育活动中幼儿之间的偏见要及时干预和纠正,避免幼儿之间消极互动的产生。由于异龄幼儿群体内部的差异往往要大于同龄幼儿群体,加上幼儿可能会对另外一些与他们不同的幼儿如发育滞后或行为幼稚的幼儿存在偏见,特别是年长幼儿对年幼幼儿。这种偏见如果不及时纠正,就会产生歧视或不公正的对待,个别幼儿可能会受到群体的排挤或嘲笑,进而影响身心发展。这也正是一部分幼儿家长担心的混龄教育会让自己的孩子受欺负的原因。对此,首先,教师要认识到幼儿之间的偏见主要来源于幼儿对他人与自己的"不同"的好奇,而非一开始就带有道德意味。其次,教师应及时

通过树立榜样的方式，表现出对被歧视幼儿的喜爱和尊重，并指出他们的优点，消除其他幼儿对被歧视幼儿的好奇心和敌意。再次，教师还应强调年长幼儿对年幼幼儿所承担的特殊责任，通过表扬、认可等多种方式，强化年长幼儿主动照顾年幼幼儿的积极行为，激发年长幼儿主动担当、关心他人的责任感。

五、鼓励、关照弱势幼儿

不同年龄的幼儿在一起互动时，年幼幼儿往往由于人际交往能力等方面的不足，处于弱势地位，如果教师不加以干预，可能会使幼儿之间的交往出现不平衡，损害年幼幼儿的自信心。混龄教育活动中，可能会出现年幼幼儿难以凭借自身力量向强势的年长幼儿争取平等的互动机会的情形。对此，教师可以采取让年幼幼儿先和同等社会化程度的幼儿相处，获得一定的社会交往能力后再以自己的方式接近较为强势的年长幼儿。同时，教师也可以引导年长幼儿注意倾听并理解年幼幼儿的需要，以一种关怀和帮助的姿态与年幼幼儿协商、合作。这样的指导，既可以帮助年幼幼儿获得自信心和相应的社会交往能力，又能够使年长幼儿更懂得如何去关心、帮助他人。

六、强化幼儿同伴之间的协商

混龄教育活动中，幼儿之间的冲突不仅会发生在同龄幼儿间，也会发生在异龄幼儿间，而不同年龄的幼儿所采取的解决冲突的方法可能存在较大差异。从促进幼儿发展的角度讲，帮助幼儿学会处理同伴之间的冲突，不仅仅是引导幼儿习得社会交往技能，更主要的是引导幼儿学习如何与他人协商与合作。因此，强化不同年龄幼儿之间的合作与协商，就成为混龄教育活动的一个重要内容。

混龄教育活动中，幼儿之间发生冲突时，教师首先需要了解冲突双方的真实需要和个性特征。一般而言，混龄教育活动中的弱势一方更多的可能是年幼幼儿。教师应鼓励幼儿表达自己的意见和需要，以协商的方式满足自己的要求，避免任何一方在身体、精神层面压倒对方以"赢得胜利"。一些教师常常对帮助幼儿协商解决问题缺乏耐心，急于将自身对问题的判定和解决策略强加给幼儿，这实际上可能既造成了某一方幼儿的需要没有得到充分满足，又影响了幼儿之间协商与合作能力的形成。另外，当教师要求幼儿对发生冲突的同伴说出自己的意见和想法时，要让幼儿直接将意见完整地传达给对方，直接同对方沟通来处理问题，而不是通过教师来传递意见。

七、以具体、明确的评价来促进幼儿的发展

混龄教育活动中，无论是哪一个年龄段的幼儿，渴望被认可并获得强烈的自我认同都是他们共有的需求。混龄教育活动的开放性和互动性为幼儿进行新的尝试并获得新的经验提供了重要支持，但同时也使幼儿面临遭遇各种失败的风险。对此，教师恰当、合理的认可对幼儿形成积极的自我效能感至关重要。对此，建议在混龄教育活动中教师要做到以下两点。

首先，教师的评价要具体，不要太模糊、笼统，要让幼儿明白教师具体对他的成果做出了什么评价。比如年幼幼儿画了一幅画，可能相比于年长幼儿而言在细节、色彩等诸多方面存在不足，但是教师要抓住具体的方面对其进行积极、肯定的评价，如色彩的使用等，而不是急于对幼儿的整幅画做出简单、概念化的评定。

其次，评价要对事不对人，也就是说教师要把评价的焦点集中于幼儿的行为，而不是整体、笼统地对幼儿进行评价。笼统的评价可能会让幼儿迷惑，不知道自己今后努力的具体方向在哪里。在混龄教育活动中，教师还可以通过评价年长幼儿的方式来为年幼幼儿提供模仿对象，但这类评价更应明确、具体。

第三章　混龄教育中的师幼互动和同伴互动

混龄教育活动注重不同年龄幼儿之间的互动与合作，借助幼儿之间的合作学习与观察模仿，让幼儿体验共同探索与成长的乐趣。同时，教师作为幼儿成长中的重要他人，师幼互动对幼儿成长的重要性也早已受到重视。在混龄教育活动中，师幼互动的形式更为多样，同时相比于同龄教育而言，其对不同年龄幼儿的成长所产生的影响也更为多元。因此，从师幼互动和同伴互动的角度探讨幼儿园混龄教育活动开展的方式、指导策略和效果等，对于细化和完善幼儿园混龄教育活动的开展模式，具有十分重要的意义。

本章主要是基于幼儿园师幼互动和同伴互动的相关理论，并结合相关案例，具体分析幼儿园混龄教育活动中的师幼互动及同伴互动的主要类型和模式、指导原则和策略。

第一节　师幼互动概述

一、师幼互动的内涵

师幼互动是幼儿园最为基本的一种人际交流活动，存在于幼儿学习与生活的方方面面，对幼儿的成长具有十分重要的意义。在混龄教育活动中，师幼互动同样是混龄教育活动得以有效开展的重要保障。教师与不同年龄幼儿之间的互动，是混龄教育活动重要的组成部分。

（一）师幼互动与师幼关系

一般而言，在探讨师幼互动时，人们习惯于将其视为一个动态的过程，认为教师通过不断与幼儿发生各种交往活动，从而对幼儿产生诸多积极影响。当从整个教育过程与背景进行分析时，有效的师幼互动往往在具体形态上呈现出一些静态的特征，比如良好的师幼关系和师幼交往氛围等。特别是探讨有效的师幼互动最终的表现形态时，主要分析的就是师幼关系本身的特点。因此，探讨师幼互动的过程、方式、类型等，离不开对师幼关系建构过程的分析。师幼关系是师幼互动的静态特征，师幼互动是构建良好师幼关系的基本途径，二者在一定程度上是一种相互包含、相互依存的关系。

由此，可以进一步归纳为，广义上的师幼关系就是指在教育活动开展的过程中，幼儿与教师在交往和互动的过程中形成的一种相互影响、相互依存的关系。广义上的师幼互动不仅仅是指教师与幼儿之间的相互作用与影响，还包括在彼此相互影响的过程中对互动形式与内容有着重要影响的教师与幼儿的个人背景、教师的教育理念、师幼互动的具体机制和最终的效果等。

从更为一般的意义上讲，分析如何保证师幼互动的效果及其教育意义时，师幼关系就成为探讨师幼互动的基本前提，具体又包含以下几层含义。

首先，师幼关系是一种教师与幼儿之间的相依关系。换句话说，只有教师与幼儿之间真正形成一种互相依存的关系，师幼互动才有可能真正深入地进行。在这种依存关系中，从表面上看，教师需要关心幼儿的成长，并热爱幼教工作，能够全身心地投入教育工作中，而幼儿则要在尊敬教师的同时，对教师保持一种依恋、信任的情感，能听从教师的指导完成相应的活动。

其次，师幼关系是一种平等独立的关系。这里的"平等独立"不是否定教师与幼儿之间的密切联系，而是指教师和幼儿在交往的过程中，一方并不将自己的成长完全依附于另一方。幼儿和教师都是彼此独立的人，有着自身成长的主体性和独立性，彼此在人格上是平等的，都应得到对方的尊重。特别是对教师而言，对于自我意识和主动性还很弱的幼儿，应承担起保护幼儿权益的责任和义务，而不能因为幼儿处于弱势，便凌驾于幼儿之上，甚至做出侵害幼儿权益的行为。

再次，师幼关系是一种互为主体的关系。如前所述，教师与幼儿的互动中，成长的不仅仅是幼儿，也包括教师，即中国传统文化中的教学相长。从这个意义上讲，师幼关系不是一种幼儿从属于教师的关系，在教与学的过程中，教育者与受教育者的身份常常会发生潜在的转换：在某个时间段和情境中教师是教的主体、幼儿是学的主体，但在另外一个时间段和情境中，教与学的主体则可能会对调。当然,这并不是否定教师在引导幼儿发展中的重要作用,而是说教师在引导幼儿发展的过程中,应当注意幼儿参与自身发展的主体性。教师在充分考虑幼儿发展的主体性的同时,自身的教学理念和策略也会有所改进。

(二)师幼互动的内涵与结构

1. 师幼互动的内涵

师幼互动是构建师幼关系的重要途径,那么从动态的角度去分析师幼互动的内涵,至少包含以下几个方面。

首先,师幼互动是教师和幼儿之间发生的一种持续的人际交往。在这个过程中,理想的互动形式应该是彼此在关系上是平等的,不存在谁依附于谁。幼儿园日常教育中,一些教师认为幼儿是不成熟的个体,因此需要被改造和完善。当持有这样一种儿童观和教育观时,师幼互动往往就会完全由教师主导,幼儿则成为被动的被控制、被规范的对象,从而损害了师幼互动的真正价值。因此,理想的师幼互动被认为应该是基于一种平等的关系,换句话说,教师要能习惯平视幼儿,站在幼儿的角度看幼儿的世界,而不是想当然地从成人的角度按照成人的标准一味地要求幼儿。师幼双方只有在一种平等的关系中彼此接纳、相互理解,才能最终实现教学相长的目的。

其次,师幼互动是相互影响的循环过程,教师与幼儿的互动和交往不是一次性的,而是持续的。教师和幼儿通过交往使自身发生了一定的变化。幼儿园的教育活动是一种多边活动。鉴于幼儿成长的持续性,这种多边活动必然不是一次性完成的,而需要持久的互动和交往。在这样一种持续的交往过程中,教学相长是师幼互动的最佳结果,而要实现教学相长,除了师幼双方的关系要平等外,还要注重幼儿的主体地位和运用恰当的沟通策略。为了充分发挥幼儿的主体性和积极性,教师要成为师幼互动环境的创造者、积极互动关系的构建者、互动活动的组织者以及幼儿发展的支持者。在教师持续扮演这样一种角色的过程中,不仅能够激发幼儿的主体性,也会提升教师自身的教育策略和技能。

再次,师幼互动的形式与过程是多种多样的,幼儿一日生活的各个环节都发生着师幼互动。幼儿园教育开放性很强,一日生活的方方面面都可以开展教育活动,因此师幼互动所发生的场所、情境以及主题是多样的,由此造成师幼互动的形式和过程也随之发生变化。一般而言,师幼互动的形式和过程会随着师幼互动的主题发生变化,对于一些非常贴近幼儿自然生活状态的活动,其中所发生的师幼互动多为情感交流,而对于一些较为正式的教育活动,所发生的师幼互动就更为正式和严谨,甚至需要提前进行设计和规划。总体上,师幼互动的形式和过程会随着主题、情境甚至时间而发生变化,这些变化的依据就是幼儿身心发展的规律以及幼儿在特定情境下所需要得到的特殊支持。

2. 师幼互动的结构

从师幼互动以及师幼关系缔结的过程可以看出,完整的师幼互动必须包含几方面的要素,这些要素以特定的形式结合在一起,便构成了师幼互动所特有的结构。

首先,师幼互动的主体是教师和幼儿,这就意味着师幼互动需要教师和幼儿的同时参与,在时空上教师和幼儿要同时出现,并且要处于一定的情境中,依托师幼双方各自的个性、行为特征等,持续、完整地完成交往活动。在实际互动的过程中,教师和幼儿之间是平等的关系,各自在不同层面上往往扮演着不同的角色。其一,在教与学的关系上,从"教"的层面来讲,教师是引导者、支持者;从"学"的层面来讲,幼儿是自主的探索者、质疑者。其二,在人际关系的构建上,教师是幼儿的同伴、长辈、榜样等,幼儿是教师的同伴、合作者、小助手等。从师幼互动的这样一种关系上不难看出,无论是在哪一类型的活动中,教师和幼儿都遵循着一条古老的教育法则,即教学相长。成功的师幼互动不仅仅是幼儿学习与发展的过程,同时教师也应从中获得发展。

其次,师幼互动的内容丰富多元,但与一般的人际互动不同,特别是幼儿园教育情境中的师幼互动,更多地带有特定的教育目的和意图,如教师发现幼儿在探索过程中遇到了困难,做出指导和帮助的行为,并且幼儿对这种行为也做出积极的回应。尽管幼儿园师幼互动的内容丰富多元,但从互动的内容所涉及的相关主题来看,仍然可以归入《纲要》中所指出的五大领域。由此可以看出,师幼互动实际上是幼儿园日常教育活动的一种主要形式。同时从幼儿的学习过程来看,与他人互动是幼儿认知发展和经验积累的重要途径,只有互动方式得当,幼儿才能得到更好的发展。

再次,师幼互动的形式,主要指教师和幼儿之间的交往方式。一般而言,个体之间的互动都有一个主要的发起人。在幼儿园师幼互动中,很多时候教师是互动的发起人，特别是对于年幼幼儿而言。这是因为年幼幼儿较欠缺人际交往技能，在参与幼儿园活动时，更多的是独自活动或平行活动，缺乏合作与分享意识。师幼互动的形式可以分为以下几类：（1）根据互动的内容，可以分为下行互动、上行互动以及平行互动。下行互动是指由教师发起的，以指令、安排为特征的互动，幼儿往往被动响应；上行互动是指由幼儿发起的，以请求、询问为特征的互动；平行互动是指师幼之间以协商、平等对话为特征的互动。（2）根据互动的性质，可以分为肯定互动、否定互动以及中性互动。肯定互动就是教师多采用表扬、鼓励等方式对幼儿进行指导，而否定互动则是教师多采用批评、指责等方式对幼儿进行指导，中性互动则是教师并不采用明显的表扬或批评等方式对幼儿进行指导或与幼儿交往。（3）根据互动的范围可分为集体师幼互动、小组师幼互动和个别师幼互动。（4）根据互动的反馈可分为积极互动、消极互动和无反馈互动。积极互动是指教师对幼儿的反馈较为热情、敏感和到位；消极互动则是教师对幼儿的反馈表现得不够积极甚至有置之不理或厌烦等消极情绪；无反馈互动即指教师对幼儿没有任何实质意义上的反馈。

最后，师幼互动的结果，主要指师幼双方通过互动，自身在认知、情感、体验等方面发生的变化，也就是说师幼互动对双方身心发展造成了何种影响。如前所述，师幼互动的内容丰富多元，如果在幼儿园日常活动中，教师都能以一种积极、主动的态度去引导幼儿与自己互动，并且对由幼儿主动发起的互动行为也能给予积极的回应，最终促成师幼之间形成一系列持续、深刻的互动，那么幼儿在认知、情感、体验等方面就会获得持续的发展。师幼互动的结果实际上是由互动的内容和互动的形式决定的，其中师幼互动的形式是关键，它直接关系到师幼互动的内容如何以一种合适的方式或途径最终转化为幼儿的积极体验。某种程度上，师幼互动的形式甚至可以等同于一种重要的教育策略和方法。

上述四个方面构成一个完整的师幼互动，无论是在同龄教育活动还是在混龄教育活动中，师幼互动都可以从这四个方面进行分析。特别是在混龄教育活动中，不同年龄的幼儿在与教师进行互动时，在互动的形式与过程、互动结果等层面均有不同的要求和特点，因此需要进行更为具体的把握和分析。

（三）师幼互动的一般过程

师幼互动的过程十分复杂，包含了教师同不同幼儿在多个层面的具体互动过程,且每个具体的互动过程可能包含着相应的特点和内容。通过对师幼互动整个流程的考察,我们不难发现,尽管教师同个别幼儿之间的互动是不尽相同的,但是仍然存在一些一般性的规律和特点,认识这些规律和特点有助于教师更好地指导日常的教学实践。

已有的相关研究对师幼互动的过程有一些具体的分析和阐述,如刘晶波认为师幼互动包含两类构成要素:外显要素和内隐要素。[①] 其中,互动的双方、主题、性质和方式是外显要素,而场景界定、角色认知和行为期待为内隐要素。

首先,从师幼互动发生的条件看,师幼互动必须置于一定情境之下,教师和幼儿在交往互动正式开始前,各自的性格、相互的了解以及相应的情感基础是整个互动发生的宏观背景,而在互动发生时,具体的互动内容和情境等构成了互动开展的微观背景。这两种背景不仅影响了师幼互动的主题,而且也影响着师幼互动的具体形式和表现。比如教师认为某个幼儿是顽皮的,那么在互动前就会预设规范性、强制性的指导策略,以在互动过程中能对该幼儿起到较好的约束和规范作用;相反地,如果认为某个幼儿内向、退缩、主动性不够,那么教师就会在互动策略和内容上注意以积极的鼓励、循序渐进的诱导为主,培养该幼儿的自信心和积极性。

其次,从师幼互动的发生过程看,师幼互动不是教师与幼儿一对一的封闭互动,而是一个开放的过程。从整个互动过程的发生、发展看,师幼互动背景中的他人,如其他同伴和教师,都可能对具体的师幼互动过程产生影响。比如当教师在与某个幼儿互动时,其他幼儿的观察模仿及回应会间接影响教师的互动行为。为了更好地发挥对其他幼儿的示范作用,教师可能会放大当下师幼互动的某些行为,比如用更为柔和、积极的语言对幼儿良好的行为进行表扬和赞赏,以强化其他幼儿的模仿学习。由于师幼互动的这种开放性和多维性,教师往往需要根据互动情境中其他人的存在而考虑互动形式及内容的示范性和适宜性,使师幼互动的影响超越简单的一对一的情境,赋予其更为广泛的教育意义。

再次,从师幼互动的目的和最终效果看,师幼互动总是伴随着互动的深

---

① 刘晶波. 社会学视野下的师幼互动行为研究:我在幼儿园里看到了什么[M]. 南京:南京师范大学出版社,2006:201.

入,师幼双方在彼此适应和了解的过程中,不断地调整自身的互动行为和目的。这种相互适应、自发调整的过程常常会持续很长时间,而且不仅发生在正式的教育活动中,也发生在日常生活情境中。因此,师幼互动的发展并不是线性的、被动的、一次性的,而是伴随着双方个体在心理和行为等多个层面的变化,不断地引向更为深层次的互动。反过来,互动的程度越深,师幼互动的效果也就更为广泛。比如一个内向的幼儿在与教师互动的过程中,由于教师的循循善诱和耐心关怀,幼儿的自信心和人际交往能力得到了较大的提升,幼儿会更愿意主动与教师交往,而教师也会在这样一种卓有成效的互动过程中,不断地强化自身积极的教学行为,以取得更好的教育效果。

综合以上分析,我们可以看出,师幼互动不是一个简单的、可以脱离情境而存在的人际交往互动,也不是仅仅局限在某个具体事件上的一对一的交往。幼儿园教学情境中的师幼互动已经超越了一般的人际交往,师幼互动的效果往往带有弥散性和持续性的特点。只有将师幼互动的双方、互动的整个背景、互动的具体过程和形式等视为完整的互动系统,用发展的眼光将师幼互动看作是不断循环往复、彼此影响的过程,才有助于更好地理解师幼互动,进而改善教学。

(四) 师幼互动的总体特点

从师幼互动的一般过程来看,可以将师幼互动的总体特点归为以下几个方面。

首先,师幼互动以规则维系为主要内容。[①] 幼儿园的师幼互动常常是围绕一定的教育目标展开的,因此无论是由谁发起的互动,互动内容中有相当一部分在于实现相应的教育目标。从教育活动组织的角度来看,教师要维持一定的活动秩序并组织相应的教育活动,重视相应活动规则的建立和维系自然成为师幼互动的一项主要内容。在日常的师幼互动过程中,教师作为互动的主要发起人,主要是向幼儿提出相关要求、指令,提醒幼儿注意相关规则和秩序,而幼儿在这样的师幼互动中则自然对规则产生认同和服从,并逐渐将自身的相关需要、愿望的满足同对规则的遵守联系起来,最终推动整个教育活动的有序进行。不过,从理想的教育形式来看,对规则的重视必须考虑一

---

① 刘晶波. 社会学视野下的师幼互动行为研究:我在幼儿园里看到了什么 [M]. 南京:南京师范大学出版社,2006:222.

个度的问题,也就是说师幼互动对规则的重视不能违背幼儿的自然成长规律。具体而言,一方面,建立相应的规则是维系教育活动正常进行的重要保障,但另一方面,规则不能过多、过细、过高,否则教师在与幼儿互动的过程中会对幼儿施加越来越多的控制,师幼之间的交往活动容易沦为教师的单向指令和幼儿的被动回应,幼儿发展的主体性会逐渐丧失,也会对幼儿的学习体验造成诸多不良影响。

其次,师幼互动关注的是问题的解决。师幼互动发起的初衷必然是指向相关问题的解决。问题可以是教师向幼儿提出问题,也可以是幼儿自身在自主探索的过程中因难以独自解决而向教师求助的问题。从师幼互动最终要达成的效果看,教师扮演的角色应当是积极主动的,应当将幼儿问题的解决视为促进幼儿成长的重要契机,避免对幼儿的问题采取消极回应或其他不当的行为。比如面对幼儿的自由探索,如果仅仅关注活动的秩序和既定活动的完成,不敢放开手让幼儿自主探索,又不愿意对幼儿在探索中遇到的问题给予积极回应,必然难以实现真正有效的师幼互动。因此,对于教师而言,要保证师幼互动的效果,自身首先要有问题意识,既要能意识到自身教育行为存在的问题,又要能理解幼儿所面临的问题。教师围绕如何更好地把握问题、解决问题来采取相应的教育行为,才有助于不断地提高自身教育策略的适宜性,更好地与幼儿一起成长。

再次,师幼互动具有情境性。在不同的场景和条件下,师幼互动的内容和形式会有很大的不同。比如在幼儿园日常生活环节(如进餐、午睡),师幼互动更多地强调规则的遵守,教师的指导行为也以要求、命令等居多,而在一些幼儿自主探索的区域活动或游戏环节,相应的规则约束就比较少,教师更多地采用鼓励、提问、示范等方式与幼儿互动。师幼互动对情境的依赖,实际上是幼儿园教育生活化的一种表现。由于幼儿园一日生活的各个环节都包含着相应的教育内容,那么在不同环节、不同情境下,师幼互动也随之发生着变化。

二、 混龄教育中的师幼互动

混龄教育中的师幼互动与同龄教育中的师幼互动在内容、形式、过程、目的上没有本质差别,唯一存在的不同就是在特定的时间段和情境中,教师会同时与不同年龄的幼儿发生多种形式的互动,因此对于教师而言,需要灵活采取更为多元和丰富的互动策略,并且能够准确把握互动的限度,同不同年龄的幼儿都能构建起和谐、平等的师幼关系。

(一) 混龄教育中师幼互动的特点

1. 多维的师幼关系

混龄教育的对象是不同年龄的幼儿,因此混龄教育中的师幼关系是多维的。这不仅表现在教师与不同年龄幼儿之间形成的关系,也表现在因教师有意识地引导和鼓励而构成的不同年龄幼儿之间的同伴关系,这种关系的缔结往往又构成师幼关系中的一部分。混龄教育中多维的师幼关系构成了不同年龄幼儿学习和发展的"情境之网"。在这样一种多维的关系网中,幼儿所受到的支持是多方面、多层次的,既有来自教师更具策略性和目的性的指导,也有来自教师有意引导下幼儿之间更为密集的相互帮助和支持。因此,依据这种多维的互动关系,教师在有意识地引导幼儿互动时,要充分把握不同人际关系对幼儿的支持作用。比如教师在组织室外混龄体育活动时,除了直接给予幼儿以指导和示范,还可以通过"大带小"的方式,让年长幼儿充当教师的小助手,负责常规维持和一对一的示范,这样不但减轻了教师的工作量,而且也方便教师对个别幼儿做有针对性的指导。以混龄科学活动"昆虫博物馆"(见本书第二章第二节)为例,该活动本身属于一种混龄集体活动,但是在具体操作中采取了同龄分组的形式。其中,教师、中班幼儿、小班幼儿之间形成了互动三大主体,除了教师—中班幼儿、教师—小班幼儿这两种关系外,中班幼儿—小班幼儿这种关系也是基于教师的设计而形成的,如教师要求中班幼儿带小班幼儿参观"昆虫博物馆",让中班幼儿充当教师的小助手。

2. 互动的内容更丰富、更具有层次性

混龄教育中由于不同年龄幼儿的认知发展水平以及原有知识经验不同,由此造成师幼互动的内容也不尽相同。对年幼幼儿而言,由于知识经验的缺乏和语言表达能力的不足,教师更多的是通过动作示范等具体形象的方式与他们展开互动;而对年长幼儿而言,由于认知经验较为丰富且语言能力已有较大发展,教师在与他们互动时可以更多地采用语言交流等方式。除此之外,当教师与年长幼儿互动时,教师对年长幼儿的指导还可能间接为年幼幼儿的观察模仿提供借鉴和参考。从混龄互动的内容方面看,不同年龄幼儿的互动内容具有明显的层次性,年幼幼儿更多的是情感、接触类互动,而年长幼儿则更多的是语言类互动。随着幼儿年龄的增大,师幼之间的互动从直接的动作类、情感类互动向较为间接的语言类互动发展。同时，不同年龄的幼儿可能同时参与某一个互动过程中，那么师幼互动的内容可能因为活动目标的不同而变得更为复杂。以混龄科学活动"昆虫博物馆"为例，活动本身的教育目标不同且具有层次性：对于中班幼儿主要是要初步了解常见昆虫的生活环境，尝试做参观记录；对于小班幼儿则是乐意参加活动，愿意用语言表达自己的发现。从中可以看出，对中班幼儿主要是认知发展上的要求，对小班幼儿则主要是情感态度上的要求。由此，教师在活动中同不同年龄的幼儿互动时，互动的内容也要围绕不同的教育目标来展开。

3. 互动的形式与过程存在明显的年龄差异

如前所述，由于混龄教育中幼儿的发展水平和需求不同，导致师幼互动的内容存在差异，由此带来的另一问题是，师幼互动的形式和过程也随之体现出年龄差异。这种差异集中表现在：一方面，由于和年幼幼儿互动的内容较为简单，主要是扩展幼儿的相关经验，无须引导幼儿进行严密的思考、推理，同时由于年幼幼儿的社会交往能力欠发达，较少主动向教师寻求帮助，因此在互动的形式上一般是教师主动去关注幼儿的需要并发起互动，通过示范、讲解等多种方式引导幼儿解决问题，即主要为主动积极式互动；对于年长幼儿而言，由于幼儿认知经验较为丰富，并具有一定的人际交往能力，因此教师与幼儿互动的内容会较为复杂，并且常常要引导幼儿在自身已有经验的基础上进行更为深刻和系统的思考，互动的过程以被动积极式互动为主。另一方面，在互动过程中，由于不同年龄幼儿所面临问题的难度不同，教师所需要付出的精力和采取的策略也不同。总体而言，年幼幼儿往往需要教师持续地给予支持，而年长幼儿往往只需要教师在关键环节予以更富有策略性的支持。

4. 互动的目标和结果不尽相同

正因为混龄教育中幼儿的发展水平不同、互动内容不同，互动的结果和目标也就不同，也即互动所指向的幼儿的发展目标和互动所要具体达到的效果不同。混龄师幼互动的目标在某种意义上可以被视为对不同年龄幼儿的教育目标。需要注意的是，由于混龄师幼互动的关系不是一对一的，存在多维的师幼关系，那么当教师在同某一个幼儿互动时，他们之间的互动行为不仅会影响同龄幼儿，甚至会影响不同年龄的幼儿，发生替代性强化或观察模仿学习过程。因此，对于混龄师幼互动的目标和结果，教师应提前进行思考和计划。如在混龄科学活动"昆虫博物馆"中，首先在活动目标的制订上，中班、小班存在明显差异，中班幼儿更注重相应认知经验的获得，而小班幼儿则以积极的情感体验为主。因此在教师与幼儿的互动过程中，教师对不同年龄幼儿的引导和要求也是不一样的，如对中班幼儿要求其对昆虫的特征进行归纳、对昆虫生存的环境进行描述，对小班幼儿则是帮助他们初步形成有关昆虫的"类"的概念。

（二）混龄教育中师幼互动的注意事项

如前所述，混龄教育中的师幼互动对教师的专业素养提出了较高的要求，教师需要采取更为灵活的互动策略。一般而言，无论教师采取何种师幼互动的形式或策略，都要遵循一些基本的师幼互动注意事项和要求。

首先，对于教师而言，无论是对哪个年龄段的幼儿，都应秉持尊重、平等的幼儿教育观，将幼儿视为人格独立的个体，将自身和幼儿摆放在平等的位置，整个互动的过程围绕如何激发幼儿的主观能动性来展开，有意识地引导幼儿成为活动的主人，鼓励幼儿通过多种方式自由探索、自由表达自己的想法和要求。特别是对于一些年幼幼儿而言，他们的自我意识、自信心、主体性正在萌发，尤其需要教师在互动的过程中多以平等、尊重的方式给予必要的引导和鼓励，激发他们自主成长的潜力。

其次，教师要善于倾听和观察，发现幼儿成长的闪光点，把握教育契机并为他们提供必要的支持和保障。各个年龄段的幼儿在幼儿园里学习生活，与教师以及幼儿园环境发生多种多样的互动。对此，教师除了要积极创设良好的环境，为幼儿自主地探索、合作提供支持，同时还要考虑每个年龄段幼儿的个体差异和特点，敏锐感知幼儿的需要，及时给予相应支持，及时发现幼儿的闪光点，鼓励每个幼儿发挥自己的长处，尊重幼儿的选择，让幼儿能在受到充分支持的环境中自由地成长。

再次，教师要善于同幼儿建立积极、信任的情感关系。如果师幼之间能形成如父母与子女那样的依恋情感，就能够很好地助力师幼互动最佳效果的达成。良好的情感关系往往会有力地增强教师对幼儿指导的效果。这就要求教师既能向幼儿适当地表达自身的情绪和情感、传递期望和要求，又能站在幼儿的视角考虑问题、引导幼儿体会他人的需要，从而使得教师与幼儿之间达到一种真正的情感交融，进而实现有效的沟通和交流。除此之外，教师也要敏锐地感知幼儿的情感变化和需求，理解并传达教师对幼儿情感的感受，从而增进师幼互动的情感交流。

第二节 混龄教育中师幼互动的类型和指导策略

混龄教育中的师幼互动同传统同龄教育中的师幼互动具有很大的相似度。但相比于传统同龄教育中的师幼互动，混龄教育中的师幼互动在特定的时间段和特定的教学情境中，教师需要围绕更具层次性的教育目标，采取更为多元的互动策略来保证互动的效果。因此，同龄教育中师幼互动的类型和指导策略虽然也适用于混龄教育，但是在具体的运用和操作过程中，往往需要考虑不同互动类型和策略之间的相互影响，让师幼互动类型及策略更贴近教育目标。

一、混龄教育中师幼互动的类型

混龄教育中的师幼互动类型根据不同的划分标准，可以有不同的区分。

（一）依据教师行为对象的数量划分

依据教师行为对象的数量，混龄教育中的师幼互动可以分为集体互动、小组互动和个别互动。集体互动指教师面向全班进行集体教育的过程中与幼儿发生的互动；小组互动指教师以小组为单元，对幼儿进行指导时同幼儿发生的互动；个别互动则是教师在个别指导的过程中与幼儿发生的互动。

混龄教育中的集体互动是同幼儿园班级集体教育结合在一起的。与同龄教育相比，混龄教育中的集体互动既可能是教师和多个年龄段幼儿群体之间的互动，也可能是教师和单个年龄段幼儿之间的互动。互动对象的复杂性造成了互动过程和策略的复杂，因此教师在组织混龄集体教育活动的过程中，在互动形式和策略的选择上面临更大的挑战，常常需要交叉使用不同的互动指导策略，以保证师幼互动的效果。

混龄教育中的小组互动同幼儿园日常的分组活动存在一定的差别，除了依据年龄分组外，教师也会根据幼儿的实际发展水平分组。分组的依据则是活动的内容，一些对幼儿身心发展水平有明显阶段性要求的活动如语言类活动，教师在分组的过程中可能会主要依据年龄来划分，尽量安排同龄幼儿为一组，以方便指导；而一些对幼儿身心发展水平没有明显的阶段性要求但需要一定的心理发展基础做支撑的活动，如科学探索类活动，那么教师可能就需要依据幼儿实际的认知发展水平进行分组，指导具有相同思维推理能力的幼儿进行相关探索活动。

混龄教育中的个别互动主要是在一日生活的各个环节，教师根据不同年龄幼儿的身心发展需要采取个别指导和教育。这种个别互动往往是对小组互动或集体互动的一种补充和辅助，目的是充分关注不仅在年龄上而且在实际的发展水平上存在明显差异和心理需求的幼儿，通过更具针对性、个别化的指导策略，引导幼儿学会自主学习、独立解决问题，并懂得如何在自主探索的过程中借助同伴等他人的力量来实现个人的学习目标，包括如何与同伴互动、如何向教师提出问题和要求等。

混龄教育中集体互动、小组互动以及个别互动并不是绝对独立的，在一个教育活动中，三种互动形式可能都存在。以混龄教育活动"祖国妈妈的生日"为例，活动过程大致分为三个部分，这三部分分别围绕具有内在联系的基本环节展开，包括观察体验环节、思考讨论环节、总结延伸环节。

祖国妈妈的生日

活动目标

- 知道10月1日是国庆节，是中华人民共和国成立的日子。
- 大班：初步了解国庆节的由来，能利用不同的材料创编舞蹈动作。
- 中班：感受国庆节的隆重、热闹，学习制作烟花、红旗。

活动准备

- 师幼共同搜集有关庆祝国庆、祖国伟大成就的图片等资料。
- 视频《开国大典》《国庆阅兵》，音乐《今天是你的生日》，生日蛋糕，水袖、扇子、绸带等舞蹈道具，彩笔、画纸、红纸、五角星、一次性筷子。

活动指导

1. 话题："生日"引入。

（1）出示生日蛋糕，引起幼儿兴趣。

引导中班幼儿侧重说说：你的生日是哪一天？

引导大班幼儿侧重说说："生日"是什么意思。

（2）引导幼儿说说祖国妈妈的生日。

引导中班幼儿侧重说说：祖国妈妈的生日是哪一天？

引导大班幼儿侧重说说：为什么10月1日是祖国妈妈的生日？

小结：10月1日是国庆节，是新中国成立的日子。

2. 观看国庆图片展。

出示祖国各地庆祝国庆的图片展板。

大班幼儿和中班幼儿结伴自由观看，引导幼儿观察图片中人们是如何庆祝国庆的。

（1）解放军叔叔参加阅兵仪式。

（2）各族人民载歌载舞。

（3）各地悬挂国旗。

（4）举行升旗仪式。

（5）看展览、旅游等。

3. 集体讨论，经验提升。

引导中班幼儿侧重说说：哪些人在庆祝祖国妈妈的生日？他们是怎么庆祝的？他们的心情怎么样？

引导大班幼儿侧重说说：看到这样英姿飒爽的解放军，你想到了什么？你还知道哪些庆祝国庆的方式？

小结：祖国各地人民用不同的方式庆祝国庆，雄壮威武的阅兵仪式向全世界展示了我们祖国的军队是世界一流的军队，有了这样的军队保卫我们的祖国，祖国妈妈就再也不用担心了。

4. 分组庆祝活动。

（1）集体讨论：你想怎样庆祝祖国妈妈的生日？

（2）分组活动。

烟花组：提供彩笔、画纸，引导幼儿在画纸上画烟花，注意更换不同的颜色。

国旗组：提供红纸、五角星、一次性筷子，引导幼儿按照要求将五角星贴在红纸左上角，再将红纸贴在筷子上。

歌舞组：提供音乐《今天是你的生日》，水袖、扇子、绸带等舞蹈道具引导幼儿进行歌舞表演。

(3) 分享展示。

播放音乐《今天是你的生日》，烟花组及国旗组展示作品，歌舞组表演。

第一部分包括观看国庆图片展等活动环节。教师和幼儿的个别互动主要发生在观赏的过程中，幼儿会就相关内容和问题与教师进行个别讨论和交流，同时教师也会根据幼儿的不同反应，在诸如常规维持等方面进行个别指导。

第二部分包括就前期观赏体验而展开的讨论活动。在集体讨论的过程中，教师对不同年龄的幼儿群体有不同的指导要求，比如要求中班幼儿思考："哪些人在庆祝祖国妈妈的生日？……他们的心情怎么样？"等，对大班幼儿则要求思考："看到这样英姿飒爽的解放军，你想到了什么？"等。教师依据年龄对幼儿进行分组并提出相关要求，分别与不同年龄组的幼儿进行集体互动。

第三部分则是对前期观察和讨论活动的延伸，分组活动主要是基于活动的内容、根据幼儿的能力和兴趣进行分组，如分为烟花组、国旗组、歌舞组等，因而小组互动会同时受到幼儿身心发展特点、活动内容的影响。教师对各个小组的具体要求和指导方式必然也不一样，主要是围绕分组活动内容与目标的完成对幼儿提出相关要求。

(二) 依据教师行为的性质划分

依据教师行为的性质，混龄教育中的师幼互动可以分为控制型互动、关心型互动、拒绝型互动。[1]

控制型互动是指教师在与幼儿互动的过程中，整个互动的形式、内容和过程均由教师严格控制。在一些集体教育活动中，教师为了保证活动的效果和连续性，往往更多地采用控制型互动方式，以便控制和规范幼儿的行为，牢牢把握活动的进程和节奏，因而师幼互动的目的、内容、方式和时间也就完全由教师决定。在这样一种互动中，幼儿往往处于被动的地位，扮演着服从和依赖的角色。控制型互动如果不加改善，长此以往就会形成恶性循环，幼儿变得对教师越来越依赖，自主学习与探究的主动性和积极性会变得很低，进而影响幼儿的学习体验和兴趣。

关心型互动是指教师能够敏锐地感知不同年龄、不同发展水平幼儿的需

---

[1] 刘晶波. 社会学视野下的师幼互动行为研究：我在幼儿园里看到了什么[M]. 南京：南京师范大学出版社，2006：25-26.

求,及时发起与幼儿的交往,给予幼儿有针对性的引导和帮助。关心型互动对教师自身的教育敏感性和经验有着较高的要求,需要教师能够在深刻把握不同年龄幼儿身心发展规律和特点的基础上,在对教育目标和内容有清晰认识的同时,对教育活动中每个幼儿的身心发展特点和需要也有全面的把握,并能准确地发现和预测幼儿的需要,适时地调整活动的内容,为不同的幼儿提供全面的支持。鉴于关心型互动对教师的专业素养有着较高的要求,教师可以事先对相关的教育活动进行细致的设计和规划,特别是对于不同年龄幼儿的身心发展特点和需要应有清晰的认识。

拒绝型互动是指教师对幼儿的需要缺乏敏感性,不理会幼儿的需要或给予无意义的互动反馈。造成教师采取拒绝型互动方式的原因有很多:教师教学经验的缺乏会使他们对幼儿的需要"视而不见",难以敏锐地感知幼儿的需要,也不会主动发起有意义的互动;教师只关注既定教育目标的实现,而对多变的情境和幼儿的多元需要关注不够,使得师幼之间的互动仅围绕特定的教育目标来展开,其他的互动需要则被忽视;由于受教师个人情绪情感的影响,造成对幼儿的反馈缺乏积极性和主动性;等等。在混龄教育活动中,教师常常要同时面对更为多元的幼儿需要,对于一些缺乏教学经验的教师而言,更有可能执着于既定教育目标的实现,由此导致他们只关注部分幼儿的需要,而对另一部分幼儿则采取拒绝型互动方式。

(三) 依据师幼双方的情感特征划分

依据师幼双方的情感特征,混龄教育中的师幼互动可以分为正向师幼互动、负向师幼互动和中性师幼互动三类。[①]

正向师幼互动主要是指教师指向幼儿的行为中带有明显的亲切、友好、喜爱等积极的情感倾向,同时幼儿的行为也表现出明显的积极回应的倾向。正向师幼互动是混龄教育中一种最为理想和有效的互动形式。对于幼儿而言,由于社会交往能力发展得不成熟,限制了幼儿对教师的回应方式,因此幼儿采用何种回应方式很多时候与教师表现出的交往形式有很大关系,如果教师的行为是积极、亲切、正向的,那么幼儿很大程度上就会做出积极的反馈,反之亦然。由此,在幼儿园混龄教育活动中,当教师同时面对不同年龄和不同

---

① 刘晶波. 社会学视野下的师幼互动行为研究:我在幼儿园里看到了什么[M]. 南京:南京师范大学出版社,2006:79.

需要的幼儿时，无论幼儿自身发展水平如何，教师首先要以一种积极正向的态度与幼儿互动，这是在混龄教育活动中实现师幼正向互动的基本条件和保障。

负向师幼互动主要指教师指向幼儿的行为明显带有不满、厌恶、恼怒等消极的情感倾向，而与此同时幼儿在与教师互动时也表现出明显的胆怯甚至害怕的倾向。负向师幼互动无论是对于幼儿成长还是对教师成长都十分不利。对于幼儿而言，教师负向的情绪状态会转化为不恰当的教育行为，从而使得幼儿丧失成长的独立性，同时还会使幼儿形成消极的情绪体验；对于教师而言，负向的师幼互动则会进一步恶化师幼关系，使幼儿退缩、消极配合的同时，也使教师难以真正把握幼儿的真实状态，进而影响教师形成合理的判断。混龄教育活动对教师的要求较高，教师的工作量也潜在地变大，一定程度上可能会增加负向师幼互动发生的频率，对此，教师需要在教学设计、情感投入等方面进行持续的努力。

中性师幼互动主要指教师指向幼儿的行为所伴随的情感相对平淡，介于正向和负向之间，同时幼儿对教师的情感态度也介于主动和畏惧之间，相对而言较为平静。中性师幼互动在幼儿园教育中最为常见。不过，如果教师在同幼儿互动时总是倾向于低的情感投入，在教育活动的各个环节和情境中与幼儿都保持相对中性的情感交流，那么师幼互动可能会朝着消极的一面发展。教师对幼儿的情感支持能够传递教师对幼儿的肯定、支持与信任，使幼儿产生被接纳、被尊重、被理解的感觉，并能逐渐转化为幼儿积极的学习动机和正确的自我期望。反之，如果教师缺乏对幼儿的情感投入，长此以往必然会对幼儿的发展产生诸多不利影响。

综上几种混龄教育中师幼互动类型的分析，并结合当前相关研究，关于师幼互动类型的划分主要是从师幼互动的外显状态和师幼互动的具体过程两方面来划分，而从保证师幼互动的有效性上讲，从师幼互动的具体过程着手来分析师幼互动的类型，更有助于我们认识师幼互动中包括个人情感投入、具体指导策略等在内的各种具体细节，进一步完善师幼互动实践。

二、混龄教育中师幼互动的指导策略

混龄教育中的师幼互动过程十分复杂，对教师的个人专业素养等提出了一系列要求。结合师幼互动的基本类型，可以将混龄教育中师幼互动的指导策略概括为以下几种。

（一）情感性策略

如前所述，师幼互动的过程中，除了言语交流、眼神传递和肢体互动外，蕴含在一切显性的互动行为里的实际上是师幼的各种情感。良好的师幼互动就是教师将自身的积极情感传递给幼儿，同时幼儿也积极回馈的过程。在这样一种良性的情感互动过程中，教师的语态、语气、表情等都起到了传递感情的作用。如果教师能以柔和的语言配以亲切的肢体动作，以及略带夸张的表情来表达意见或看法，那么就会对幼儿产生积极的鼓励和影响，这对不同年龄的幼儿都有着显著的互动效果。因此，在混龄教育活动中，教师往往需要以饱满的情绪、积极的言语、富有感染力的语气和表情投入幼儿的活动中。反过来，对幼儿过于情绪化的行为和表现，教师则要以平静、理解、信任、真诚的态度去引导和规范，以此营造一个良好的互动氛围。具体而言，教师的情感性支持策略还可以进一步细化为以下几点。

首先，情感分享式策略。混龄教育活动中不同年龄的幼儿会遭遇不同挫折或问题，其中多样的情感体验蕴含着幼儿对自我和世界的理解与认识。在一个年龄差异、心理发展差异较大的混龄集体中，幼儿多变的情感体验常常需要同伴和教师的理解和关注，使不良情绪、情感得到疏导，积极的情绪状态得到强化。对此，教师在与幼儿互动时应该着重考虑如何分享幼儿的情感体验，这需要教师首先向幼儿敞开心扉，对待幼儿的情感、观点、不满等应该像对待成人一样给予尊重，同时要注意以多种方式积极地分享幼儿的喜悦，还可以引导其他幼儿也一起加入分享快乐的活动中来。比如在混龄教育活动"幼儿园里真快乐"中，教师对大班幼儿与小班幼儿的引导就集中在情感的分享和交流方面，引导小班幼儿针对各种日常活动照片说说"照片中有谁？在哪里？他们在干什么？他们快乐吗？你是怎么知道的？"；引导大班幼儿说说"小朋友为什么感到快乐呢？"，让幼儿在回忆、再现快乐体验的过程中，获得积极的情感体验。

幼儿园里真快乐

> 活动目标

- 发现、体验幼儿园中快乐的事情。

- 大班：能发现并表达快乐的事。
- 小班：学习各种大型运动器械的安全玩法，感受游戏的快乐。

活动准备

- 活动前检查大型运动器械的安全状况，提供自选游戏材料。
- 幼儿活动时开心一刻的照片，音乐《快乐小伙伴》。

活动指导

1. 快乐玩一玩。

（1）带幼儿到幼儿园大型器械区。请大班幼儿介绍大型器械各部分名称及玩法，并给小班幼儿示范安全玩法。

（2）幼儿自由玩耍。幼儿任意选择自己喜欢的器械、材料，或自己玩，或与同伴一起玩。教师与幼儿一同玩耍，特别要注意观察小班幼儿的情绪状态，尽量让他们玩得开心。

2. 快乐说一说。

（1）询问幼儿的感受。

引导语：你玩得高兴吗？你最喜欢玩什么？为什么？

（2）讲述快乐：提供日常活动中幼儿开心一刻的照片，提醒幼儿注意观察人物的表情，鼓励幼儿大胆发言。

引导小班幼儿说说："照片中有谁？在哪里？他们在干什么？他们快乐吗？你是怎么知道的？"

引导大班幼儿说说："小朋友为什么感到快乐呢？"

3. 快乐找一找。

（1）启发幼儿讲述幼儿园里有哪些快乐的事，如：幼儿园里有哥哥姐姐或弟弟妹妹；在幼儿园里学会了唱一首歌；发现幼儿园植物角里的小苗发芽了；和老师、小朋友秋游；等等。

（2）引导幼儿发现身边还有哪些快乐的事，如：过生日时很快乐；和爸爸妈妈一起游戏很快乐；等等。

（3）鼓励、引导大班幼儿扩展话题的内容，如：帮助弟弟妹妹是一种快乐；遇到困难不退缩，最后获得成功是一种快乐；等等。

4. 快乐跳一跳。

(1) 小班幼儿与大班幼儿一对一跟跳《快乐小伙伴》。

(2) 鼓励幼儿天天快乐地来幼儿园,结束活动。

其次,感受肯定式策略。简单地讲,感受肯定式策略就是教师要注意对不同年龄幼儿的情感体验做出及时的正向回馈。幼儿学习体验的各种感受同幼儿日常生活中的各种情绪感受存在一定差异,因此,教师要在师幼互动过程中通过多种方式对幼儿积极的学习体验给予肯定,比如使用"这听起来像……""我觉得……"等短语来重现幼儿的感受,或者让幼儿对自身的感受进行简单的命名。如果教师的表述不准确,幼儿就会进一步纠正,从而为幼儿进一步归纳、分析自身的感受提供了契机,帮助他们强化相关经验。如在"幼儿园里真快乐"中,教师可以引导幼儿回忆和发现在幼儿园、家中所遇到的各种快乐的事情,"在幼儿园里学会唱一首歌,你感到快乐吗?""和爸爸妈妈一起游戏,你感到快乐吗?",以此扩展幼儿的话题。

再次,情绪表达式策略。师幼互动过程中教师的言语和行为是对幼儿的直接回馈,往往要配合相应的积极情绪才能达到较好的效果,因此教师需要注意自身语气、语调以及相关肢体动作,如用语言回馈幼儿,应真诚热情、具有亲和力,让幼儿感受到教师认同并支持他们。此外,当教师发现幼儿已经获得一定的能力和技巧时,就应当把自身带有引导性的支持性策略转移到对幼儿的激励上,鼓励幼儿独自解决问题,此时教师对幼儿的情绪表达更多地应该体现为信任和尊重。如上述"幼儿园里真快乐"活动中,教师可以和幼儿一起开展快乐的活动,也可以引导大班幼儿和小班幼儿一对一互动,在互动的过程中注意引导幼儿体验活动的乐趣。

(二) 个别规范性策略

混龄教育活动中,教师往往需要对具有不同发展特点的幼儿采取更为个别化的互动策略。这对于教师而言,在主观意识上要将幼儿视为具有相对独立性的个体,并将幼儿独特的个性及发展差异视为对幼儿进行个别化教育的基础,采取更具针对性和适宜性的互动策略,有意识、有目的地引导不同年龄、不同发展水平的幼儿都能在原有基础上获得相应发展。如前所述,师幼互动过程中有相当一部分内容是有关规则的维系,因此对幼儿进行个别规范性指导就构成了师幼互动的一个重要方面。具体而言,可以采用以下几种简单的策略。

首先,"我—信息"策略。简单地讲,这一策略主要指教师明确对幼儿提出相关的规则要求。在混龄教育活动中,师幼互动的层次和对象不同,因此就规则的维系而言,教师对不同幼儿采取的方法也存在一定差异。但无论是采取直接控制还是间接引导,教师在设定相应的规则时,关键是要采用多种不同的方式与幼儿实现有效的沟通。教师在给幼儿提供相关的规则信息时,要注意用词,要传达出对幼儿的明确期待和信任,语气要果断,避免模棱两可或者软弱无力,让幼儿错误地感觉教师并不是真正希望他(她)遵守某些规则。当然,教师在提出相关要求时还要尽量保持自身良好的语言规范和肢体动作,避免惊吓或恐吓幼儿。在具体的语言表述上,要避免使用"你必须……"等强迫幼儿遵守规则的语句,也要避免使用"我想……"等模糊的字眼,而应让幼儿真正理解教师的用意。表述的过程中,教师还要避免使用"你是一个坏孩子""别动""规矩点"等消极词汇,这些语言不仅会损害幼儿的自尊,而且实际上并没有为幼儿指明改正的方向在哪里,反而加剧了幼儿的焦虑和被动。

其次,规则提醒策略。[①] 在一些情况下,特别是考虑到混龄教育活动中特定年龄段幼儿的道德意识和规则意识正处于发展阶段,教师在对幼儿进行规则教育时,应该注意引导幼儿对规则进行思考和探讨,帮助他们真正掌握规则。对幼儿进行规则教育时,除了前面谈到的直接陈述相关规则外,教师还可以提供幼儿需要了解的信息,然后等待幼儿经过思考后再做出适宜的反应,引导幼儿根据相关背景信息做出合理的行为。这一过程中,教师需要给予幼儿一定的信任,相信幼儿能够通过独立判断纠正自身的不良行为。比如教师看到一名幼儿将玩具扔在地上,然后去和其他同伴玩游戏,那么师幼之间就可以发生这样的对话。"我看到你把玩具放在地上。"等待幼儿做出反应,如果没有反应:"你还记得这个玩具应该放在哪里吗?"如果幼儿还没有反应:"玩具应该放在玩具筐里。"通过这样递进式的规则提醒,逐渐强化幼儿对原有规则的认识,从而有助于幼儿真正形成相关的规则意识。

再次,递进式选择策略。这一策略主要是向幼儿明确一系列规则之间的关系,让幼儿明确自身行为与结果之间的关系,明白自身应努力改正的问题

---

① 刘晶波. 社会学视野下的师幼互动行为研究:我在幼儿园里看到了什么[M]. 南京:南京师范大学出版社,2006:115.

和方向。对此,教师在具体的师幼互动过程中,一方面,要向幼儿阐明自身的期望,即希望幼儿做什么,然后说明幼儿做出相应的行为会产生什么样的结果,以此引导幼儿做出正确的选择。比如:"等你把玩具收拾好了,我们就可以开始新的游戏了。""等你向小明道歉了,你就可以和大家一起玩了。"另一方面,教师还可以为幼儿提供师幼双方都能接受的选择,引导幼儿做出积极的反应。在混龄互动中,一些年龄较大、自主能力较强的幼儿可能属于教师常规管理中的"小捣乱",他们习惯对教师的要求说"不"。面对这样的幼儿,教师可以对幼儿提出可供选择的中性要求,这些要求在不影响教育活动的正常进行以及不伤害幼儿自尊的情况下,导向一个幼儿能够接受的后果,以此来帮助幼儿逐渐做出适宜的行为。比如一个幼儿不断地在房间里干扰其他幼儿活动,教师可以说:"你可以自己一个人到外面去玩或者就在活动室里安静地玩,你喜欢哪种?"

最后,转移分离策略。这种策略主要针对的是一些有攻击性或不遵守常规的幼儿,主要方法就是将幼儿与产生不当行为的情境或场所相隔离,留给幼儿自己反省和调整自身行为的机会。不过需要注意的是,在混龄教育活动中,幼儿会比在同龄教育活动中更加顾及自尊,特别是对于一些年长幼儿而言,他们已经能够意识到自身的行为对年幼幼儿是一种示范,也担心在弟弟妹妹面前丢脸,因此教师在采用这种策略时,重要的不是简单地将幼儿隔离,而是要让幼儿明白在团体活动中应该遵循的规则,让幼儿将自身的不当行为和被采取的隔离措施建立联系,但不是要真正将幼儿从团体中隔离,否则对于自尊感较强的幼儿会产生被"出局"的感觉。比如对待一个常破坏秩序的幼儿,教师可以对他说:"看起来你和其他伙伴在一起总会干扰别人,所以我只好让你一个人待一会儿,如果你觉得不会再干扰别人了,就可以回来。"这种强调幼儿要形成自我控制力的"隔离"措施,将幼儿对行为规则的认识,从教师的要求转移到幼儿对融入集体活动的渴望上,让幼儿意识到行为控制会给自己和他人带来何种结果,进而强化了幼儿对规则的自觉遵守。

(三)探讨性策略

在一些小跨度混龄教育活动中,如中大班混龄教育活动,由于幼儿的语言表达能力和逻辑推理能力已经获得了一定发展,师幼互动的形式可以更多地以言语交流的形式进行。当幼儿自行探索或合作探究过程中遇到相应的问题或情况,需要教师给予相应指导和帮助时,教师和幼儿之间的互动除了直接示范、言语指导、情感鼓励等，也可以是由教师主导并发起的相应的讨论活动，充分调动幼儿自身已有的思维判断能力，引导幼儿通过与同伴合作协商，寻找问题解决的策略。此时的师幼互动不仅仅是教师和幼儿之间的双向互动，而且形成了教师、幼儿及幼儿同伴之间的多重互动。教师扮演的是支持者和引导者的角色，强化不同年龄幼儿之间的协商与合作，帮助幼儿形成相应的合作能力，并借助彼此的言语协商进一步加深对相关问题的理解。在具体实施过程中，探讨性策略又可以细化为以下几个步骤。

第一，帮助幼儿确定问题。在混龄教育活动中，学前期幼儿特别是中大班幼儿，一般已具备较好的语言表达能力和一定的推理能力，在教师的帮助下，能够比较自如地对其他幼儿以及教师表达他们自己的需要和愿望。年龄越大的幼儿协商解决问题的技巧也就越多，他们往往能够有能力独立化解一些冲突。因此，当幼儿之间发生冲突或者教师在教育活动过程中发现问题时，要在明确问题产生背景的基础上，引导幼儿明确问题所在，帮助幼儿理解问题产生的原因，这是引导幼儿协商解决问题的关键。

第二，引导幼儿思考解决问题的方法，并接纳他人的建议。教师一旦发现幼儿之间发生冲突，首先要制止冲突，接下来就是要让幼儿在分析原因的基础上，引导幼儿去思考解决问题的办法，并认真倾听对方的想法和建议，理解他人和自身不同的需要以及可能获得双赢的最佳方式，尝试找出解决问题的最佳办法。比如两个幼儿因为玩具发生了冲突，其中一个直接以抢夺的方式拿走了玩具，另外一个幼儿则号啕大哭。这个时候，教师可以将两个幼儿集中在一起，让幼儿各自表达自身的需要，然后鼓励双方设身处地地站在对方的角度思考冲突给双方带来的后果以及解决问题的方案。其中，教师在引导幼儿思考解决问题办法的时候，要向幼儿阐明解决问题的基本原则，比如不能抢夺，然后一步步鼓励幼儿找到合适的办法。

第三，让幼儿以积极的口吻来复述彼此的想法，强化幼儿对他人意见与自身意图的比较和理解，帮助幼儿确定最好的解决问题的办法。有效的问题解决办法总是在深入协商的基础上达成的，因此认真倾听对方的诉求和感受是有效协商的基础。教师在引导幼儿就冲突展开充分的思考之后，进一步引导幼儿对各自的需求和建议进行提炼和陈述，强化幼儿对他人以及自身真正需要和感受的认识。当幼儿真正明白自身和他人的需要时，便会尝试以一种双方都能接受的、折中的方式来处理冲突，最终化解冲突，找到适宜的解决问题的方法。比如两个幼儿因为心爱的玩具发生争夺，那么在势均力敌或有教师介入的情况下，如何实现双方需要的满足，成为促使幼儿寻求折中方案的动力，最后的可能情况是采取轮流玩或交换玩的方式来化解冲突，当然这需要教师有意识地引导。

第四，帮助幼儿实施他们的方案。当幼儿寻找到一个较好的方案时，有时候在材料提供等方面往往还需要教师的支持。此时教师不仅要为幼儿提供必要的物质条件支持，还要提供相应的心理支持，也就是要鼓励幼儿认真落实问题解决的方案，并且监督幼儿不破坏彼此达成的协议，以及在实施方案的过程中帮助幼儿应对一些其他问题。在这一过程中，教师扮演的主要是一个"见证人"的角色。

第五，在问题解决后采取多种方式强化幼儿在这一过程中获得的经验。教师在引导幼儿寻找有效的解决问题办法之后，还应抓住解决问题的过程，采取诸如表扬、奖励、公开讨论等多种方式，强化幼儿已经获得的相关解决问题的经验，比如同伴之间如何分享玩具、如何道歉或表达对他人的喜爱等。就混龄教育活动中的师幼互动而言，教师对幼儿解决问题经验的强化，常常会起到示范和推广的作用，特别是对于一些年长幼儿所采用的比较成熟的人际交往策略，教师应有意识地加以推广和强化，使其成为年幼幼儿宝贵的学习经验。

第三节　同伴互动概述

一、同伴互动的内涵

同伴互动，简单地讲，就是幼儿之间的交往。混龄教育活动开展的意义就体现在幼儿的同伴互动过程中，幼儿与不同年龄、不同发展水平的同伴交往，通过观察、模仿、协商、合作等多种方式，逐渐实现对自我的认识，并习得相应的人际交往技能。分析同伴互动的内涵和具体过程，有必要明确同伴关系的缔结与同伴有效互动之间的关系。

（一）同伴互动与同伴关系

同伴互动是以一定同伴关系的缔结为前提的，虽然幼儿之间不一定非得形成同伴关系才能发生同伴互动，但如果将同伴互动看作是达成一定教育目标的重要途径时，有效的同伴互动必然要求相应的同伴关系的缔结。因此，同伴互动和同伴关系是一个问题的两个方面。

同伴关系一般是指年龄相同或相近的幼儿之间共同活动及相互协作的关系，或者主要指同龄人之间或心理发展水平相当的个体间在交往过程中建立和发展起来的一种人际关系。一些研究发现，幼儿虽然一般情况下喜欢与同龄伙伴交往，但是相比于与年幼幼儿交往，幼儿往往更喜欢与年长幼儿进行交往。

根据哈吐普（Hartup，1989）等人的研究，幼儿在成长过程中会与他人形成两种不同性质的人际关系，这里的他人既包括成人如父母、教师等，也包括幼儿的同伴。这两类不同性质的关系对幼儿的社会性发展具有完全不同的意义。哈吐普将这两种关系分别称为垂直关系和水平关系。

垂直关系是指那些比幼儿拥有更多知识和更大权利的成人（主要是指父母和教师）与幼儿之间形成的一种关系。这种关系具有一定的互动性，即成人控制、幼儿服从，或者是幼儿寻求帮助、成人提供帮助。垂直关系的主要功能是为幼儿提供相应的保护，同时也能够使幼儿学习他人更为成熟的知识和技能。水平关系是指幼儿与那些和他具有相同或相近认知发展水平的同伴之间形成的人际关系，这种关系的特点是平等和互惠。比如幼儿在游戏的过程中，相互交换角色进行玩耍。水平关系的主要功能是为幼儿提供学习技能和交流经验的机会，而且这种机会常常是在一种地位平等的基础上才能获得。

研究者对幼儿人际关系的这两种分类并不是绝对的，特别是随着有关幼儿社会性发展研究的深入，人们发现幼儿与同伴的关系并不完全是水平关系，有时也存在垂直关系，特别是年幼幼儿和年长幼儿一起互动时，会同时存在垂直和水平两种人际关系。这两种人际关系使得年幼幼儿在与年长幼儿交往的过程中实现了某种互补或互惠。比如年长幼儿因为比年幼幼儿具有更丰富的社会经验和更成熟的能力，因此能够为年幼幼儿在必要时提供相应的帮助。与此同时，年长幼儿也可以同年幼幼儿展开一些平等互惠的角色游戏，在帮助年幼幼儿的过程中，年长幼儿原有的知识经验以及相应的社会交往能力也进一步得到巩固和加强。再者是同伴关系在某些特殊的情况下能够发挥垂直关系的特定功能，比如年长幼儿同样能够为年幼幼儿提供一定的保护和关照，从而使年幼幼儿获得安全感和舒适感。

从同伴关系缔结的类型和所表现出的功能可以看出，同伴互动和同伴关系是相辅相成的，稳定、良好的同伴关系有助于形成深入有效的同伴互动，而有效的同伴互动又会强化良好的同伴关系。从这个意义上讲，良好的同伴关系和同伴互动对幼儿成长的价值具有一致性。

（二）同伴互动的功能

目前，人们普遍认为同伴互动对幼儿的发展和成熟具有其他类型的互动所不可替代的作用，相比于与成人如家长、教师的互动，同伴互动在互动关系上主要是一种平等关系，彼此之间的信息传递是双向、共赢的，因此同伴互动往往能同时促进互动双方的发展。具体而言，同伴互动在幼儿发展中的作用可以归纳为以下几方面。

首先，同伴互动能使幼儿摆脱自我中心。幼儿在成长初期，一切都以自我为中心，难以站在别人的角度思考问题，因此在满足自身需要、与他人合作等方面，常会与他人发生冲突和矛盾。幼儿要实现社会化，必须要认清自我、学会与他人交往，这除了在家中通过与父母和其他成人的互动来习得外，更重要的是与同伴的交往互动。对于幼儿而言，与自身年龄相仿、发展水平相近的同伴，比成人更适合作为交往合作的重要伙伴，而彼此之间近似的人际交往能力，也使得幼儿有机会去逐步探索、体会和习得相应的人际交往技能。幼儿希望融入一个集体，与同伴结成良好的伙伴关系，而为了建立良好的同伴关系，幼儿就需要遵守人际交往规则，履行自己的责任，完成自己分内的任务，这一切对幼儿的责任心、自尊心提出了一系列要求。幼儿在与同伴互动的过程中，逐渐理解相应的人际交往规则，体会自身所承担的社会责任感，逐渐懂得个人在集体中的作用，学会站在他人的角度思考问题，理解他人的观点，形成必要的合作意识和集体情感，最终摆脱自我中心，促进心理的健康发展。

其次，同伴互动能使幼儿获得必要的情感支持。人是情感动物，无论是从生物遗传还是心理发展来看，人的健康成长从一开始就离不开必要的情感支持，否则生理的发展最终也会因情感欠缺而产生诸多问题。幼儿年幼时期一般会在家中得到多种情感关照，与父母或其他主要看护人之间形成的依恋关系使幼儿获得了安全感和自信心。但当幼儿的主动性逐渐增强、社会交往活动范围扩大后，对幼儿产生情感影响的群体也会发生变化。特别是在幼儿园生活中，除了教师对幼儿的关注，同伴之间的交往互动在某种程度上对幼儿产生的情感支持是成人无法替代的。有研究认为，同伴之间如果形成了友谊，往往能为幼儿提供多方面的支持，如相互证实，共享快乐和希望，分担恐惧与忧虑，充分肯定自我价值，袒露自身情绪情感，丰富自身美感体验，体会个人成长价值，获得必要的安全感等。因此可以看出，同伴互动是幼儿在家庭之外获得必要的情感支持的重要来源。

再次，同伴互动能增强幼儿的社会适应能力，并帮助幼儿形成正确的社会认知。幼儿的社会知识除了来自家庭和自身日常的所见所闻，也来自同伴之间的互动。认知发展水平相近但具有不同生活经验和行为方式的幼儿一起互动，在交往过程中相互学习、观察、模仿，并彼此指导、合作，有助于幼儿开阔眼界、提高解决问题的能力。同伴交往中双方地位一般是平等的，如果幼儿想要通过合作来满足自己的需求，那么就必须关注同伴的感受和愿望，改变自己的行为方式，探索更为灵活的交往策略，协调自己的愿望和行为，以妥善地解决彼此之间的矛盾。由此，幼儿意识到良好的合作对自身的积极作用，强化他们进一步提高自己与他人合作、交流的积极性和能力，从而为幼儿形成良好的社会认知打下基础。

(三) 同伴互动的内涵与特点

同伴互动同样是一个动态的过程。从前面谈到的同伴关系与同伴互动之间的关系来看，同伴互动的内涵与同伴关系的特殊性密切联系在一起，并且体现出一系列自身独有的特点。

首先，同伴互动是基于一种平等、互惠的关系而展开的幼儿之间的交往。在这样一种交往活动中，幼儿同伴之间基于彼此在年龄、社会经验等方面的相似或相近，持续地就各自愿望的达成进行协商、沟通、妥协、思考，在尽量满足自身需求的同时，也兼顾对方需求的满足。这样一种旨在双赢的交往活动，其前提是幼儿同伴之间天然的平等关系，任何一方借助于其他力量如成人的宠爱等，试图打破这种平等关系，都会造成交往的终止甚至失败。强势一方的需求虽然暂时得到了满足，但是会破坏已经建立的同伴关系，变得很难被同伴群体接纳。因此，同伴互动的有效开展要求幼儿首先要能将自身视为同伴群体中与他人平等、友好相处的一分子，这样在与其他同伴交往的过程中，才能形成良性互动，使自身得到群体持续的支持。

其次，同伴互动中幼儿同伴之间的相互影响不是靠说教或者外在的强制规范，更多的是来自幼儿在实际交往过程中所获得的实际反馈。成人往往承担着满足幼儿特定需求、提供安全感等责任，因此成人在与幼儿互动的过程中，某种意义上掌握着占一定优势的互动"资本"，幼儿很多时候被迫遵守成人制订的活动规则，以顺应成人的要求来获得相关经验。但在与同伴交往的过程中，由于同伴关系是平等的，为了满足自身需求，幼儿需要主动思考如何让渡一些自己的利益，从而达到双赢的局面。在这种互动中，幼儿做出相应的改变和调整自身交往策略的动机，更多的是自发的、自愿的，且因为要遵循的交往规则更接近于原始的契约关系，因此一旦掌握相应的交往规则，幼儿更愿意自发地遵守和执行规则。

再次，同伴互动的目的与效果。如前所述，同伴互动是基于平等互惠的关系而展开的，其对幼儿而言，最直接的目的是实现各自需求都得到满足的"双赢"。从这方面讲，同伴互动的目的与幼儿本身最为直接的需求联系在一起，而且互动的效果会随着幼儿交往技能的成熟日渐提高，同时互动效果的提高又会强化幼儿对相关交往技能的掌握，更加有利于幼儿同伴互动目的的实现。对教师而言，同伴互动的目的常被置于教育计划的统筹之中，教师希望幼儿在各自需求得到满足的基础上，能从中归纳并习得稳定的交往技能和经验。基于同伴互动目的与效果的这种关系，对于成人而言，在指导幼儿同伴交往时必须要关注不同幼儿彼此的真实需求是什么，引导幼儿倾听和理解他人的需求，自主寻找并实现良好同伴互动的最佳策略，而不是简单地以成人的规则要求幼儿以什么样的方式展开互动。

（四）同伴互动的结构

幼儿同伴互动不同于幼儿与成人之间的互动，就其结构而言，同伴互动的主体、内容、形式、结果等诸多方面，都存在其独有的特点。

首先，同伴互动的主体之间的差异较小，因此在交往过程中存在着天然的平等关系。基于此，幼儿意识到要使互动获得成功，自身必须关注对方的处境、感受、利益等，以明确自身在相互协商、沟通的过程中所应采取的最佳策略。这同师幼互动不同，师幼互动双方在互动条件上是不平等的，教师在知识经验、社会能力等方面优于幼儿，因此在互动的过程中虽然强调师幼平等，但教师往往掌握着互动的绝对主动权。同伴互动则不同，同伴双方在年龄、兴趣、爱好、价值观以及行为方式等诸多方面大体相同或相近，在互动过程中双方的愿望、需求等都容易被对方所理解。

其次，在互动的内容上，同伴互动的内容主要与幼儿自身发展、各种需求的满足相关，比如获得一个心爱的玩具、加入一个游戏小组等。这与师幼互动存在一定差异，师幼互动的内容虽然也围绕幼儿需求的满足来进行，但师幼互动常常不是直接满足幼儿的需求，特别是教师帮助幼儿解决同伴冲突或学习困难时，师幼互动主要是引导幼儿获得某种能力，互动的教育目的性十分突出。同伴互动则主要直接指向彼此需求的满足，比如双方为一个喜爱的玩具发生冲突，那么互动的目的就是要如何获得"双赢"。在这一过程中幼儿并未有意去习得某种交往技能，只是在彼此协商、满足彼此需求的过程中也获得了一定的社会交往能力。

再次，在互动的形式上，同伴互动的形式相对较为简单和直接，多以肢体互动和情感互动为主，随着幼儿年龄的增长，语言互动出现的频率逐步提高。师幼互动由于常常由教师主导互动的节奏和内容，教师所采取的互动策略较为复杂，导致具体的互动形式也较为复杂，且具有明确的教育意图。同伴互动由于互动双方都是知识经验和社会能力有限的幼儿，互动的技巧性和策略性不强，因此互动的形式围绕着更为直接的心理感受展开，比如为了加入一个游戏小组，幼儿多利用表情、肢体动作配合简单的语言，直接陈述自己的愿望，积极对他人示好以谋求同伴的接纳。

最后，在互动结果上，如前所述，同伴互动对于幼儿而言实现了各自需要的满足，对于教师而言主要还是希望能引导幼儿习得相应的交往技能，使幼儿的社会交往能力获得一定的发展。对此，从教育活动的目的性来看，同伴互动需要被统筹在教师的相关教育规划或方案中。虽然同伴互动的地点、时间等不是确定的，但同伴互动一旦发生，必然有着明确的交往目的，尽管幼儿可能对这些目的并不清楚。因此，教师根据教育活动的环节安排，可以预设在不同情境下幼儿互动的主要类型和内容，并设计相应的指导策略和方案，适时介入幼儿的同伴交往，引导幼儿进行深入有效的互动。

综上所述，同伴互动由于互动主体的特殊性，造成了互动双方的关系及互动的内容、形式等，与师幼互动等其他类型的互动存在明显的差异。因此，在指导幼儿同伴互动时，教师必须考虑同伴互动的这些特殊性，围绕丰富幼儿同伴互动的内容和形式采取相应的指导策略。

（五）同伴互动的一般过程

同伴互动的发生与其独特的结构有密切关系。由于互动双方主体的特殊性，同伴互动的过程体现出不同于师幼互动的特征。这些特征既反映了学龄前儿童发展的一般规律和特点，同时也揭示了有效的同伴互动所应得到的支持。因此，从激发幼儿发展潜力、促进幼儿自主发展的角度看，同伴互动的深度和广度是随着幼儿年龄的增长而增加的，尽管幼儿之间同伴互动的内容、形式等较为单一，但幼儿正是一步步地在成人的支持下，结合自身的探索，随着年龄和社会经验的增长，逐步掌握复杂的人际交往技能，构建良好的同伴关系，最终完成社会化。总体而言，虽然幼儿的同伴互动行为由简单逐渐向复杂过渡，但整体上同伴互动的过程依然遵循着一个基本的框架，这为成人有意识地去介入同伴互动，帮助幼儿更好地成长提供了可能。

首先，同伴互动的条件包括互动的主体、情境、内容、方式以及实际效果，这些方面缺一不可，由此才能产生完整的同伴互动。同伴互动发生前，互动的主体即幼儿的行为特征和认知发展水平，是影响同伴互动内容、形式以及效果的重要因素。已有研究认为，幼儿的行为特征和社会认知是影响幼儿同伴关系的重要因素。[1] 越来越多的研究表明，在同伴互动群体中，受欢迎的幼儿往往具有外向的、友好的人格特征，擅长双向交往，在活动中也很少出现攻击性行为，而不受欢迎的幼儿在同伴交往过程中往往习惯用攻击性甚至反社会行为来达成自己的愿望。不受欢迎的幼儿主观上也渴望融入同伴群体，但是往往因为令人讨厌的行为导致其难以被群体接纳。实际上，不同幼儿受欢迎程度的不同，除了性格和行为特征方面的原因外，更为内在的一个原因是他们的社会认知水平不同，各自掌握的人际交往策略存在较大差异，最终导致同伴之间互动的效果差异明显。因此，良好的同伴互动发生的前提应该是幼儿自身在社会认知和人际交往策略方面的相对成熟，对于教师和成人而言，这构成了他们为幼儿同伴互动提供有效支持的着眼点。

其次，同伴互动的具体过程是围绕各自的需求是否得到一定满足而展开的，但由于不同幼儿的人际交往策略、社会认知能力存在差异，因此幼儿在互动过程中会围绕自身需求的满足产生一定冲突或问题，而这些冲突或问题的解决又恰恰是幼儿社会性能力发展的契机。如果幼儿彼此之间基于协商、妥协，有效地解决了冲突，寻找到满足彼此需求的最佳途径，那么幼儿彼此都获得了与他人有效协作、共处的技能和经验；反之，如果幼儿一方以粗暴或其他不当手段，强行满足自身需求而不考虑他人感受，幼儿的人际交往能力就无法发展，且有可能因此导致人际关系恶化，进一步造成社会交往机会

---

[1] 张文新.儿童社会性发展［M］.北京：北京师范大学出版社，1999：153.

的减少，形成个人发展的恶性循环。因此，从教育干预的角度讲，针对幼儿同伴互动的不同倾向，教师应随时关注幼儿发起互动的行为方式，而不是简单地阻止幼儿不当的交往行为，更重要的是引导幼儿认识并习得正确的交往策略和技能，优化幼儿的同伴关系。

再次，同伴互动的最终效果对幼儿和教师存在不同的意义。对幼儿而言，互动的效果是一种修正自身人际交往行为和策略的重要反馈。当幼儿感受到积极的互动行为对自身需求满足带来的影响时，就会不断地使用更为有效的人际交往策略，由此推动幼儿人际交往能力、社会认知等多方面的发展。对教师而言，互动的效果是教师检验自身介入幼儿同伴互动有效与否的评判标准。当教师介入幼儿不当的互动行为后，如果介入真正有效，那么幼儿能在短期内习得有效的互动策略并形成良好的人际关系；如果介入无效，那么幼儿错误的互动行为便会一再出现。由此可以看出，要保证积极的同伴互动效果，教师准确、适时的介入至关重要，否则仅仅依靠幼儿"试误"式地寻找人际交往的最佳策略，对于一些人际交往经验欠缺、社会认知偏弱的幼儿而言，当同伴关系恶化以后，错误的交往行为和策略就只能被一次次地强化。

从同伴互动的一般过程可以看出，同伴互动的发生、发展并不仅仅是幼儿自身的事。尽管幼儿自主的探索与尝试对于习得相应的互动策略至关重要，但在幼儿园日常教育中，当把同伴互动作为一个重要的教育关注点看待时，如何缩短幼儿自主探索互动策略的时间，适当地引导幼儿少走弯路，尽快学会正确的互动策略，实际上就是幼儿园社会教育的一个重要内容。教师在其中的作用，就是要为幼儿同伴互动提供尽可能多的机会，及时介入不当的同伴互动，帮助幼儿营造一个和谐共处的集体氛围，引导幼儿依靠同伴群体的支持，获得身心的全面发展。

二、 混龄教育中的同伴互动

混龄教育中的同伴互动在过程上与同龄教育中的同伴互动相似，但由于混龄教育中的同伴互动主体更为多样，往往存在比较明显的年龄差异和认知发展差异，因此在具体的互动形式上更为复杂和多元，并呈现出一些更为个别化的特点，某种程度上对教师的指导策略、介入时机等提出了更高要求。对此，教师需要针对这些个别化的特点，同时结合一般性的同伴互动指导策略，设计相应的指导方案，充分预估混龄教育中同伴互动可能存在的问题，以有效提升混龄教育中同伴互动的效果。

(一) 混龄教育中同伴互动的特点

混龄教育中同伴互动的特点主要是基于互动主体的多样性而产生的,具体而言包括以下几方面。

首先,混龄教育中的同伴互动关系呈现出一定的不对等性,但相比于师幼互动而言,这种不对等的互动关系很少体现为一方对另一方的有意控制,而常常表现为互惠和帮助。混龄教育中的幼儿存在明显的年龄差异和身心发展差异,由此在同伴互动的过程中,至少可能形成三类同伴关系,如"年长幼儿—年幼幼儿""年长幼儿—年长幼儿""年幼幼儿—年幼幼儿"。除了同年龄幼儿形成的同伴关系,不同年龄幼儿之间形成的同伴关系已经带有一定的不对等性,这种不对等性主要还是基于幼儿身心发展的差异。一些研究发现,年长幼儿比年幼幼儿对完成游戏规则或任务的目标有更为精确的认知策略。因此,在一些包含特定规则的活动中,年长幼儿与年幼幼儿的同伴组合会表现出一定的非对等性,年长幼儿往往会成为活动秩序的维护者,在具体的同伴互动过程中某种程度上会替代教师的角色,自然地指导、帮助年幼幼儿学会合作与交流。但是需要注意的是,年长幼儿对年幼幼儿的帮助并不同于师幼互动中教师所提供的帮助,更多的是一种基于无意识的互惠而不是有意的控制。由于年长幼儿自身的人际交往策略以及社会认知能力也在发展中,他们在帮助年幼幼儿的过程中,对自我的认识会变得更加全面,并能从中体会到成就感,从而激励他们做出更多的利他行为。这种益处不是他们预先能想到的,只是由于不断互动所带来的"副产品"。以活动"大一岁了"为例,这一活动的主体是小中班幼儿,幼儿围绕诗歌朗诵、话题讨论等展开一系列互动。讨论会发生在不同年龄幼儿的组合之间,包括同龄幼儿之间与异龄幼儿之间。鉴于不同幼儿对"大一岁"的理解不同,不同组合之间的互动内容也会存在一定的差异。年长幼儿更能理解"大一岁"所反映出的个人身体的成长和能力的增强,而年幼幼儿可能由于时间观念发展的不成熟,对"大一岁"的理解不如年长幼儿深刻。由此,教师在组织幼儿进行相关话题的讨论时,要引导年幼幼儿有意识地去观察随着年龄的增长自己的身体结构、生活方式等方面的改变,并鼓励其与年长幼儿就此进行讨论。

大 一 岁 了

活动目标：

- 知道过了新年自己长大了一岁，萌发做自己力所能及的事情的愿望。
- 中班：能围绕"大一岁，我学会了……"这一话题展开讨论。
- 小班：理解诗歌的意思，喜欢朗诵诗歌。

活动准备：

- 关于过年的图片，布娃娃，小红帽。

活动指导：

1. 观看关于过年的图片，引出主题。

引导语：这些是什么时候的图片？他们在干什么？过年后我们是长大了还是变小了？

引导幼儿观察图片并回答问题。

2. 出示布娃娃、小红帽，理解诗歌《大一岁了》。

（1）边朗诵诗歌边出示布娃娃、小红帽。

引导语：新年到，新年到，我送布娃娃什么礼物？我们来听一听，看一看。

针对小班幼儿侧重运用提问的方式帮助他们理解诗歌，学习运用词语和短语"一顶""一顶小红帽"。

（2）讨论。

引导语：布娃娃眯眯笑，伸手要什么？为什么我说"不抱不抱"？

3. 引导幼儿学习朗诵诗歌并讨论。

（1）用布娃娃和小红帽引导幼儿逐步熟悉诗歌。

小结：自己的事情自己做。

（2）侧重引导中班幼儿围绕"大一岁，我学会了……"这一话题展开讨论。

引导语：请你和你旁边的小朋友说说大一岁你学会了什么。

引导幼儿学会用"大一岁,我学会了……"讲述。

4. 集体讲述。

引导幼儿将自己与同伴讨论的内容,主动、大胆地用"大一岁,我学会了……"讲述出来。

> 活动资料

大一岁了（诗歌）

新年到,新年到,
我送布娃娃一顶小红帽。
布娃娃眯眯笑,伸手要我抱。
"哎呀呀,不抱不抱,
我们都大一岁了,
你呀,知道不知道?"

其次,混龄教育中的同伴互动形式更为复杂,为实现有效的异龄同伴互动,在互动对象的选择与组合方面,教师往往需要根据特定的教育内容有意识地安排,以保证幼儿之间能形成良好的同伴关系,同时也方便教师对不恰当的互动形式进行干预。尽管一些研究者如埃利斯等人发现,在幼儿交往时,与有年龄差异的幼儿交往比同龄人之间的交往更为频繁,但是需要注意的是,在混龄教育活动中,如果让幼儿自由选择同伴,还是会有相当一部分幼儿更愿意选择与同龄同伴互动,因此有必要由教师根据活动内容为幼儿推荐同伴。年长幼儿一般在交往策略上更为成熟,而年幼幼儿也开始对同伴特别是在心理上更为成熟的年长幼儿有更多的交往意愿,以获得类似于家庭成员那样的情感补偿。在实际互动的过程中,年长幼儿发起的互动行为一般更具策略性,而年幼幼儿发起的互动则更为直接和单一。当不同年龄幼儿在人际交往过程中出现相抵触或难以调和的情况时,教师需要及时介入。比如在一个规则游戏中,年长幼儿希望年幼幼儿有耐心、持久地遵守活动规则,但年幼幼儿由于注意力稳定性差、理解能力欠缺等,难以持续遵守相应的规则,由此导致游戏互动难以为继。对此,教师应及时介入,或者简化游戏活动的规则,或者引导幼儿转向其他活动,以保证同伴关系的稳定。以上述活动"大一岁了"为例,在对个人成长的理解方面,年长幼儿要比年幼幼儿有更深刻的体会,在言语讨论和诗歌理解等方面，不同年龄的幼儿所发起的交流内容和形式也不一致。对此，教师需要有意识地引导年幼幼儿主动地发起互动，鼓励年幼幼儿向年长幼儿提出问题，并清晰表达自己的相关理解。

再次，混龄教育中同伴互动的目的是多层次的。总体上讲，异龄同伴互动促使幼儿在身心发展各个方面特别是在社会交往能力方面得到了长足发展，但在具体层面上不同年龄幼儿的实际发展内容和程度是不同的。年长幼儿不仅巩固了自身原有的知识经验，在自我认同和价值判断方面也得到了收获；而年幼幼儿则更多地集中在相应的人际交往技能与策略发展方面，同时由于受年长幼儿行为和言语示范的影响，对相应道德规则的理解和认识也更进一步。对于教师而言，考虑到不同年龄幼儿不同的现实发展需求以及实际的互动形式和内容的复杂性，在引导不同年龄幼儿有效互动的过程中，要注意分层分类指导，关注在相同的互动情境中不同幼儿的需求，在纠正不正确的互动行为的同时，为实现有效的同伴互动，分别给予不同年龄幼儿有针对性的指导。因此，异龄同伴互动的目的客观上存在一定的层次性，这些层次性与不同年龄幼儿的身心发展需要密切相关，这构成了教师采用指导策略的主要依据。以活动"大一岁了"为例，活动目标已经体现出明显的年龄差异，在具体的互动环节，中班幼儿与小班幼儿的互动可能围绕的是相同的活动内容，如都围绕的是学习诗歌《大一岁了》，但具体的互动要求不一样。在交流和互动中，对于中班幼儿而言，更多的是把握诗歌之外的内容，比如年龄增长反映在个人身上的变化，而小班幼儿则注重对诗歌本身的理解。因此，当两个年龄段的幼儿因活动目标不同而导致互动难以维持的情况下，教师应及时介入，指导中班幼儿帮助小班幼儿理解诗歌的内容，并尝试向小班幼儿解释成长所带来的个人变化，让小班幼儿进行初步的思考和总结。

（二）指导混龄教育中同伴互动的注意事项

基于以上混龄教育中同伴互动的特点，教师在具体指导异龄同伴互动的过程中，需要注意以下事项。

首先，关注被忽视幼儿的社会性发展，借助异龄同伴激发此类幼儿主动发起同伴交往的积极性。无论是在哪个年龄段的同伴群体中，幼儿的社交地位都具有很大的个体差异，既有受欢迎的一类幼儿，也有被拒斥的一类幼儿，同时还有既不受欢迎也不被拒斥的幼儿，即所谓的"被忽视幼儿"。一般而言，受欢迎的幼儿和被拒斥的幼儿处于幼儿社交地位的两个极端，最容易为教师和其他成人看护者所注意。但是对于被忽视幼儿而言，由于他们既不影响教师教育活动的顺利组织，也不影响其他幼儿的学习和发展，常常处于一种消极的配合状态。如果教师从简单地提高管理效率的角度去思考的话，这些"不制造麻烦"的幼儿常常被忽视。长此以往，这类被忽视幼儿身心发展的各个方面就有可能由于得不到充分的支持而逐渐滞后。因此，教师要充分利用年长幼儿或社会交往能力强的幼儿，通过"以强带弱"的方式，将这类幼儿引入同伴互动中，同时辅以适时的指导，逐渐培养这类幼儿的自信心和主动性，引导他们通过同伴互动来推动自身的发展。

其次，注意引导不同年龄幼儿形成稳定的同伴关系，促进不同身心发展水平的幼儿借助同伴支持获得充分发展。如前所述，由于不同幼儿的行为特点、社会认知水平的不同，导致他们在同伴中的地位往往存在较大的差异。特别是对于被拒斥幼儿和被忽视幼儿而言，他们往往缺乏稳定且持久的同伴关系。如果教师不加以干预，那么他们所受到的同伴支持就十分有限，并最终影响他们的发展。因此，考虑到教育要尽可能促进所有幼儿充分发展，并体现教育公平，对于同伴关系不良的幼儿而言，在混龄教育活动中教师需要有意识地为幼儿构建积极的人际关系，让幼儿从良好的人际关系中获得多种支持。这包括将不同性格和发展需要的不同年龄幼儿进行搭配，如将年长的受欢迎的幼儿与年幼的被拒斥的幼儿或被忽视幼儿组合，通过人为干预幼儿同伴关系的缔结，优化幼儿的人际关系，并借助同伴的影响，推动幼儿在社会认知以及具体的人际交往技能等多方面的发展。

再次，关注混龄教育活动中同伴群体的建设，强化对同伴群体形成的正向引导。幼儿在很小的时候就开始对自己所属的同伴群体表现出一种偏好。随着幼儿年龄的增长，幼儿社会交往技能的成熟和交往范围的扩大，幼儿之间会开始形成一些具有共同目标、共同行为准则的同伴群体。同伴群体不仅为幼儿提供了互相模仿的对象，而且还成为幼儿言行的主要参照，影响着幼儿的道德行为和自我调节。根据相关研究，同伴群体中存在着特定的支配关系，比如学前儿童的支配关系是以"攻击—服从"为基础建立的，但随着幼儿年龄的增长，那些在指导游戏和组织活动中表现出较强的社会交往能力的幼儿往往更容易处于支配地位。由此可以看出，同伴群体中幼儿的支配关系总体上向着更符合社会规则和社会发展需要的方向演变。换句话说，一个社会化良好的幼儿更懂得如何合作、协商与沟通，因此在后期将更易成为同伴群体中处于支配地位的人。混龄教育活动中也会自然地形成一些特定的同伴群体，但一些低幼年龄的群体可能主要以"攻击—服从"这样一种不好的基础而建立相应的同伴关系，如果教师能够适当地干预幼儿同伴群体的形成，将一些年长且组织能力、社会交往能力较强的幼儿引入同伴群体中，那么依靠这类幼儿对同伴群体占优势的支配能力，就可能会对年幼幼儿之间的互动产生积极的示范和引领作用。因此，从提升同伴互动教育价值的角度来说，教师应关注同伴群体的形成，特别是对低幼年龄同伴群体形成的干预，关注同伴群体中处于支配地位的幼儿的行为特征，注意发挥具有一定社会交往能力的幼儿的引领和示范作用，促成具有凝聚力和积极同伴关系的同伴群体的形成，为不同年龄幼儿的社会性发展提供支持。

第四节 混龄教育中同伴互动的类型和教师指导

异龄同伴互动因互动主体存在较为明显的年龄差异和身心发展差异，在互动关系的缔结、互动的内容、互动的效果等方面往往更为复杂和多样。混龄教育中的"大带小"便是异龄同伴互动的一种形式，而异龄同伴的多种互动形式对不同年龄幼儿的成长具有重要意义。以往有关同伴互动的研究多以同龄编班的幼儿作为研究对象，主要针对的是同龄同伴互动，针对异龄同伴互动的研究较少，因此，有关互动类型、策略等方面的研究成果对异龄同伴互动而言，虽具有一定的解释意义，但需要做进一步的分析和探讨。

一、混龄教育中同伴互动的类型

（一）基于互动主体的数量进行划分

混龄教育活动很多时候是以集体教育活动和分组活动为主，无论是受到教师的有意控制还是幼儿的自发组织，根据互动主体的数量，同伴互动可以分为双人互动、三人互动以及三人以上的互动等三种类型。以互动的人数来对异龄同伴互动类型进行划分和分析时不难发现，由于互动主体较为特殊，虽然表面上与同龄同伴互动相似，但由于互动主体身心特点不同，导致互动过程和内容存在着显著差异。

双人互动，顾名思义就是两个幼儿之间的交往互动。异龄同伴互动中的幼儿不仅在年龄上存在较大差异，更为重要的是身心发展方面的差异造成互动过程中发展较为成熟的年长幼儿常常处于支配地位，而年幼幼儿多数时候处于被动地位。三人互动则是一个年长幼儿与两个年幼幼儿之间的互动或者两个年长幼儿与一个年幼幼儿之间的互动。基于年长幼儿的身心发展水平较为成熟，三人互动过程中，年长幼儿除了直接给予年幼幼儿相应的引导和支持，年长幼儿与其他幼儿的互动还起到了某种示范作用。三人以上的互动一般存在于集体教育活动和分组活动中。教师在组织混龄集体活动或分组活动时，一般会有意识地进行不同年龄幼儿的搭配，其搭配的目的是尽量发挥年长幼儿的引领和示范作用，因此对年长幼儿的个体行为特征、社会能力的发展水平会考虑较多。

异龄同伴互动人数的确立主要还是依据一般的教学内容来安排，对于同伴互动策略要求较高的活动如操作类和探索类活动，一般更多地采取双人或三人互动，以便年长幼儿能与年幼幼儿发生更为密切和深入的互动，而一些对互动策略要求不高的活动如体育类、表演类活动，则可以采取三人以上的互动，主要是发挥年长幼儿的示范作用，同时配合教师的引导和支持，帮助年幼幼儿更好地发展。

（二）基于幼儿互动的策略水平进行划分

根据幼儿在互动过程中所使用策略的水平，同伴互动可分为高水平互动和低水平互动。高水平互动指幼儿在互动过程中面对问题和冲突时，能够较好地考虑对方的利益，体现出较高的合作策略和合作技能，能及时调整自己的愿望及行为，促进问题和冲突的解决。低水平互动则相反，主要指幼儿在互动过程中以自我为中心，对他人持排斥、消极的态度，表现出不合作、过分敏感、拒绝或逃避责任等行为。

在异龄同伴互动中，互动策略水平的高低既体现出年龄特征，又体现出个别化特征。一方面，年长幼儿在与他人互动时，由于社会认知水平及社会交往能力较强，总体而言，他们的互动策略水平一般要高于年幼幼儿。年长幼儿在主动发起互动及寻找冲突或问题的解决策略方面，要优于年幼幼儿。

因此，在异龄同伴互动过程中，年长幼儿一般主导着互动的过程。另一方面，在同龄幼儿内部，因个人气质、性格、社会经验的差异，他们的互动策略也存在一定的差别，因此在异龄同伴互动中，并不一定所有年长幼儿与年幼幼儿互动的水平都一样，教师要根据实际互动过程中幼儿的表现，对互动双方进行有目的、有意识的引导，以帮助幼儿真正从有效的互动过程中获益。

(三) 基于幼儿互动的方式进行划分

根据幼儿在互动过程中所使用的具体方式，可以将异龄同伴互动分为言语交往互动和身体接触互动。言语交往互动是指幼儿在互动的过程中通过言语交流的方式就问题进行分析和讨论，在清晰表达自身意愿的基础上实现充分的协商与合作。身体接触类互动是指幼儿通过肢体动作示范、身体接触等方式，进行情感传递、意愿表达、冲突及解决问题。

异龄同伴互动中，受不同的互动内容、幼儿身心发展水平等因素的影响，幼儿的互动方式存在较大差异。比如在角色游戏"娃娃家"中，不同年龄的幼儿往往会在其中扮演着不同的角色，如分别扮演爸爸、妈妈的角色，"妈妈"会对"爸爸"说："我要开始做饭了，你负责洗菜。"在角色分工方面，一般年长幼儿会扮演主要角色，年幼幼儿则扮演相对次要的角色。整个活动过程中，年长幼儿会主导活动的进程、内容和规则等，年幼幼儿常处于配合的地位。在这样的角色互动过程中，年长幼儿会模仿成人的言语和行为，如温柔地表扬、以拥抱传达关爱等，与年幼幼儿展开一系列互动。

二、混龄教育中同伴互动的教师指导

混龄教育活动开展的过程中，幼儿同伴关系的缔结，互动的类型、方式、内容等的多样化，主要是源于互动主体双方的身心发展特点存在较大差异，从而导致互动关系的形成与发展相对而言更为复杂。不过，总体而言，异龄同伴互动在互动类型、方式、内容等方面与同龄同伴互动相似，主要差别是在一个活动内同时存在的互动形式可能更为多样，对教师的指导策略要求也较高。要使异龄同伴互动真正发挥其效果，教师需要基于混龄教育活动开展的基本要求和一般规律，采取一些更具针对性的指导策略。

(一) 环境支持策略

环境对幼儿发展的重要意义早已被学界广泛认同。《纲要》中就明确指出："幼儿园应为幼儿提供健康、丰富的生活和活动环境，满足他们多方面发展的需要,使他们在快乐的童年生活中获得有益于身心发展的经验。"幼儿园作为幼儿成长和学习的重要场所,幼儿在园一日生活中不仅和环境发生着多种互动,而且还通过各种环境要素与同伴发生多种互动,比如借助幼儿园的户外活动器材、区域活动材料等与同伴共同游戏和学习。在异龄同伴互动中,环境同样为幼儿开展同伴互动提供了各种机会。对此,教师需要充分认识环境促进幼儿发展的作用,通过有意识地创设环境,让环境真正地起到支持异龄同伴互动的作用,具体而言主要包括以下几种策略。

首先,环境分层设置策略。为了让环境能真正地促进不同年龄幼儿的发展,需要考虑环境在教育要素的体现和逻辑层次上能否满足不同年龄幼儿的需要。幼儿园管理者和教师最常采用的方式就是创设具有不同功能和不同层次的活动区域,如把大的活动室分为若干活动区,每个活动区除了根据传统的活动区域投放不同的活动材料外,还在材料的教育功能和结构化程度方面体现出一定的层次性,以满足不同幼儿的需要。活动区中可提供高结构和低结构搭配的活动材料,既有年幼幼儿喜欢的布娃娃、机器人等玩具,也有适合年长幼儿的图书、拼插玩具等。在家具陈设和布置方面,要考虑不同年龄幼儿的实际身体特点,尺寸可以有一定差异,方便不同身高的幼儿使用。

其次,主题环境活动策略。依托幼儿园已有的一些功能区创设相对稳定的环境,并结合幼儿园一日生活的不同环节,开展不同的主题活动。比如依托生活区开展穿衣服、系鞋带、整理床铺等活动;依托美工区开展师幼共同装饰环境的活动;等等。教师依托环境给幼儿提供各种与活动主题相关的材料,组织相应的活动,引导不同年龄幼儿围绕各种材料,互助合作、共同探索,寻找相关问题的解决途径。比如在混龄教育活动"我爱我的幼儿园"中,活动的主体是大班幼儿和小班幼儿,教师通过联系幼儿园其他的工作人员,明确参观的时间和内容后,对幼儿提出明确的活动要求,如:"今天请哥哥姐姐当小向导,带弟弟妹妹参观我们的幼儿园,看看幼儿园里有哪些好玩的地方、有哪些为我们服务的人。"每到一处,都要提醒大班幼儿为小班幼儿介绍园所环境和工作人员,既强化了大班幼儿的责任意识,又丰富了小班幼儿的经验。

再次,家园环境拓展策略。幼儿园要保证办学质量与效果,做好家园工作是关键。在混龄教育活动开展过程中,需要获得家长的支持和理解,从而为幼儿提供更全面、更广泛的支持。家长的支持与理解,能够为幼儿园各项教育活动提供有效支持。其中，让家长参与到幼儿园的日常教学中，是支持异龄同伴互动的重要举措。对此，可以从以下几方面为异龄同伴互动创设良好的家园环境：一是幼儿园可以通过宣传栏、家长会、开放日、网络等多种形式和渠道同家长展开沟通与交流，让家长了解幼儿园混龄教育活动中幼儿同伴互动的过程和价值，从而得到家长的支持；二是通过家长会、开放式研讨会等多种形式，邀请家长积极参与幼儿园混龄教育活动的设计和规划，共同研究和设计有利于促进异龄同伴互动的活动方案，并制订家园合作共同促进异龄同伴互动的计划，如幼儿园牵头组织户外混龄游玩活动，增加不同年龄幼儿之间的互动机会；三是帮助家长理解异龄同伴交往对幼儿成长的意义，以及成人在促进幼儿同伴交往特别是异龄同伴交往中的作用，懂得如何参与不同年龄幼儿的交往活动，以促进幼儿的社会性发展。

（二）异龄同伴互动诱导策略

不同年龄幼儿由于社会认知和社会交往能力之间的差异，在发起并维持有意义的同伴互动方面往往存在诸多不足，因此，教师除了为异龄同伴互动提供多种机会，还应该有意识地诱导，具体而言包括以下几个策略。

首先，互动规则指导策略。无论是哪个年龄段的幼儿都或多或少会表现出一定的自我中心，这导致不同年龄的幼儿在与他人互动的过程中，对他人意愿的分析和判断常会出现失真，特别是对于年幼幼儿而言，由于自我中心还很明显，往往难以与他人进行有效的交往互动。对于年长幼儿而言，虽然人际交往能力已有一定的发展，但在与年幼幼儿互动时，面对年幼幼儿的一些问题或行为时也不知道如何给予适当的帮助。因此，为了保证异龄同伴互动的效果，同时鉴于教师对于幼儿往往是一种"权威"的象征，对幼儿的示范和影响作用非常大，由教师介入异龄同伴互动，就幼儿不正当的互动行为进行规范引导，帮助幼儿理解并习得合理有效的互动规则，就显得十分重要。教师可以设计具有一定规则的活动或任务，有意安排不同年龄的幼儿围绕任务进行合作与互动，让幼儿在围绕规则进行活动的过程中，也习得相关的交往策略和规则。

其次，情境诱导策略。幼儿之间的互动是基于特定的情境的，在不同的情境中幼儿互动的目的、内容等都会有差别。已有的研究证明，幼儿在一个包含多种活动材料的环境中，往往能够基于活动材料产生各种交往行为。在幼儿园日常教育环境布置中，教师和幼儿都是环境创设的主要参与者，尤其是教师往往会根据幼儿园的教育目的和特定时期内班级的活动目标,有目的地对环境进行布置,由此潜在地为幼儿基于环境展开相应的交流互动提供条件,以尽量激发幼儿互动的动机。比如可以在图书角开展适合不同年龄幼儿参与的读书活动,基于各种体育器械和玩具开展混龄体育活动等。需要注意的是,要真正发挥环境对异龄同伴互动的促进作用,除了材料的内容、丰富性、可操作性等方面要尽可能地激发不同年龄幼儿之间的互动,也要通过具体的指导促进不同年龄幼儿的共同探索与合作。

(三)交往行为引导策略

幼儿各项社会交往技能的获得主要是后天的。如前所述,不同年龄幼儿在自发的交往活动中所采取的交往策略和技能还不成熟,同伴互动的水平还比较低。为了引导幼儿之间多进行有意义和深入的互动,教师必须为幼儿提供强有力的支持。这主要包括以下几个策略。

首先,观察辅助策略。不同年龄幼儿在互动的过程中会出现各种交往问题,这些问题实际上蕴含着幼儿学习与发展的契机,比如学会站在他人角度思考问题、和他人协商等。教师如果能及时把握这些契机所蕴含的教育价值,并提供及时的支持和引导,将幼儿面临的问题或冲突转变为支持幼儿发展的契机,就能帮助幼儿突破成长的"认知结",在原有的基础上获得更好的发展。因此,教师应基于对幼儿认真仔细的观察来提供相应的支持,具体而言是要全面了解异龄同伴互动中冲突或问题产生的具体情境,把握不同年龄幼儿实际的发展水平和幼儿的具体需求,然后通过创设相应的问题情境、进行公开讨论等多种方式,帮助幼儿理解同伴交往的各种规则,进而提升幼儿有效交往的能力。

其次,直接介入策略。在很多时候,异龄同伴互动过程中会面临很多需要马上解决的问题,否则就会影响活动的正常进行。这就需要教师的及时介入,但不是简单地向幼儿灌输相应的解决问题的技能和方法,而是在尊重幼儿的主体性以及把握恰当的介入时机与方式的基础上,给予幼儿适宜的指导和相应的支持。具体而言,一是直接的陈述式语言指导。教师针对幼儿的交往问题,直接告知幼儿该如何做。二是间接的启发诱导式语言指导。教师在观察到幼儿面临交往互动问题时,为幼儿提供暗示性的建议,如通过提问式的语言,引导幼儿注意解决问题的可能途径或自身没有注意到的信息,鼓励幼儿充分发挥自身主动性,寻找解决问题的最佳方法,而不是直接告诉幼儿解决问题的答案或方法。

再次,经验迁移策略。幼儿由于社会经验有限,最初掌握的相关知识经验带有很大的局限性和情境性,难以脱离具体情境来运用。这种对情境的依赖,随着幼儿年龄的增长以及社会经验的丰富而逐渐减弱。异龄同伴互动过程中,同一情境下不同年龄幼儿所使用的交往策略不仅存在较大差异,而且还有可能彼此冲突。因此,教师需要在幼儿获得相关交往经验后,注意引导幼儿将经验迁移和延伸到类似的情境中,从而提升幼儿解决问题的能力。具体做法大致有两种:一是情境体验法,即为幼儿提供相似的问题解决情境,让幼儿在真实的问题情境中尝试探索合作的技能、问题解决策略,并不断增加情境的多样性、不断迁移相关经验。如在活动"爱护环境卫生"结束后,教师可以启发年幼幼儿思考:"小朋友在哥哥姐姐的家里做客时,这么爱护他们的家。如果大家在公园游玩时,该怎么做呢?"二是案例概括法,即引导幼儿认真思考在相似情境中应该如何更好地与他人交往后,鼓励幼儿再思考还有哪些情境应该注意类似的问题,并通过游戏等方式对这些经验加以强化。

第四章　幼儿园一日活动中的混龄教育与环境创设

简单地讲，幼儿园一日活动就是幼儿在园一天的生活与学习。幼儿园作为幼儿成长、生活的主要场所，在园一日活动构成了幼儿成长的主要内容。由于幼儿园本身是一个带有明确的教育意图并包含各类特定的教育因素的场所，因此幼儿在园一日生活受到各种教育因素的影响。这种影响是幼儿在幼儿园之外的其他场所或情境中所没有的。基于幼儿园这种特性，有针对性地开展各种活动，能够有效地提高幼儿园的办学质量，促进幼儿的全面发展。鉴于幼儿园一日活动的重要性，教师和管理者大多十分重视对幼儿在园一日活动的合理安排，不但要保证各个活动环节能满足幼儿身心发展的需要，而且还要尽可能地丰富各类教育因素，以更好地促进幼儿的成长。混龄教育活动的发生也是基于这样一个背景，那么，如何更好地将混龄教育活动的开展渗透到幼儿园一日活动中、更好地满足幼儿成长的需要，就成为一个非常值得探讨的话题。

本章从幼儿园一日活动的设计与规划、组织与实施着手，分析幼儿园一日活动中的混龄教育的组织与实施流程，并提出相关注意事项、操作原则和指导策略。同时，鉴于环境是幼儿成长所依赖的重要元素，为了充分发挥环境对混龄教育的支持作用，本章还从幼儿园环境创设的主要内容、一般过程、具体方法以及环境评估等方面，探讨幼儿园环境创设的意义。

第一节　一日活动中混龄教育的设计与规划

一、一日活动中的混龄教育环节

(一) 幼儿园一日活动的基本环节

幼儿园一日活动的基本环节包括晨间接待、教育活动、自由活动、喝水、盥洗、进餐、午睡、起床、游戏与体育活动、离园等。一些活动环节如教育活动、游戏与体育活动等带有十分明显的教育特征，常常需要教师提前进行精心的设计与规划，内容和指导策略上的变化较大；另外一些活动环节如喝水、盥洗等则为自然的生活内容，并不总是需要教师提前设计，在活动内容和指导策略上变化也不大。因此，幼儿园一日活动的各个环节并不总是具有同等的教育价值和意义，但对幼儿的健康成长而言均十分重要，并且对幼儿和教师有着特定的教育要求。

1. 晨间接待

一般的晨间接待是指在幼儿早晨入园时，教师给予幼儿相应的帮助和指导，使幼儿快速融入集体生活，积极地开始一天的生活和学习。具体而言，晨间接待对幼儿和保教人员提出了一系列要求。

对幼儿的要求：（1）幼儿衣物要整洁，入园时情绪愉快，并能有礼貌地和教师、同伴打招呼。（2）入园即能快速、积极地投入晨间活动中。

对保教人员的要求：（1）在幼儿入园前要做好活动室内外的清洁工作，注意开窗通风。（2）个人要以热情、亲切的情绪状态面对幼儿，并向家长询问幼儿在家的情况，听取家长的意见和要求，做好个别幼儿的衣物、药物交接工作。（3）早操前十分钟，协助幼儿收拾整理玩具、材料，做好参加早操活动的准备。

2. 教育活动

教育活动即围绕特定的教育目标和方案专门组织的活动，一般小班为10～15分钟，中班为20～25分钟，大班为25～30分钟。

对幼儿的要求：（1）活动前，幼儿的情绪要逐渐转入安静状态。（2）在教师的指导启发下，能逐渐养成动手、动脑和手脑并用的习惯，积极主动地

第四章　幼儿园一日活动中的混龄教育与环境创设

思考，大胆地表达与尝试。

对保教人员的要求：（1）做好教育活动前的准备工作，如活动场所的布置、材料的准备等。（2）通过多种策略和方式保证教育质量，具体而言：①要根据各年龄段幼儿的特点安排活动时间和内容，包括能正确、全面地贯彻各项园所教育工作原则，灵活运用多种教育形式和方法，突出教育重点，妥善解决教育难点，富有创造性地开展各项教育活动；要注意观察、了解幼儿的特点和状况，并有针对性地进行不同层次的指导；教育活动要以幼儿为主体，面向全体幼儿，在引导幼儿充分运用各种感官动脑、动口、动手学习的同时，注意激发幼儿学习的积极性、主动性和创造性。②要注意在教育过程中对幼儿进行启发性指导、随机教育、个别教育。③注意保存幼儿的学习成果和作品，如绘画、手工等作品要注明幼儿姓名、班级、日期、主题。④及时检查教育活动效果，活动结束后要记录和分析幼儿的学习情况和活动成功或失败的原因，以总结经验、积累资料，不断地改进教育方法，提高教育水平。（3）注意培养幼儿正确的坐、立、行姿势和握笔姿势，保护幼儿的视力。

3. 自由活动

自由活动即让幼儿借助园所现有的环境和活动材料，自由选择相应的材料进行的活动。

对幼儿的要求：能愉快地参加自己喜爱的游戏活动、体育活动或其他活动，并通过活动获得积极的情绪体验。

对保教人员的要求：（1）尽量让幼儿到户外自由地参加各种有益的活动，并注意观察幼儿在活动时遇到的问题和困难，适时给予指导和支持。（2）幼儿活动时应处在教师的视线范围之内；教师应注意幼儿的安全，做好预防工作。

4. 喝水

对幼儿的要求：（1）要懂得用自己的口杯喝水，喝水时不说笑、不打闹。（2）能自觉地珍惜水资源，喝水完毕，口杯要放回原处。

对保教人员的要求：（1）在幼儿喝水之前要对口杯进行消毒，每个幼儿的口杯应放在口杯柜中固定的地方，方便幼儿拿取。（2）幼儿需要喝水时，应随时提供；应保证随时有饮用水，并及时提醒幼儿喝水。

5. 盥洗

对幼儿的要求：（1）盥洗时不拥挤。（2）学习掌握洗手、洗脸的顺序和方法。(3) 自觉遵守盥洗规则和方法。

对保教人员的要求：(1) 做好盥洗前的准备工作。(2) 根据幼儿园盥洗用具的实际情况，组织幼儿分批盥洗。(3) 教给幼儿或提醒幼儿洗手、洗脸、涂抹护肤霜、梳头的顺序和方法。(4) 提醒幼儿遵守盥洗规则，认真地洗净手、脸。

6. 进餐

对幼儿的要求：(1) 愉快、安静地进餐，逐步掌握独立进餐的技能。(2) 进餐时不大声讲话，不随便说笑打闹。(3) 正确使用餐具。(4) 逐渐养成进餐的文明行为、习惯。

对保教人员的要求：(1) 进餐前半小时安排幼儿有序地活动。(2) 进餐前十五分钟提醒幼儿收拾玩具，放好椅子，准备进餐。(3) 领取和分发食物，掌握与登记每餐主副食的领取量、幼儿实际进食量和剩余量。(4) 组织洗净手的幼儿进餐；营造愉快、安静的进餐气氛，使幼儿情绪安定，积极进餐。(5) 进餐时保教人员要注意观察，精心照顾幼儿，轻声、和蔼地指导和帮助幼儿掌握进餐的技能，培养幼儿养成文明的进餐行为、习惯，提醒幼儿吃完自己的一份饭菜；进餐时，不拖地、不扫地。(6) 及时送回碗筷，收拾餐桌，清扫地面；消毒擦嘴毛巾、漱口杯。

7. 午睡

对幼儿的要求：(1) 午餐后散步、如厕，不高声讲话或嬉笑喧闹，进入寝室时脚步放轻。(2) 中大班幼儿自己摆好枕头、拉开被（毯），按顺序脱去外衣裤，并折叠整齐放在固定的地方，鞋放在床下。(3) 早醒的幼儿可安静活动，不出声响，不影响别人。

对保教人员的要求：(1) 在幼儿就寝前半小时，开窗通风；在冬季，幼儿入室就寝时应关闭窗户。(2) 小班幼儿由教师帮助放好枕头、拉开被（毯），脱、叠衣物。(3) 不断巡视，发现幼儿神色异常应及时报告与处理。(4) 随时注意保持室内空气清新，天暖无风时可打开窗户，拉上窗帘，但应避免对流风吹在幼儿身上。

8. 起床

对幼儿的要求：(1) 按时起床，掀开被子，按顺序穿衣服。(2) 学习整理床铺。

对保教人员的要求：(1) 帮助幼儿掌握与执行起床、穿衣、整理床铺等一系列常规和要求。(2)注意观察幼儿的精神状态、皮肤状况、呼吸频率等，发现异常情况及时与医务人员联系。(3)逐个检查幼儿服装、床铺是否整齐，提醒收拾整齐的幼儿如厕。

9. 游戏与体育活动

对幼儿的要求：(1)兴趣浓厚，活泼愉快。(2)和教师共同做好活动前的准备工作。(3)在教师指定的场地内游戏，游戏时不乱跑，不喊叫；在室内说话、动作轻；使用场地要与同伴协商，互相照顾；选择一种游戏后要认真地玩，可以变换游戏，但不能妨碍他人，未经同意不得插手他人的游戏。(4)会正确使用玩具，爱护玩具，会收放玩具。(5)遵守游戏规则，在游戏中遇到问题会开动脑筋，思考解决问题的方法并着手解决；充分发挥自主性、积极性和创造性。(6)在体育活动中，注意力集中，遵守规则，巩固和提高动作技能，能积极主动地参加体育活动。(7)活动结束能主动收拾玩具、材料（小班幼儿在教师的带领下收拾玩具，中班幼儿在教师的帮助下学习独立收拾玩具，大班幼儿独立收拾玩具），过渡至下一环节。

对保教人员的要求：(1)不占用幼儿游戏时间。(2)为幼儿创设良好的环境，提供必要的场地、材料，保证游戏与活动的顺利开展。(3)各项活动的具体要求与安排：①体育活动：早晨、教育活动后、午后均可安排。②游戏活动：早晨、教育活动后、午后均可安排。③劳动：早上来园后、教育活动后、午后均可安排，有时可与散步、观察认识等活动结合在一起进行。在一日活动中，应给幼儿安排自主活动的时间，让幼儿按个人意愿和兴趣，自主选择有益的活动，允许他们自主结伴、自主交谈、自主活动。(4)对幼儿游戏和活动的具体组织与指导：①各种游戏与活动安排在一日计划中，注意动静结合和室内外活动交替，面向全体幼儿，注意个别差异。②在活动中，认真仔细地观察幼儿的活动和表现，深入了解幼儿，以便有针对性地进行教育，但不能干扰幼儿的游戏活动。③在活动中要体现全面发展的任务与要求，促进幼儿身心和谐发展。④注意安全。(5)认真分析和记录活动效果，不断积累资料。

10. 离园

对幼儿的要求：愉快地离园回家，带好回家物品，有礼貌地同教师、同伴告别。

对保教人员的要求：(1)离园前，教师与幼儿进行简短谈话，同他们一起回顾一日生活，表扬好人好事；对他们进行安全教育和礼貌教育，提醒他们回家的注意事项。（2）离园前检查幼儿仪表是否整洁，提醒幼儿带好回家的用品。（3）离园时，可进行与家长的沟通工作，向家长介绍幼儿在园情况，对未被及时接走的幼儿应组织适当活动等待家长来接。（4）离园时，要防止幼儿走失或被不认识的人带走。（5）幼儿离园后，要做好活动室的清洁工作、关好门窗。

综上所述，幼儿在园一日生活包含了幼儿生理保健、卫生习惯、情感态度、认知发展、人际交往等多方面内容。不同的内容不仅包含不同的教育意义和幼儿发展要求，而且对教师及相关专业人员的要求也不同。有些环节看起来仅仅是幼儿吃喝拉撒睡等"小事"，但这些"小事"往往也蕴含着各种教育契机，其中一些情境和时机特别适合利用不同年龄幼儿之间的发展差异和交往特点开展相应的教育活动，有效提升幼儿园教育的效果。

（二）一日活动中的混龄教育环节

幼儿园一日活动中的各个环节包含了对幼儿在认知、社会交往、情感等多方面的要求。一些活动环节比如穿衣、进餐、午睡等，幼儿相关经验的习得和生活常规的掌握，常需要他人细心的指导和示范，其中同伴间的模仿和观察是一个重要途径。由于不同年龄幼儿之间具有强烈的模仿学习倾向和意图，所以除了在一些正式的教育活动和非正式的集体活动中适合开展有针对性的混龄教育活动外，在幼儿一日活动中还有一些看似平常的生活场景和内容也适合开展混龄教育活动，这里就其中几个活动环节进行分析。

1. 晨间接待环节的混龄教育

一般的晨间接待，主要是对幼儿园保教人员提出相关要求，比如事先做好环境的卫生保洁工作等，但除此之外还应让幼儿感受幼儿园轻松的氛围、快速融入集体生活。比如，对教师而言，要询问幼儿在家的表现，观察幼儿的情绪并及时进行必要的疏导，要求幼儿掌握必要的礼貌礼仪等。这些活动除了可以由教师组织开展外，也可以由幼儿参与一起完成，特别是在涉及较为简单的生活常规、行为规范和简单信息传递等内容时，就可以由幼儿参与完成。比如，早上入园时，安排幼儿做"小迎宾"，让一些幼儿充当迎接家长和幼儿来园的值日生，和教师一起站在门口欢迎入园的幼儿。这些幼儿一般是年长且性格开朗、社会交往能力较强的幼儿，他们礼貌地与家长和小朋友打招呼，会给年幼幼儿带来示范效果，从而引导年幼幼儿向其学习。又如，一些幼儿园安排幼儿当"小小天气预报员"和"小小广播员",让幼儿播报天气信息或幼儿园当日的重要事务。需要注意的是,晨间接待环节往往人员流动量较大,要注意幼儿健康防疫和安全保障,避免幼儿接触带有病菌的物体或人员。

2. 盥洗活动中的混龄教育

盥洗是幼儿在园生活的一项重要内容。这一活动环节既包含对幼儿卫生保健的要求,也包含对幼儿生活自理能力、行为习惯、生活常规等的培养。目前在幼儿园教育中,幼儿学习盥洗行为更多的是通过教师直接指导和示范的方式,同时辅以各种形象、生动的教育方式,如学习儿歌、播放洗手动画、张贴洗手示意图、开展洗手游戏等。在具体的指导和示范过程中,教师与幼儿同伴所起的作用是类似的,就是为幼儿提供可供参考的学习模板,这为在盥洗活动中渗透混龄教育提供了机会。除了盥洗技能的习得,教师还可以在盥洗秩序的维持、盥洗习惯的养成等方面开展适当的混龄教育活动,让年长幼儿为年幼幼儿示范盥洗的步骤,或担任维持秩序的"提醒者"和"帮助者",帮助年幼幼儿遵守盥洗的秩序,养成及时盥洗的习惯。

同样需要注意的是,盥洗室有时会成为幼儿互动的特殊场所,他们或怀着游戏的心态来玩水,或为逃避教师的约束来此玩耍。对此,教师要注意及时调整盥洗的节奏和幼儿之间的搭配。此外,在不同年龄幼儿互动过程中,年长幼儿可能会出现因技能或策略的缺乏而难以有效指导年幼幼儿的情况。对此,教师要提前对年长幼儿进行必要的"培训"和"指导",比如指导年长幼儿有步骤地、耐心地示范正确的洗手步骤,或有意在公共场合强调年长幼儿的良好生活习惯等。

3. 午睡环节的混龄教育

午睡是幼儿园一日活动的重要环节。午睡质量的好坏直接影响着幼儿的生长发育、身体健康、学习状况。因此,根据幼儿的生理特点,在幼儿经过上午半日活动后,安排适当的午睡时间非常有必要。然而,在幼儿园经常可以看到这样一些现象:有的幼儿在床上像热锅上的蚂蚁,翻来覆去,经过教师反复提醒和纠正后依然无法入睡,在下午活动环节却精神不振;有的幼儿则抬头东张西望、自言自语,并不停地做一些不良的动作,如咬被角、撕棉絮、挖耳鼻、玩弄小物件等,如果教师不加注意则可能发生窒息等意外事故;有的幼儿午睡会发生梦惊等行为;有的幼儿到了起床时间却赖床、不想起来;

等等。如果午睡活动缺乏必要的午睡管理常规，那么午睡就会成为幼儿的负担，也会成为教师的包袱，给幼儿和教师都带来沉重的压力。因此，如何减少幼儿午睡中存在的不良现象，提高幼儿睡眠的质量，引导幼儿养成午睡习惯和遵守必要的午睡常规，就成为幼儿园工作必须重视的问题。

一般而言，午睡习惯的养成是个长期的过程。这不仅仅是引导幼儿掌握某些简单的规则，更重要的是让幼儿体会良好的生活习惯对自身成长的价值和意义。由于年长幼儿对年幼幼儿常起到较强的示范作用，因此午睡环节可以利用年长幼儿希望在年幼幼儿面前树立榜样、做好哥哥姐姐的心态，适当安排不同年龄幼儿一起午睡。在具体操作过程中，教师可以提前强调午睡的相关要求，让年长幼儿示范正确的入睡姿势、衣物摆放方式等。年长幼儿在扮演教师"助手"的过程中，能够强化对相关规则的认识，自觉规范自我行为，为年幼幼儿做出可供学习的典范。同时，因为不同年龄幼儿会相互观察和模仿，所以不同年龄的幼儿都能迫于群体压力，从内心萌生相应的自律自觉意识，在教师的鼓励和表扬下，幼儿自我规范、自我约束的积极性和动机就能得到强化，从而更易养成良好的午睡习惯。

4. 起床环节的混龄教育

起床环节涉及很多生活自理能力的习得，不仅关系到幼儿良好生活习惯的养成，还关系到幼儿自信心的培养和动手能力的提高。如技能方面，包括如何叠衣服、整理床铺、有序穿衣等；自信心方面，包括克服对成人的依赖、乐于自己动手解决问题等。幼儿园一日活动中，教师常有意识地指导幼儿学习如何穿衣、整理床铺等。如果是同龄幼儿，由于在理解能力、动手能力等方面相近，教师指导的策略就相对单一，一般多采取面向全体幼儿集体示范的方式，比如教师在幼儿面前演示叠衣服的步骤，然后让幼儿模仿。这种演示活动更多的是让幼儿获得某些生活自理的技能，而实际上在习得相应能力的过程中，幼儿在社会性、情感等方面也应有相应的发展。特别是需要让幼儿在亲自动手操作的过程中，体会劳动、助人和自我成长的快乐，强化他们对自我的积极认同。对此，最常采用的方式是让幼儿有意识地去观察和模仿同伴，从中积累相关的经验。具体而言，主要是利用不同年龄幼儿之间的能力差异，根据不同年龄幼儿的"最近发展区"，有针对性地提出不同的发展目标，并进行有相应的指导，特别是引导年长幼儿基于自身刚刚形成的经验，通过为年幼幼儿提供帮助的方式巩固自身经验。

需要注意的是，在利用起床环节开展混龄教育活动时，应考虑不同年龄幼儿之间的比例。年长幼儿不能过多，一方面避免因年长幼儿过多而增加教师协调和管理的负担，另一方面也避免因年长幼儿之间存在较大的发展差异，在具体的行为示范时把一些个人不好的习惯展示给年幼幼儿。此外，除了要引导年长幼儿担任教师的"助手"，为年幼幼儿提供一定的有针对性的指导外，也要鼓励年长幼儿适时担任示范的"主角"，如向年幼幼儿展示正确的穿衣顺序等。这不仅能巩固年长幼儿已有的良好生活习惯，还能激发他们的荣誉感和成就感，增强他们的自信心；而年幼幼儿通过对年长幼儿的观察和模仿，不仅能获得相关方面的经验和能力，而且也能通过横向的比较以及与他人的持续互动、沟通，意识到自己的能力，明确自己的成长方向和目标，从而强化主动学习的积极性和动力。

二、一日活动中混龄教育开展的基本原则

在一日活动中开展混龄教育，教师往往会因为不同年龄幼儿之间的年龄差异和心理差异，在活动过程中面临更多需要关注的细节和问题。一些活动环节，如果换作同龄教育可能会较为容易指导，但如果是混龄教育，教师就需要在教育目标定位、教育策略选用、活动内容组织等多个方面进行更为精细的设计和策划，且在具体的实践过程中还应遵循以下原则。

（一）客观中立原则

学前儿童作为蕴含无限发展可能的特殊群体，不同年龄的幼儿有着相对特殊的发展需要。这些发展需要不仅具有阶段性特征，而且还相互关联。比如幼儿人际交往技能的发展，年幼幼儿更多地采取平行互动，但开始出现交往互动的萌芽，而年长幼儿则开始进行较为深刻的交往互动。在不同年龄幼儿之间往往存在着相互交叉的"最近发展区"，即年幼幼儿的发展目标往往构成了年长幼儿的发展基础。因此教师在组织活动时，必须对幼儿的这种发展特点保持客观中立的态度，既不能以年长幼儿已有的发展状态来要求年幼幼儿，也不能把年幼幼儿和年长幼儿看成两个完全不相关的特殊群体，并进而采取完全不同的教育策略或方式，而应该客观看待年长幼儿和年幼幼儿之间的发展关联，从中寻找能同时激发不同年龄幼儿成长动机和愿望的关键时机与事件。比如在午睡环节，当教师面对自制力和意志力都相对薄弱的年幼幼儿时，如果强行将午睡的规则灌输给幼儿，有时并不能取得很好的效果，但

若根据他们喜欢观察、模仿年长幼儿及同伴行为的特点，适当地、有意识地为年幼幼儿提供一些积极的模仿对象，同时也借此机会巩固年长幼儿正在形成的积极的自我认同感，让年长幼儿通过这样一些活动逐步完善和巩固自身已有的积极经验，就能收到良好的教育效果。

（二）具体操作原则

鉴于学前儿童特别是低龄幼儿还处于具体形象思维阶段，对幼儿进行相关指导时，帮助幼儿建构经验是保证整个活动效果的关键所在。一日活动的很多环节如吃饭、穿衣等，包含不少具体的技能学习要求。教师简单的示范和"大带小"式的个别指导相结合，往往能取得不错的效果。需要注意的是，无论是教师具体的示范和指导，还是"大带小"的个别帮扶，都切忌简单地展示和进行单纯的技能训练，而应该让幼儿和同伴以及教师一起去思考、分析各种技能的关键，从而让幼儿真正获得有关技能的具体和形象的经验。比如穿鞋子时很多幼儿对左和右分不清楚，那么教师就可以让幼儿先体验左手和右手的区别，由此过渡到左脚和右脚的区别；在辨别哪只鞋子是左脚的、哪只是右脚的时候，则可以通过让幼儿试穿不同的鞋子，切身感受穿错鞋子的不适，从而增强他们对左右脚鞋子的区分能力；还可以培养幼儿在午睡前整齐摆放鞋子的好习惯，从而巩固他们对左右脚鞋子的区分经验。因此，除了通过让幼儿在具体操作演练的过程中感知相关技能习得的重要性以外，还要尽量让幼儿通过切身体验和具体操作，加强技能与幼儿日常生活经验的联系，从而丰富他们对相关技能的感性经验。

（三）及时巩固原则

学前儿童对各种经验特别是感性经验的接受能力强，但同时也存在长时记忆发展不成熟，有意记忆尚未充分发展，主要以无意记忆为主的特点。幼儿年纪越小，这种记忆特点越明显。日常教育活动中，教师普遍注重借助各种教育手段扩展幼儿的感性经验，同时也注重在活动各环节中让幼儿通过多种方式进行总结评价。不过，这更多地表现在正式的学习活动中，比如幼儿的区域活动、角色扮演活动、集体教育活动等，而在更接近日常生活状态的一日生活环节中，幼儿的很多经验是在无意中或者自发的探索过程中习得的。教师如何及时发现幼儿所获得的这些经验或者幼儿在这些活动中所采取的学习方式，帮助幼儿进行及时的巩固，就显得很重要。在混龄教育活动中，由于考虑到不同年龄幼儿的学习特点不同，在让幼儿对已有经验进行巩固的过程中，教师所采取的方式也应是有所区别的。以活动"特殊服饰的颜色"为例，主要的活动目标是让不同年龄幼儿对日常生活中一些常见颜色的作用有所认识，但具体到相关经验的巩固环节时不同年龄幼儿的活动目标并不一致：对小班幼儿的要求是将图片与服饰配对，中班幼儿负责纠正；对于中班幼儿的要求是能对颜色背后的实际用途进行讨论和分析。由此，小班幼儿是在感性经验的基础上，通过他人的帮助来强化已有经验；中班幼儿则是对已有经验进行进一步的归纳和分析，探讨背后所隐含的更为深层的意义。总而言之，在设计一日活动中的混龄教育活动时，要提前分析不同年龄幼儿面对同一活动主题的具体学习特点是什么，从而更好地设计相应的环节，帮助幼儿及时巩固已有的经验。

特殊服饰的颜色

活动目标

- 中班：认识几种特殊的服饰，进一步感受颜色在生活中的作用。
- 小班：知道几种特殊服饰的颜色。

活动准备

- 各种特殊的服饰，如军装、警服、白大褂、护士服（粉红色）等。
- 穿制服的医生、警察、消防队员等图片，含有特殊服饰内容的视频。

活动指导

1. 谈话引入：哪些人的衣服有固定的颜色？
2. 出示收集到的特殊服饰，组织中班幼儿带小班幼儿分组讨论：这些服饰分别是什么人穿戴的？这个职业的职业服为什么要选择这种颜色？
3. 请小班幼儿将图片与服饰配对，请中班幼儿帮助纠正。
4. 观看含有特殊服饰内容的视频，了解不同行业中的特殊服饰。

（四）直接指导与间接指导相结合的原则

在幼儿园同龄教育中，教师常常采用直接指导与间接指导相结合的教学方式，目的是针对幼儿的学习与发展特点，既要保证幼儿能积极、主动地学习，同时也要保证幼儿能够在教师及时、有目的的指导下获得经验和形成各种习惯。幼儿园一日活动中的混龄教育，往往有着固定的活动环节和流程，如在特定的时间段吃饭、穿衣、盥洗等，幼儿对此已经有了一定的经验。幼儿需要的是在这些环节应熟练掌握的生活能力。不同年龄的幼儿要获得生活能力，教师的具体要求和指导方式就要有所差别。教师在具体的操作过程中需要把握好直接指导和间接指导的度，尽量使不同年龄的幼儿在学习的自主性和积极性得到激发的同时，在发展的关键节点也能得到教师及时的支持。具体而言，教师首先应该尽可能提供给幼儿自主选择同伴和时间的机会，保证幼儿在某些活动阶段里有可供自己支配的时间，培养幼儿对自己负责、自主构建相关经验的能力。如在吃饭环节，教师应注意发挥年长幼儿良好进餐习惯的示范作用，留给年幼幼儿观察、模仿、练习的时间，并鼓励幼儿自行养成良好的饮食习惯，切忌直接包办。另外，由于不同年龄幼儿的发展差异较大，完全采用相同的指导方式，强调对幼儿进行统一的指导，容易造成对不同幼儿发展差异特点的忽视，同时容易造成部分幼儿在过渡环节消极等待。对此，教师应安排幼儿与异龄同伴结对，或通过分组活动的形式，为幼儿在过渡环节做好服务，如可在盥洗排队环节，用"大带小"的方式让幼儿开展做洗手操、唱洗手歌、玩手指舞等活动。

三、一日活动中混龄教育开展的主要策略

（一）操作演示法

鉴于学前儿童的思维具有具体形象的特点，在对不同年龄幼儿进行教育时，教师应尽量采取直接感知认识对象的方法，主要就是操作演示法。操作演示法是教师在教育活动中通过展示各种实物、模型等直观教具，指导幼儿通过观察获得丰富的感性认识的方法。演示的方式有很多种：按照演示的教具可分为实物或标本或模型的演示、图片或图画的演示、实验类型的演示等；按照演示的内容和特点可分为单个物体或现象的演示、对事物发展过程的演示等。

在一日活动中，有些活动包含了特定的技能练习，活动的内容和材料一般是既定的，比如午睡后的穿衣环节，教师所选用的示范衣物应是幼儿日常生活比较熟悉的衣物款式，并且随着季节的不同而改变。教师在具体实施操

作演示的过程中,需要做到以下几点。

一是为了更好地面向所有幼儿展示,并且易于为不同年龄的幼儿理解,演示前教师要根据演示的内容选择合适的演示物品,比如恰当的衣物等,做好演示准备。

二是演示时要尽量使所有幼儿都能清楚地看到教师的演示过程,对此可以采用半环形的座位布置,也可以采取"大带小"的方式,让年长幼儿根据教师的演示"一对一"或"一对多"地面向年幼幼儿演示。

三是演示过程中应该随时对不同年龄幼儿的模仿操作过程给予关注,及时发现幼儿特别是年幼幼儿的问题,但教师要避免马上直接给予纠正,而是应充分利用不同年龄幼儿之间的模仿和观察,引导年长幼儿为年幼幼儿提供相应的帮助。

四是演示时要尽可能调动幼儿多种感觉器官的参与,注意引导幼儿按照自己的方式操作,提醒幼儿观察和总结相关经验,关注主要的问题;演示过程要适时,时间不宜过长而让幼儿感到疲倦。

五是演示的过程要与教师的讲解、谈话、个别指导等相结合,特别是要调动年长幼儿关怀与帮助他人的积极性,让他们同教师一起帮助年幼幼儿获得相关技能和经验。

(二) 游戏体验法

游戏体验法是教师让幼儿通过游戏的方式获得相关学习经验的方法。游戏是幼儿喜欢的一种活动形式,同时也是幼儿园一种主要的教育方式。当教师利用游戏进行教育时,往往能够最大限度地激发幼儿的学习兴趣和积极性,从而提高教育的效果。日常教育活动中常用的游戏类型有智力游戏、音乐游戏、体育游戏,在一些正式的集体教育活动中,游戏更多的是根据特定的活动目标所设计的,具体又受到活动内容的性质和具体要求的影响。

考虑到混龄教育中幼儿的游戏水平各有不同,在利用游戏体验法进行教育时,不仅要考虑不同年龄幼儿的游戏特点,同时还要考虑游戏体验法在不同活动中的具体运用方式。需要注意的是,无论教师如何利用游戏体验法开展活动,都要随时注意围绕相应的目标来组织活动,比如要让幼儿掌握叠衣服的技能和步骤,那就要充分利用游戏的趣味性,提高幼儿主动练习与掌握相应技能的积极性,避免过多强调技能技巧的训练,以免违背游戏本身的功能定位。教师在具体实施游戏体验法的过程中,需要注意以下几方面。

首先，注意对游戏体验法进行适当的取舍。尽管游戏体验法是一种有效的教育方式，但并不一定适用于所有的活动，特别是在一日活动中的某些环节，不宜采用游戏体验法直接组织相应的活动，但可以通过游戏体验法加深幼儿对相关内容的理解，提高幼儿主动学习的积极性。比如在练习正确洗手的方法时，教师可以利用与手指相关的儿歌，先组织幼儿进行手指表演游戏，让幼儿熟悉手指的功能和特点，再指导下一步的洗手动作练习。这一环节可以让已对相关内容掌握较为熟练的年长幼儿带着年幼幼儿进行。

其次，注意结合活动目标来设计游戏目标，有效发挥游戏的作用。一日活动的每个环节都有特定的教育目的，为实现这些目的可以采取各种各样的游戏形式。不过，在利用游戏来开展一日活动时要注意，既要通过游戏引起幼儿对活动的兴趣，又要避免游戏的无关情境分散幼儿的注意力，以保证幼儿的注意力能始终围绕活动的主题和目标。特别是在需要不同年龄幼儿之间的深度交往与互动的活动如早操等体育活动中，教师在组织相关的游戏时，首先要考虑不同年龄幼儿对游戏的偏好与掌握程度，如年幼幼儿对规则游戏的掌握程度要低于年长幼儿。教师应对游戏进行合理设计，保证所有幼儿都能参与活动的同时，还要将游戏的目标与活动目标紧密相连，确保发挥游戏寓教于乐的功能。

（三）观察探索法

当前幼儿园教育普遍强调要发挥幼儿学习的主动性，引导幼儿主动地观察、探索，自主地构建知识和经验。在一日活动的各个环节，不同年龄的幼儿常常要接触不同的学习内容并参与不同的活动，所采取的观察、探索手段也不尽相同。教师需要根据幼儿的身心发展特点，在明确不同年龄幼儿应掌握的观察方法的同时，还要注意激发不同年龄幼儿之间观察学习的动机，精心组织相应活动，引导幼儿通过观察、探索获得系统的经验和技能。教师在组织活动的过程中，要注意以下几方面。

首先，根据活动内容提前做好观察准备。教师要根据教育目标制订明确的观察目的，并充分利用幼儿园已有条件为幼儿提供生动有趣的观察对象，同时尽可能预先构想活动开展过程中可能面临的困难和问题，并以此制订周密的观察计划，设计安排好相应的观察活动。

其次，在活动开展的过程中，教师要向幼儿提出明确、具体的要求，并选择合适的方法来激起幼儿观察的兴趣。可引导幼儿在自由交流的基础上，鼓励不同年龄幼儿就发现的问题进行交谈。

再次，在幼儿观察的过程中，教师要敏锐地关注不同幼儿的反应，要以语言、动作等方式提醒幼儿集中注意力，同时还可以引导幼儿按照一定的顺序和步骤观察事物，鼓励幼儿用自己的语言来描述观察到的结果，并鼓励不同年龄幼儿之间进行分享和交流。

最后，观察结束后，可以让幼儿自主地探索或利用歌曲、绘画等方式，及时对获得的经验进行回顾和总结，以帮助幼儿巩固已获得的经验。

四、一日活动中混龄教育开展的主要内容

在一日活动中对幼儿进行体、智、德、美、劳等方面的教育，需要教师非常细致地投入，这在混龄教育中也不例外。一日活动中混龄教育的主要内容也基本上围绕上述几方面展开。与同龄教育的一日活动相比，混龄教育在教育内容、目标等方面基本类似，主要区别就是在内容的指导策略上要考虑不同年龄幼儿的身心发展规律和学习特点。具体而言，一日活动中混龄教育开展的主要内容包括以下几方面。

（一）开展健康教育

1. 主要内容

根据《纲要》中的相关内容，健康教育是一个大的概念，包括体育活动、卫生保健、习惯养成等。因此，健康教育的开展可以具体分为以下几方面。

首先，对幼儿进行安全与健康教育。学前儿童身心发展不成熟，体质敏感、免疫力低，对危险事物缺乏判断和识别，因此幼儿园一日活动的各个环节都需要教师随时留心幼儿的身体健康状况，敏锐感知幼儿可能面临的危险，并及时护理。例如，观察幼儿的饮食状况和精神状态，发现异常要及时询问、处理；在开展户外活动时，注意在科学研判不同年龄幼儿的活动能力的基础上，借助适当的器械开展活动，防止意外的发生；利用游戏、观摩等多种方式，提醒幼儿注意安全，并开展防火、防烫、防伤等教育，培养幼儿形成一定的自我保护能力；等等。

其次，对幼儿进行卫生常识教育。具体而言，就是培养幼儿形成良好的卫生习惯和生活自理能力：在个人卫生方面，根据不同年龄幼儿认知、动作发展的水平，引导他们养成保持着装整洁、身体清洁的习惯，掌握使用牙刷、毛巾、水杯等日常生活用品的技巧，养成不乱丢东西，整理和有序摆放物品

的习惯；在公共卫生方面，培养幼儿养成自觉维护公共环境卫生、爱护花草树木、不伤害小动物等习惯；在饮食卫生方面，不仅要帮助幼儿养成饭前便后洗手以及饭后漱口、擦嘴等习惯，而且要教会幼儿正确的饮食方式和技巧，帮助幼儿学会使用碗筷、细嚼慢咽等，同时鼓励幼儿多喝温开水，明白良好的饮食习惯同自身健康的关系等。

再次，开展丰富的体育活动。除了要保证幼儿每天必要的体育活动时间外，还要根据不同年龄幼儿身心发展的特点，科学安排体育活动的内容和节奏，既要避免对幼儿提出不恰当的活动要求，又要防止过度保护幼儿而减少幼儿的活动机会。另外，体育活动的内容也要尽可能丰富，在满足不同年龄幼儿活动兴趣的同时，也要为不同年龄幼儿之间的互动提供机会，如可以开展具有一定的规则、情节和角色的竞赛游戏（如老鹰捉小鸡），但要尽可能让不同年龄的幼儿都能够理解规则。

2. 注意事项

一日活动中的健康教育要求幼儿要掌握一定的生活技能和运动技巧，如洗手、使用筷子、攀爬等，而由于不同年龄幼儿在身心发展方面的差异，在对幼儿进行相关技能的培养时，需要注意以下几方面。

首先，在相同的活动环节针对不同年龄的幼儿要分别明确不同的技能练习要求，并采取更具针对性的指导策略。比如年幼幼儿的眼手协调能力和手指的灵活性还不强，在对幼儿进行饮食习惯培养时，需要分成更为精细的若干步骤，先从使用勺子开始，再逐渐过渡到使用筷子。在使用筷子环节，可以请年长幼儿示范和手把手帮助。为此，教师应对不同年龄幼儿生活技能发展的水平和目标有较为明确和客观的把握，以提供更具针对性的指导。

其次，技能练习环节所采取的教育方式可以是灵活多样的，但并不一定所有的教育方式都要直接指向技能的形成，一些活动可以用来激发幼儿学习技能的兴趣，从而提高幼儿技能练习的效果。一日活动中的技能练习并不是根本的目的，根本的目的是引发幼儿学习的兴趣，让幼儿乐于自觉、自愿地投入技能的习得中。如前面谈到的在幼儿练习如何正确洗手时，可以开展各种丰富的手指游戏、唱手指歌等活动。这些活动不仅能够促进幼儿对自身手指功能和特点的理解，而且还能够锻炼幼儿手指的灵活性，为幼儿学会如何正确洗手打下一定的基础。

再次，在技能练习时需要客观看待不同年龄幼儿之间的发展差异，要基于幼儿真实的发展水平采取有针对性的指导策略，避免单纯强调技能习得而忽视幼儿积极乐观的学习心态和动机的培养。年幼幼儿相比年长幼儿，由于生活经验的缺乏和身心发展水平的不成熟，在面对同样的技能学习时，往往需要更多的个别化指导。考虑到混龄班级组织管理的困难，教师可以充分发挥年长幼儿的作用，让他们充当教师的角色，有针对性地帮助年幼幼儿进行相关技能的练习。

最后，体育活动要注意顺序性、适宜性。不同年龄的幼儿在一起活动时，在身体素质等方面均存在较大差异，因此要注意结合不同年龄幼儿动作技能发展的特点和规律，注意在活动内容和要求方面遵循幼儿身体和动作发展的顺序，让幼儿适度锻炼。同时，还要注意在有序组织的基础上形成持续的一整套活动内容和方案，让不同年龄幼儿在各自"最近发展区"内获得持久的支持。

（二）实施系统的知识与智力教育

1. 主要内容

幼儿园一日活动中的很多环节不仅要求幼儿要形成良好的生活习惯和自理能力，还要求幼儿获得一些关于自然、社会的知识和经验，能够正确认识周围世界，在认知、语言等方面获得充分发展。具体而言，知识与智力教育主要包括以下几方面。

首先，引导幼儿认识日常生活中的常见物品，并了解它们的主要特点和功能。例如，在幼儿起床与就寝时，认识床铺、衣柜；穿衣服时，认识服装和身体的各个部位，分清身体的左右部位；盥洗时，认识水和盥洗用具，记住刷牙、洗脸的正确顺序；进餐时，认识多种食物，了解常见食物的名称和特点，明白常见食物对人体的价值；等等。总而言之，要充分利用幼儿一日活动中所能接触到的事物或现象，引导幼儿去认识和理解。

其次，引导幼儿主动观察和获取自然界的知识与经验，了解诸如花、草、树等植物，促进幼儿观察力、想象力、记忆力和思维能力等的发展。例如，可以组织专门的户外活动，带幼儿到幼儿园园地观察自然植物，收集有趣的自然物，也可以利用集体教育活动向幼儿展示特定的自然物体如动植物标本，或观看自然科学纪录片等，拓展幼儿对自然现象和事物的认知。

再次，引导幼儿注意观察和了解日常生活中的社会现象和事物，体会社会现象背后所隐含的意义，如可以让幼儿认识常见交通工具的名称、特点和具体功能，为幼儿提供进入商店、工厂等劳动现场观察人们劳动过程的机会，为幼儿讲解诸如红绿灯、危险物等警示标志的社会性含义，鼓励幼儿用自己的语言去描述所观察到的现象和事物，在提高幼儿表达能力的同时，引导幼儿通过归纳、总结的过程，形成对常见社会现象和事物的整体认识。

2. 注意事项

由于不同年龄幼儿在知识经验储备上往往存在较大差异，所以知识与智力教育活动的内容必须体现出一定的层次性和多样性，以使不同年龄的幼儿都能获得丰富的经验。因此，结合幼儿园教育活动开展的一般思路，通过将主题式的教育内容整合到一日活动中的各个环节，能最大限度地拓展幼儿的知识经验，比如盥洗环节，除了让幼儿掌握洗手的技能以外，与卫生保健、生理健康相关的其他内容都可以与盥洗活动整合在一起，形成一个大的活动主题，对幼儿进行全方位的教育。

考虑到混龄教育开展的复杂性，结合一日活动的主要环节，对幼儿进行智育时有必要考虑不同年龄幼儿特定的学习规律，以此明确相应主题活动的具体活动目标。比如围绕"洗手"进行教育时，可以开展有关细菌和疾病的教育活动，基本的组织形式可以是念诵儿歌、玩游戏等，以浅显易懂、生动形象的图片、视频、现场演示等多种方式，向幼儿展示讲究卫生的好习惯与身体健康的关系。

在开展这类主题活动时，最为主要的还是要事先明确不同年龄幼儿的学习目标，然后围绕这些目标尽量发挥不同年龄幼儿互动的优势，促进这些目标的实现。对于年幼幼儿，由于其日常生活经验的缺乏和思维发展的局限，所以应采用能调动起幼儿多感官参与的方式，重点在于让幼儿在活动过程中获得最为直接、积极的学习体验；对于年长幼儿，则可以适当地加入有较多思维活动参与、较为正式的学习活动，如对活动内容进行总结，采取小组讨论的方式总结观察到的现象，或者直接指导年幼幼儿开展相关活动，丰富和深化自身的已有经验。

（三）培养幼儿良好的道德情感

1. 主要内容

良好的道德情感的养成对于幼儿一生的发展至关重要。幼儿园一日活动的很多环节对幼儿不仅有生活技能和知识经验方面的要求，也有社会规则和道德情感等方面的要求。良好的道德情感的形成，对于幼儿实现真正的社会化尤为重要。因此，利用一日活动对幼儿进行道德情感教育就成为幼儿园教育的一个重要内容。

首先，对幼儿进行劳动情感教育。在一日生活中引导幼儿认识常见用具、玩具、食物、服装、家具等物品，理解保洁员、售货员等社会角色的同时，应该引导幼儿关注背后所蕴含的他人劳动，懂得珍惜、爱护他人的劳动成果。如可以从让幼儿知道饭菜来之不易的具体方面入手，引导幼儿爱惜粮食，不挑食，不浪费。同时还应该引导幼儿学会并乐于承担一些力所能及的劳动，比如洗手帕、分碗筷等，由此引导幼儿形成良好的劳动情感。

其次，引导幼儿融入集体生活，具有一定的集体荣誉感，懂得遵守集体规则，学会运用礼貌用语与他人打交道。对此，关键是教师要引导幼儿乐于参与集体活动，在对自己负责的同时，也能正确判断他人的需要。教师可以让幼儿担任一些为集体服务的角色，如充当值日生，提醒其他幼儿遵守集体规则，帮助他们逐渐养成愿意主动关心和帮助他人的良好习惯。

再次，在一日活动的环节中渗透有关国家和民族认同的教育，引导幼儿形成一定的民族自豪感。学前儿童的社会经验一般局限于与自身日常生活联系最为密切的部分，但与此同时也开始形成对国家和民族的初步、浅显的理解与认识。因此，可从幼儿在日常生活中易于观察到的社会现象，如升国旗及参与国庆节活动和中秋节活动等入手，开展有关传统文化、社会重大事件等方面的教育，以增进幼儿对国家和民族的理解与认识。

2. 注意事项

幼儿对社会规则的理解和道德水平的发展具有一定的阶段性特征，这种特征与幼儿的认知发展密切关联。因此，在一日活动中对不同年龄幼儿进行道德教育时，要考虑幼儿道德养成的特点。

首先，道德教育活动的形式要尽量灵活、生动，避免说教，可以采取游戏、表演、树立榜样等多种方式，尽量发挥不同年龄幼儿之间的模仿和示范作用，让幼儿对一些抽象的道德规则形成具体、形象的认识。比如可以对主动帮助同伴或教师的幼儿及时给予表扬，为其他幼儿树立正面的典范，特别是借助年长幼儿社会性发展较好的优势，让他们多为年幼幼儿树立积极、正向的榜样；还可以进行有关遵守交通规则、为老人让座等情境表演活动，让幼儿在模拟的情境中体会规则、互帮互助的重要性。

其次，根据科尔伯格道德两难问题的思路，对于认知思维已经有一定发展的中大班幼儿，可以适当地通过讲故事的方式，为幼儿制造道德认知冲突，从而引入对道德两难问题的讨论，让幼儿在讨论与交流自己关于特定的道德准则的看法过程中，对自身的道德认识进行反思和深化，从而提升幼儿对道德准则的认识。如可以引入幼儿园日常生活中的真实案例，组织相应的道德问题讨论，在不明确指出案例中具体人物信息的情况下，让幼儿借助集体讨论来分析不同道德判断和抉择可能产生的结果。

（四）对幼儿进行审美教育

1. 审美教育的内容

幼儿园美育不仅仅包含在正式的审美教育中，幼儿园一日活动中也包含诸多对幼儿进行审美教育的机会，这是因为幼儿最初的美感就是从日常生活中来的，比如井井有条的生活环境、温馨融洽的家庭氛围等。日常生活中的美是幼儿最常接触、最易感知的。从客观上讲，幼儿在园一日活动中随时随地都受到园所环境中各种美的元素的影响，如果将审美教育融入幼儿园一日活动中，引导幼儿有意关注日常生活中的美，如与他人交往时的语言美、行为美、仪表美或幼儿园内外的环境美等，将与幼儿日常生活联系密切的美的元素都纳入美育的内容，就可以提升美育的效果。具体而言，幼儿园一日活动中的审美教育包含以下方面。

首先，引导幼儿关注幼儿园内外环境中有意布置的艺术美。一般而言，幼儿园内外环境中的很多陈设与装饰，都是由教师或其他专业人员依据幼儿身心发展的特点有意设计的，无论是在色彩的搭配、装饰的内容，还是在各种设施的布置、空间的安排上，都包含着特定的教育意图。

其次，向幼儿传递积极、健康、乐观、向上的精神美。除了客观环境所包含的美，幼儿园教师和其他工作人员的言行举止和外表衣着等，也会对幼儿产生美的影响。因此，在幼儿园一日活动中，教师及其他专业人员在衣着上应朴素、大方、整洁，言行举止也要活泼、开朗，努力将成人言行举止中的美传递给幼儿，让幼儿在幼儿园生活中保持积极乐观的情绪。

2. 注意事项

由于不同年龄幼儿的认知特点和审美经验存在差异，所以教师在一日活动中进行审美教育时，应注意以下几方面要求。

首先，室内外环境中各种审美元素的布置除了要遵循一般的简洁、大方、美观、丰富的要求外，还要注意经常更换，以满足不同年龄幼儿审美能力发展的需要。比如可以张贴一些具有明显主题的图画，引导不同年龄的幼儿关注图画内容的变化，从中受到艺术熏陶；或者同时针对不同年龄的幼儿，在环境创设上按照从简单到复杂的顺序分别布置多种形式和内容的美术作品，其中，针对年幼幼儿的作品应注重以鲜明的颜色、简单的线条和突出的主题传递美的元素，针对年长幼儿的作品则应注重作品内容的丰富性。

其次，要尊重不同年龄幼儿对审美对象的不同感受、体验和表现。不同年龄幼儿面对相同的审美对象常会产生不同的审美感受，并且倾向于以自己的方式表达、表现。对此，教师进行审美教育时，在幼儿现有基础上对其进行相关技能的训练固然重要，但更重要的是要给幼儿自由表达的机会，让幼儿在审美活动中以自己的方式表达、表现。在审美教育中，应注意调节好教师有意引导与幼儿自由表现之间的关系，教师切忌以自己的感知代替幼儿的感知、以自己的审美要求对待不同年龄的幼儿。

再次，要注意幼儿积极审美情绪和人格的形成。审美体验往往和积极的情绪、情感联系在一起，而且对个体人格的健全发展有着持续影响。在混龄审美教育活动中，最容易出现的问题是：教师可能缺乏对幼儿发展差异的充分考虑，习惯对不同年龄的幼儿提出统一的要求，将一些本来只针对特定年龄幼儿的教育内容，强加给了其他年龄段的幼儿。如一些教师过分注重幼儿审美技能的训练，这不仅抑制了幼儿审美过程中愉快的情绪体验，而且将一些只适合于年长幼儿的技能训练强加给了年幼幼儿，影响了幼儿正常的审美感知，最终不利于幼儿正常人格的形成。因此，教师在进行审美教育时，不仅要在整体上注重幼儿积极审美情绪和人格的形成，而且要尽量给不同年龄幼儿提供自由想象和创造的空间。

综上所述，幼儿园一日活动中混龄教育的开展，并不是只能渗透一种教育内容，而是可以根据特定的活动环节，同时融合体育、智育、德育、美育等多方面的内容。科学组织幼儿的日常活动，并结合合理的教育与管理制度，将各类教育内容有机融入一日活动的各个环节，对幼儿施加全方位的教育影响，可以促进幼儿身心的健康发展。

第二节　一日活动中混龄教育的开展与评价

一、一日活动中混龄教育的开展

幼儿园一日活动中的混龄教育范围很广泛，由于比较正式的集体教育活动涉及较多内容，将在下一章中单独阐述和分析，这里只就其他几类重要的活动进行分析。

（一）晨间混龄活动的开展

晨间混龄活动的开展涉及以下几个环节。

1. 入园检查环节

入园检查主要是检查幼儿的情绪状态和身体健康状况，一些有条件的幼儿园会由专门的医务人员来开展，而大多数幼儿园通常是由经过培训的教师或者管理者来开展。由于不同年龄幼儿身体的抵抗力不同，易发疾病也存在较大差异，因此入园检查对于后续教育活动的有效开展至关重要。除了直接查看幼儿的情绪状态和外在表现，教师还应及时同家长进行沟通，用简洁的语言了解幼儿在家情况，积极听取家长的意见与要求。如果幼儿身体状况不佳，则要做好相关药品的交接和看护方案的预设工作。

2. 个别照料环节

由于不同家庭看护环境和质量的不同，幼儿在入园后教师要帮忙做好个别照料，主要是帮助幼儿进一步整理衣物、清洁卫生，同时通过与幼儿的个别交谈，进一步了解幼儿的情绪状态和需求，同幼儿建立良好的师幼关系。对于年幼幼儿，特别是刚入园的幼儿，除了要持续地给予情绪上的安抚，还要通过为幼儿找同伴的方式，帮助他们尽快融入幼儿园。

3. 分组活动环节

晨间的分组活动一般安排在正式的教育活动开展之前，内容可以是搭积木、下棋、画画等，但是在混龄分组活动中，教师需要考虑不同活动内容与不同年龄幼儿身心发展特点的适应性。比如年幼幼儿，逻辑推理能力的发展还相对滞后，如果同年长幼儿一起参与需要一定逻辑推理能力的分组活动，就很难保证分组活动的效果；年幼幼儿社会交往能力也相对欠缺，在很多探索活动或游戏活动中更多的是平行活动,喜欢自己玩自己的,一些需要良好协作的分组活动也不适合他们。因此,教师在规划分组活动时,要充分考虑不同活动对幼儿思维能力、社会交往能力发展的要求,选取适当的活动内容。

4. 自我服务环节

为了培养并不断强化幼儿的生活自理能力,使其形成助人为乐、主动关心他人的良好品德,一日活动的晨间活动环节可以适当地为幼儿安排一些自我服务或服务他人的任务,如常见的整理玩具、照料班级花草、当值日生等。自我服务的内容可根据不同年龄幼儿的身心发展水平分别安排,也可以采用一大一小的方式,让幼儿合作完成服务其他幼儿的任务。安排好相应的分工后,教师要及时给予幼儿鼓励,以激发幼儿服务他人的积极性。需要注意的是,自我服务环节由于不同于正式的集体混龄教育活动,教师无须同时关注多数幼儿的需要,只需要关注被安排任务的幼儿是否扮演好了自己的角色,因此除了注意分工要适合幼儿的年龄特点外,还要考虑如何发挥年长幼儿的示范作用,激发幼儿为他人服务的愿望和积极性。

(二) 混龄游戏活动的开展

幼儿园一日活动中,区域活动、集体教育活动等环节会较为集中地穿插各种幼儿游戏活动,如利用区域环境开展表演游戏、角色游戏等。这些游戏活动较为自由,并不需要严格地按照一定的教学环节开展,但考虑到不同年龄幼儿不同的活动特点,教师需要提前做好相关准备工作,具体包括以下方面。

1. 玩具的投放

玩具是幼儿游戏的主要材料,不同年龄的幼儿具有不同的游戏特点,需要在玩具的投放上有所区分。小班幼儿喜好模仿,喜欢独自游戏,因此提供给小班幼儿的玩具种类不宜过多,但数量要充足。另外,由于小班幼儿小肌肉动作的能力正在发展中,因此发展小肌肉动作的玩具可以多投放一些,且要便于幼儿取放,但要避免过于笨重或细小,以防止幼儿因操作不当误伤或误吞而造成意外。中大班幼儿不仅求知欲望强烈,喜欢尝试新鲜事物,而且逻辑思维能力和动手能力也较强,可供其选择的玩具种类也较多,因此可以为其提供较复杂的玩具,比如复杂的建构性玩具、体育运动类玩具等。相对于小班幼儿,中大班幼儿的玩具可以更为精致,以激发幼儿的观察力和想象力,相同的玩具不宜过多,种类要丰富,以充分满足他们自由探索的需要。

在混龄游戏活动中，教师在提供新玩具时要提前介绍玩法，同时要引导幼儿主动收纳、整理玩具，还要及时做好玩具的清洁卫生和检查修理工作。

2. 场地的布置

游戏活动的开展必须有一定的场所，不同游戏对场所的要求不同。一些需要较多玩具支持的游戏活动往往集中在室内，而另外一些竞赛类、体育类的游戏活动则更多集中在室外。对此，教师需要提前对游戏场地进行布置。

首先，必须保持场地的整洁、安全。在进行一些户外游戏活动时，幼儿往往需要借助一些器械，并且会做出比较大的肢体动作。为了避免幼儿受到伤害，教师需要提前对场地和设施进行安全检查。除了常规的场地清洁与检查，还要注意材料的投放是否合理和充足，避免将一些不必要的材料放在活动场地，以免对幼儿的游戏产生干扰。

其次，注意维持活动场地的秩序。特定的活动场所承载着特定的教育功能，如棋类区、表演区、建构区等，对参与活动的人数、年龄、规则等都有一定的要求。在游戏环节，教师要注意根据场地的功能，及时对幼儿进行引导，以确保特定场地中游戏活动的顺利开展。比如在建构区开展混龄游戏活动时，要根据场地严格控制人数，同时应根据幼儿的学习特点，让年幼幼儿和年长幼儿结对进行建构，以便于年幼幼儿观察和模仿年长幼儿。

3. 人员安排

混龄游戏活动中，由于幼儿构成复杂，加大了管理与指导的难度，特别是在一些开放性的户外活动中，教师不仅要关注幼儿的活动质量和幼儿之间的互动质量，而且要关注各类教育资源的使用以及周边环境安全的维护。因此，除了要提前就游戏活动开展的环境等进行设计与布置外，还要安排人员加强对游戏活动的管理，这里的管理人员除了教师外，也可以适当地安排部分年长幼儿来担任。如前所述，年长幼儿在社会交往能力、自主能力以及运动协调能力等方面都要强于年幼幼儿，而且也愿意通过帮助他人、关心他人来体现自我价值，教师充分利用年长幼儿的积极性，能够在一定程度上减轻教师在具体活动环节中的压力，同时还能增加不同年龄幼儿之间的交往与互动，有效地促进幼儿发展。

(三) 混龄自主活动的开展

每天保证幼儿有一定的自主活动时间，是激发幼儿自主性和创造力的重要保障。幼儿的自主活动一般发生在集体教育活动前后，幼儿三三两两自由组合，或交谈，或游戏，或看书，或拼插玩具。教师一般不给予过多的干预。为了更好地发挥不同年龄幼儿互动的作用，教师可以对混龄自主活动中幼儿的同伴组合进行一定的干预，但这种干预不是硬性为幼儿安排一个同伴，而是可以先尽量让年幼幼儿自由组合成若干小组，在此基础上再让年长幼儿逐步参与进去。这样安排除了考虑到幼儿自主活动以及幼儿同伴关系构建的特点外，还考虑到不同年龄幼儿在社会交往能力方面发展的需求。年幼幼儿的社会交往能力较弱，借助更接近自然生活的自主活动时间，与年长幼儿互动，加强与他人的交往，能够比较好地发展他们的社会交往能力。年长幼儿逐步形成的社会交往能力正需要固化和提升，以"大带小"的方式进行自主活动，能够较好地强化他们正在形成的社会交往能力，并且能让他们更多地站在别人的角度思考问题。

鉴于这种考虑，混龄自主活动的开展必须注意幼儿同伴的搭配。合理的同伴搭配应该以不干预幼儿兴趣为前提，不能因为同伴兴趣的不同而导致幼儿自主活动难以完成。因此在自主活动开展前，应该先考虑年幼幼儿的兴趣和同伴组合的情况，再根据年长幼儿的兴趣和社会交往能力，有计划地将其穿插、安排到不同的活动中。另外，在混龄自主活动开展的过程中，教师除了要维持必要的活动秩序以方便后续活动的开展外，还要及时关注幼儿的活动需要，为幼儿提供在自主活动环节需要的材料、玩具等。

（四）混龄饮食起居活动的开展

饮食起居活动是幼儿日常活动中非常重要的一环，直接关系到幼儿身心发展状况和一日活动中幼儿的状态。一日活动中的饮食起居环节，教师要注意维持一般性的活动规范和秩序，如盥洗环节要注意培养幼儿养成主动洗漱的习惯；午餐环节不仅要注意饮食卫生，而且要注意幼儿良好饮食习惯的形成；午睡环节要让幼儿养成按时入睡、安静入睡的好习惯等。除了这些普遍性的饮食起居活动要求外，在混龄饮食起居活动中，由于不同幼儿的生活习惯不同，安排活动时要特别注意发挥不同年龄幼儿相互照料、观察和模仿学习的作用，同时要注意不同年龄幼儿之间的人数比例。

二、一日活动中混龄教育的评价

对幼儿园一日活动中的混龄教育进行评价有助于提升一日活动的质量。一般而言，评价一个教育活动最为主要的依据是基于幼儿身心发展的特点与规律而制订的相应的教育目标是否达成。由于幼儿园一日活动的内容非常丰富，这必然导致对一日活动中混龄教育的评价标准也十分广泛。需要指出的是，混龄教育的评价标准同传统同龄教育的评价标准一致，只是在具体的实施过程中因为同时涉及对不同年龄幼儿的教育，所以要同时兼顾针对不同年龄幼儿的评价标准。从活动过程上讲，一日活动混龄教育的评价要包括以下几方面。

（一）评价目标的确定

评价目标既是评价的出发点，也是评价的归宿。幼儿园教育活动评价的出发点是更好地判断教育活动在促进幼儿发展方面的有效性，而这同时也为教师改进教学提供了重要参考，其最终目标是为促进幼儿全面发展服务。因此，评价目标的确定根本上要基于幼儿的身心发展特点和规律，以此为参照来判断相应的教育活动的有效性。对幼儿园一日活动的评价实际上是对各类型教育活动进行全方位的效果评估，并且持续地为各种教育活动的改进提供参考。在确定具体的评价目标时，需要基于整体的教育目标设计和具体活动中教育内容所指向的幼儿发展目标来展开。

首先，活动内容所指向的幼儿发展目标有时并非局限于某个领域，可能同时包含几个领域，这要根据活动的内容来确定。如在与动作能力发展有关的混龄教育活动"动起来"中，活动的总目标是让幼儿"体验音乐活动的快乐"，但具体而言，对不同年龄幼儿的要求是不同的。对中班幼儿，要求其"了解怎样可以让身体动起来，知道如何保护自己的身体"，主要指向健康领域的目标；对小班幼儿，则要求其"在音乐活动中感受快和慢的变化，愿意参与活动并让手脚动起来"，同时包括艺术和健康等领域的目标。

动 起 来

活动目标

- 体验音乐活动的快乐。
- 中班：了解怎样可以让身体动起来，知道保护自己的身体。
- 小班：在音乐活动中感受快和慢的变化，愿意参与活动并让手脚动起来。

> 活动准备

音乐、鼓。

> 活动指导

1. 模仿动物叫声引趣。

（1）玩法：教师说"我是小狗"，幼儿相应地说"小狗小狗汪汪叫"。

（2）引导幼儿依次模仿小猫、小鸡、小鸭、小羊、老牛叫。

2. 听鼓声，辨快慢。

（1）通过鼓声的快慢，引导幼儿分辨节奏的快和慢，并分别用拍手和跺脚的形式表现出来。

（2）引导幼儿听到鼓声加快时用力拍手和跺脚，鼓声变慢时则轻轻地拍手和跺脚。

3. 听音乐，动一动。

（1）引导语：小朋友能听懂小鼓说话，声音有时候大、有时候小，节奏有时候快、有时候慢。现在我们来听听两段音乐，想想它们有什么不一样。

（2）播放快节奏音乐，幼儿可以随音乐拍手。提问：这段音乐听起来怎样？（节奏快。）

（3）播放慢节奏音乐，幼儿可以随音乐拍手。提问：这段音乐听起来怎么样？（节奏慢。）

（4）引导中班幼儿讨论：我们听到节奏快或节奏慢的音乐时，除了拍手和跺脚外，还可以做什么动作让我们的身体动起来呢？

（5）播放音乐，引导小班幼儿侧重拍手和跺脚，中班幼儿可以自由地耸耸肩、跳一跳、扭一扭、摇一摇等，让自己的身体动起来。

4. 根据音乐模仿动物。

引导语：现在我们根据音乐模仿动物，想一想听到快节奏音乐时我们可以模仿什么动物、听到慢节奏音乐时我们可以模仿什么动物。（如听到快节奏音乐时可模仿小鸟、小鱼、小马，听到慢节奏音乐时可模仿大象、乌龟、小牛等。）

其次，评价目标的确立要具有一定层次性，充分考虑不同年龄幼儿身心发展的水平与特点，如围绕盥洗活动，教师可以组织有关性别教育和自我意识教育的活动。混龄教育活动"男孩女孩"的主要目标就是让幼儿不仅能区分自己和他人的性别，而且能概括出不同性别的主要特点，主要考察的是幼儿的思维和观察能力。在混龄教育活动中，不同年龄幼儿上述能力的发展存在较大差异，年幼幼儿一般只能笼统地区分不同的性别，而无法概括出不同性别的具体特点和差异。因此，教育活动目标的确立要具有一定层次性，同时兼顾不同年龄幼儿身心发展的特点。

男 孩 女 孩

(活动目标)

初步了解自我，喜爱自己的性别，发展自我意识。

中班：知道自己的性别及男孩、女孩在外貌上的主要特征。

小班：知道自己是男孩还是女孩。

(活动准备)

男孩、女孩图片各一张，男生、女生厕所标志图各一张，男孩、女孩的头发和服装卡片各若干，幼儿操作材料人手一套。

(活动指导)

1. 情境引入。

（1）引导语：今天，笨笨熊家来了两个小客人，一个是男孩子，一个是女孩子。可是笨笨熊真糊涂，他怎么也分不清谁是男孩、谁是女孩，小朋友快来帮帮他吧。

（2）出示男孩、女孩的图片，提问小班幼儿：你知道谁是男孩、谁是女孩吗？你是怎么看出来的？

（3）当小班幼儿找出男孩、女孩后，请中班幼儿验证：他们找对了吗？为什么？

（4）引导幼儿从男孩、女孩的外貌特征进行比较。

2. 出示男生、女生厕所标志图,引导幼儿区分。

(1) 引导中班幼儿说说:这是什么?你在哪里见过?

(2) 引导小班幼儿说说:如果你要上厕所,应该去哪间呢?为什么?

3. 说说自己和家人的性别。

(1) 引导小班幼儿说说:你是男孩还是女孩?爸爸、妈妈,谁是男的,谁是女的?

(2) 提问中班幼儿:你家谁是男的,谁是女的?

4. 幼儿人手一套操作材料,分别把合适的礼物送给男孩、女孩。

(1) 中班幼儿和小班幼儿结对子(两人一组)进行操作,中班幼儿帮助小班幼儿纠错。

(2) 分别请几组幼儿展示他们所操作的材料,并请中班幼儿说明为什么要这样送。

5. 玩游戏"大风吹",通过游戏进一步巩固幼儿对男孩、女孩的认识,提高反应能力。

玩法:幼儿一起说"大风吹,大风吹,吹什么",教师说"吹,吹,吹穿红衣服的男孩子(吹扎辫子的女孩子……)",这时与这个特征相符合的幼儿就要跑到教师身边。

(二) 评价标准的制订

评价标准实际上是评价目标的进一步细化,也就是围绕要达成的教育目标,具体细化一系列评价指标,用于判断活动的各个环节是否达到预期的效果。混龄教育活动中,相同的活动对不同年龄幼儿的要求是不一样的,因此在具体的活动过程中要通过一系列环节来促成总的教育目标的实现,而每个环节都应有一些评价的标准,以对不同年龄幼儿的活动效果进行评价。制订评价标准时,必须围绕每个年龄段幼儿的培养目标,同时结合总的教育目标,尽可能根据活动的内容细化一系列评价标准。这些标准有些是明确出现在教师的教案中的,而有些属于常规性教育标准,只存在于教师的教育意识中,但无论评价标准以何种形式体现,其根本目的都是为了保证活动的有效开展。

以混龄教育活动"动起来"为例,其总的目标是让幼儿从中感受音乐活动的快乐,同时根据不同年龄幼儿的特点制订不同目标。在具体活动开展过程中,活动的每个环节都有一些标准来评价相应的策略是否有效,如"模仿动物叫声引趣",评价该环节是否有效的标准是幼儿是否乐于模仿;"听鼓声,辨快慢",评价的标准是幼儿的动作是否能跟得上节奏,以及幼儿能否听懂教师的要求;"听音乐,动一动",则包含了对不同年龄幼儿的具体要求,其主要的评价标准是中班幼儿能否在感受节奏的同时自主思考总结音乐节奏的特点,小班幼儿能否在感受节奏的同时主动用动作表达自己的感受;"根据音乐模仿动物",实际上是对前面活动的深化,在启发幼儿想象力的同时,进一步巩固幼儿对节奏的理解和把握。

(三) 评价方法的选择

评价的时机、活动的性质、评价的目标、活动的内容等均会对评价方法的选择产生重要影响。

首先,在活动前、活动中和活动后进行评价,评价所指向的目的会存在一定的差别。为了避免评价活动对教学产生消极影响,需要慎重选择评价方法。比如活动结束后的评价往往是一种总结性评价,因为评价时间较为宽裕,所以可利用专门的评价工具进行评价。但在活动过程中,由于评价者和被评价者都专心于活动,一些专门的评价工具就无法使用。

其次,评价目标的不同会影响评价方法的选择。一般而言,教学评价可以分为诊断性评价、形成性评价和总结性评价三种类型。诊断性评价是指在活动开始前,对评价对象的学习准备程度做出鉴定,以便采取相应措施使活动计划顺利、有效实施而进行的评价,一般可以采用专业测试工具进行评价。形成性评价是在活动过程中,为调节和完善教育活动,保证活动目标得以实现而进行的确定幼儿活动成果的评价。总结性评价是以预先设定的活动目标为基准,对评价对象完成目标的程度即活动效果做出评价,一般可以借助问卷量表等专业工具对活动进行全面考察。幼儿园教育活动由于更注重幼儿学习品质、态度的形成,因此评价方法总体偏质性、轻量化,多以观察、谈话等方式来随时对幼儿进行评价,以诊断性评价和形成性评价居多,主要目的是更好地促进幼儿发展。

混龄教育活动"男孩女孩"总的教育目标是让幼儿初步了解自我和区分性别,并发展一定的自我意识,那么在活动的各个环节,教师可以灵活采用多种评价方式来判断活动的效果:在"情境引入"环节,通过观察和谈话等方式,可以直接了解幼儿对性别的理解程度;在"说说自己和家人的性别"环节,同样可以通过谈话等方式,诊断幼儿是否对性别的区分有一定的认识,判断幼儿对性别的理解和区分的水平或存在的问题;在最后的游戏环节,通过观察幼儿对性别特征的理解以及反应,来判断活动的实际效果。

再次,由于活动内容的不同,一些需要进行诊断性评价和形成性评价的活动,可以在具体的评价方法上采取更为客观和科学的量化方式。比如观察幼儿与异龄同伴交往的水平,可以采用相应的观察量表,观察幼儿在特定的时间段所进行的自主交往活动的频次,从而判断幼儿的人际交往特点和能力。因此,具体评价方法的选择,要切实结合活动的目标和内容来进行。

(四) 评价的实施

如前所述,在活动开始实施前,必须考虑评价的目标和时机。不同的评价时机会影响评价的具体实施过程。如果是活动前评价,那么这种带有预演性质的评价需要预设可能出现的情况;如果是活动中评价,根据既定的评价标准对正在开展中的活动进行即时评价,那么评价的实施就必须有比较详细的计划和工具来保证评价的有效实施;如果是活动后评价,那么评价的实施可能要同时运用多种评价方式对活动进行整体反思。

对评价本身进行价值反思十分重要。一日混龄活动中,很多活动属于自然的生活活动,教师在评价这样的活动时常常会渗透个人的生活经验,特别是成人世界一些约定俗成的经验和价值观,造成评价标准的"失当"。比如教师如果将幼儿看成是需要完善的"不成熟"的个体,那么在集体教育活动环节,就会过分注重常规的维持,忽略不同年龄幼儿学习与活动的特点,将幼儿是否遵守常规看作重要的评价标准,这显然就是一种误读。因此,从评价的实施过程来看,在活动正式开展后教师的评价工作一般都会有比较严格的执行流程,但在活动结束后有必要去总结和反思自身在活动过程中所采取的一系列教育策略和评价方式是否违背了教育规律等,比如针对不同年龄幼儿制订的评价标准是否有所区分,是否真正有助于判断幼儿的学习效果和发展水平。

第三节 混龄教育中的环境创设

幼儿园环境是支持与影响幼儿和教师在园活动的最为重要的外部因素。从广义上讲,幼儿园环境包括园外和园内环境,鉴于本书主要分析的是具体的幼儿园混龄教育活动,且园外环境对混龄教育活动的影响相对有限,这里的幼儿园环境主要是指幼儿园内部环境。具体而言，幼儿园内部环境指能够对幼儿园教师和幼儿在园活动产生直接或间接影响的各种环境因素的总和，既包括物质环境，也包括精神环境。物质环境指能对幼儿园教育产生影响的一切天然环境和人工环境的总和，包括动植物、园所建筑、园所室内空间规划与装饰等。精神环境指能对幼儿产生影响的各种精神因素，主要包括教师的教育观念和行为、幼儿园的管理制度、幼儿园的人际关系、园所的文化氛围等。

从教育活动开展的过程来看，幼儿园环境创设对混龄教育活动的开展具有非常重要的意义。首先，幼儿园的物质环境会直接影响幼儿的学习方式和行为表现。良好的环境不仅能为幼儿的学习提供必要的支持，而且能够直接引导幼儿做出更为适当的学习行为。比如幼儿园场地的大小、活动材料的多少等都会直接影响幼儿之间、幼儿与教师之间的互动方式和质量。如果活动材料少、场地狭小，那么教师就只能采取集中教育的形式。其次，幼儿园的精神环境会影响幼儿园教师和幼儿在园的情绪状态，它在影响教师教学积极性的同时，也会影响幼儿主动参与活动的积极性。比如教条化的园所管理氛围会束缚教师自由发挥、自主管理的积极性，教师在这样的氛围下就会倾向于照本宣科地执行既定的教育计划，不允许幼儿自主、自由地创造和探索，最终影响幼儿的学习效果。由此可以看出，创造适宜的幼儿园环境，对于保证混龄教育活动的开展效果具有十分积极和重要的意义。

一、混龄教育中环境创设的一般原则

幼儿园环境创设的根本目的是为幼儿提供良好的生活与学习环境，让幼儿更好、更有效地发展。为此，幼儿园环境创设必须遵循以下基本原则。

(一) 教育性原则

幼儿园环境创设的目的是为幼儿园教育活动提供支持，也就是说环境创设必须围绕一定的教育目标有计划地进行。混龄教育活动中幼儿的发展需要更为多元，环境创设要能充分满足幼儿的多种发展需要。在布置环境时，教师和其他专业人员要凸显环境的教育性，不仅要使环境能够激发幼儿探究的兴趣和积极性，而且要为幼儿提供分析问题和解决问题的机会，并细化室内环境创设和室外环境创设应服务的教育目标。

首先，在室内环境创设方面，要满足以下教育目标：（1）培养幼儿对事物价值的判断能力，帮助幼儿学会做出适合自己的选择。(2)有助于增强幼儿的自我规划和执行能力，逐步培养幼儿做事的目的性。(3)有助于增进幼儿之间的交往，发展幼儿的人际交往能力。(4)能激发幼儿自主探究、学习的积极性。(5)能培养幼儿的自信心，帮助幼儿形成自我概念。(6)能引导幼儿学会理解并尊重他人，懂得遵守公共秩序的重要性，并能自觉遵守。(7)能充分激发幼儿学习的潜能，帮助幼儿发现自身的优势领域。

其次，在户外环境创设方面，要满足以下教育目标：(1)设备要尽可能安全与丰富，能满足不同年龄幼儿的需要。(2)能促进幼儿动作技能的发展和身体的健康发育。(3)能增加幼儿相互交往、合作的机会，方便幼儿共同使用。(4)能引导幼儿注意并遵守相关活动规则，利用规则来解决彼此间的矛盾冲突。(5)能促进幼儿对各种空间或物理概念的理解，如上下、左右、前后、远近、深浅、软硬、有无弹性、粗糙或光滑等。(6)能激发幼儿探究自然、了解自然的积极性，帮助幼儿养成认真观察、有序观察的好习惯，并能自主发现自然界的简单规律。(7)外部环境能给幼儿带来舒适的感受，方便幼儿在其中开展学习活动。

(二) 发展适宜性原则

发展适宜性原则，简单地讲，就是指创设的环境要符合幼儿身心发展的特点和规律，并满足幼儿发展过程中面临的各种需要。要保证环境能真正体现发展适宜性原则，就要考虑如何让幼儿与环境实现真正的互动，让环境会"说话"，成为为幼儿发展量身定做的教育环境。对此，可以从以下几方面着手。

首先，环境要符合幼儿身心发展特点。日常幼儿园户内外环境中会投放各种各样的材料、器具、设施，从最有利于幼儿直接使用的角度讲，幼儿园环境中的这些材料要与幼儿身心发展的特点相适应，如生活环境中放置的桌椅等日常用具要与幼儿的身高和力量相适应，便于幼儿搬取；门和柜子等要便于幼儿开关；家具的棱角部位要尽可能圆滑，避免幼儿磕伤、划伤等。环境中各种颜色的搭配要丰富，但要尽可能接近自然色，在避免颜色过于单调的同时也切忌采用太多幼儿难以区分的中间色，否则不利于幼儿掌握颜色的概念。

其次，环境要有一定的层次性。在混龄教育活动中，不同年龄幼儿对环境的要求和偏好不同，同样的环境要能同时激发不同年龄幼儿的学习兴趣和动力，保证各种环境要素的层次性显然至关重要。所谓层次性，就是同样主题和内容的环境元素，可以从简单到复杂、从具体到抽象、从个别到一般进行多层次的布置。比如活动室室内的装饰画，可以是形象生动的幼儿简笔画，也可以是颜色绚丽、充满艺术气息的大师作品，将体现不同绘画技艺和难度的绘画作品分层布置，可以帮助不同年龄幼儿提高审美水平。

再次，环境要有一定的关联性。幼儿园环境在尽可能丰富多元、充分满足幼儿发展需要的同时，也要在内容上符合正在开展的活动内在的逻辑关系和幼儿的思维习惯，避免内容太杂乱、缺乏关联。豪华、明艳、绚丽的环境仅能给幼儿提供大量的感觉刺激，而无助于幼儿形成系统、有逻辑的知识经验。如可以在幼儿园室内外利用废旧物品创作的各种艺术作品进行布置，将幼儿日常生活中常见的废旧物品根据其自身属性，采用拼、贴、插等多种方式，构建为幼儿熟知的新物品，这样既能增强幼儿对物品属性的认识，又能让幼儿从中把握不同物品属性之间的关联。

（三）方便参与原则

方便参与原则主要指环境创设要能让幼儿甚至家长参与进来，让幼儿在参与环境创设的过程中体验成就感和价值感。幼儿园是幼儿与教师共同生活的场所，幼儿对幼儿园的认同与感受已经等同于另外一个家庭，因此幼儿园环境创设的质量直接关系到幼儿对幼儿园的感情投入和接纳程度。

首先，在幼儿园日常环境布置中，幼儿不只是作为旁观者和享用者，他们作为幼儿园的主人，也有权参与同自己日常生活联系密切的环境创设。幼儿参与幼儿园环境创设，不仅可以使环境创设成为幼儿学习的宝贵机会，激发幼儿主动表现和表达的愿望，而且可以反映幼儿的意愿，增强幼儿对幼儿园、对自己班级的认同感和归属感，缓解幼儿的入园焦虑，增强幼儿的自信心和班级的凝聚力。

其次，幼儿参与环境创设过程，也是幼儿逐步发现自己的优势，学会向他人清楚表达自己的意见、想法，懂得如何倾听他人意见的过程。借助于教师的支持与帮助，幼儿关于自身、他人、社会、世界的看法能够以多种形式表现在环境创设中。幼儿在表达和表现的过程中，开始学习如何客观看待各种现象和事物，如何与他人合作来完成自己的想法，并学习如何思考和创造。因此，幼儿园环境创设过程中，教师应为幼儿的参与提供多种便利，让幼儿的想象力、创造力在环境创设中得到充分体现。

再次，幼儿参与环境创设不是天马行空地主宰幼儿园环境创设，而是在教师带有特定教育意图的引导下进行自主创设。由于幼儿注意力、想象力还比较分散，持久性和稳定性比较差，完全放任让幼儿参与环境创设既不现实，也不合理。对此，幼儿对环境创设的参与应该是始终受到教师引导的有限参与，而不是幼儿随意的参与。对于幼儿何时、何地参与何种环境创设，教师要提前进行设计与规划，同时还要激发幼儿参与环境创设的热情和积极性，使之有利于幼儿园整体教育目标的实现。

(四) 经济易操作原则

经济易操作原则主要是指幼儿园环境创设要充分考虑园所实际情况和地方特点。从目前我国各地幼儿园实际发展情况看，学前教育的可利用资源有限，同时考虑到幼儿园环境创设的丰富性和常规性，环境创设对各种材料的消耗比较大，因此需要特别注意结合本园实际情况和周边资源特点，因地制宜、因陋就简，充分利用教师、幼儿、家长的智慧，用有限的资源创设适合幼儿成长的良好环境。

需要注意的是，经济易操作原则并不是只针对资源有限的幼儿园，经济条件较好的幼儿园也应坚持废物利用、物尽其用。这是因为幼儿园环境创设除了要为幼儿提供丰富的感知经验和学习体验外，还要让幼儿从环境材料的使用与布置中获得有关环保、材料属性等更为丰富的知识，培养幼儿勤俭节约、热爱劳动的良好品质。因此，坚持环境创设的经济性并不只是从节约幼儿园经费的角度考虑，也是从环境本身的教育性出发，考虑如何将环境创设的过程转变为一种有效的教育过程。

另外，幼儿园环境创设要紧紧围绕幼儿园的教育目标，不能盲目攀比且不顾本园实际建造不符合幼儿园发展需要的环境，否则该环境充其量只是满足了成人的审美要求，做到了形式上的美化，但真正对幼儿发展起到的支持作用却很少，同时也很难为教师所利用，不利于真正发挥环境的教育功能。

(五) 开放灵活原则

开放灵活原则指幼儿园环境创设要注意环境内容的确定和更新要与外部环境变化保持一致，对幼儿产生持续、深入的教育影响。对幼儿而言，幼儿园环境只是影响其成长发展的一个重要环境，除此之外，家庭、社区环境以及更大的社会环境都对其成长有着重要影响。幼儿园环境只有与这些环境保持一致和同步，才有利于形成真正促进幼儿成长的教育合力。对此，幼儿园环境创设在具体的实施过程中还要从以下几方面入手。

首先，要保持幼儿园环境的主题紧跟时代发展的步伐，体现时代精神和社会发展的主旋律。幼儿是国家的未来，承载着国家的希望。在特定的时期，国家会倡导有助于社会和谐发展的主旋律文化，这些文化元素应被体现在幼儿园环境创设中，以使幼儿尽早地了解社会的主流文化。因此，在幼儿园环境创设的过程中，教师要敏锐把握当前主流的时代精神和文化内涵，寻求其中易于表现的元素，通过多种方式将其融入幼儿园环境创设中，突出环境创设的文化价值。

其次，幼儿园环境创设要大力弘扬民族精神和传统文化。民族精神和传统文化包含着一个国家公民的行为习惯和做事准则，并且影响人们对国家、对民族的认同感和归属感。幼儿园环境创设过程中应将民族精神和传统文化的精髓体现其中，强化幼儿对民族文化的感知和认同，增强幼儿的民族自豪感和自信心，从而为幼儿未来充分社会化打下良好基础。因此，幼儿园环境创设过程中，应该充分挖掘传统民族文化中的各种宝贵素材，从中汲取包括具体内容及实际表达方式在内的各种有用元素，将其有效融入幼儿园环境创设中。

最后，幼儿园环境创设要注意不拘泥于形式，利用多种艺术表现形式将丰富、多元的社会文化元素融合进来，以带给幼儿丰富的感知觉体验。如果简单地追求幼儿园环境的美观，可能只需简单的几种表现形式，只要在装饰内容上做好文章就可以达到目的。然而，使幼儿能从环境中真正获得直接的感知觉经验，体会到环境创造、艺术创造的魅力，从而萌生自主创作、表达、表现的动机和愿望，同样也是环境创设的一个重要目的。因此，幼儿园环境创设应尽可能结合多种艺术表现形式，寻求对各种主题内容和文化元素的多种表达，从而支持幼儿多方面发展。

二、混龄教育中环境创设的过程

（一）混龄教育中物质环境的创设

1. 室外物质环境的创设

幼儿园混龄教育活动有相当一部分在室外进行。室外环境对于幼儿成长具有十分重要的意义和价值。幼儿在户外活动，不仅能经常接受空气、阳光、风雨等刺激，增强他们的肌体适应能力，而且在室外广阔的空间开展体育活动,还能使幼儿的动作协调性、身体机能得到发展。因此,室外活动受到人们的重视。《指南》中也指出:幼儿每天的户外活动的时间一般不少于两小时。

室外物质环境一般包括三大区域:集体活动区、器械设备区和种植养殖区。集体活动区一般供幼儿进行集体体育活动和各种团体游戏,因此要求地面宽阔、平整,没有危险障碍物。器械设备区一般会放置大中型体育活动器械,如滑梯、秋千、平衡木等,可供幼儿单独或合作进行各种活动,以发展他们的基本动作和肢体活动能力。种植养殖区一般有由幼儿园专人负责照护的植物和动物,或部分由幼儿尝试照料的动植物,以丰富幼儿对自然界的理解和认知。

结合混龄教育活动的特点,这几种环境的创设应满足以下条件。

首先,集体活动区的地面是幼儿奔跑、跳跃、攀登等剧烈运动的场所,因此要保证安全和适用。一般来说,地面以坚实平坦的土地、沙地、草地为宜,当前很多有条件的幼儿园也采用了塑胶场地。这些地面比较适合不同年龄的幼儿运动,而不至于摔倒后造成大的伤害。具体采用何种质地的地面,可以结合幼儿园的实际,因地制宜,但忌采用水泥地面。

其次,器械设备区的设备要能有助于幼儿进行大肌肉锻炼,除此之外还要能锻炼幼儿强健的体魄和灵活的动作协调能力。因此,在设置相应的设备时,除了要保证设备安全、坚固和可灵活组合外,还应该能激发幼儿探索、体验的积极性和兴趣。比如除了购买正规的器械装备外,还可以利用旧轮胎、麻绳、沙子、泥土等材料,创设丰富的主题功能区,让幼儿在游戏的过程中得到全方位的锻炼。

再次,游戏活动开展的场地一般跨度较大,既可以在集体活动区进行,也可以在器械设备区进行,但无论在何种场地进行,都要注意:一方面,场地中的设备应由多种材料组成,如木头、绳索、橡胶等,这样可以给予幼儿多种感知觉体验;另一方面,场地中除了有固定的大型运动器械,还应当有可以让幼儿根据自身兴趣和需要灵活调整的小型器械和设备,比如当幼儿进行想象游戏时,就可以把可随时搬动的小型积木当作道具。

最后,室外环境的绿化要有规划,既要考虑其美化环境的功能,也要考虑其教育功能,以方便不同年龄的幼儿对动植物进行观察、探究。比如有条件的幼儿园可以专门铺设用于户外活动的草坪,以利于不同年龄的幼儿活动;

利用较高大的常绿植物形成绿墙，起到隔风、隔音的作用，为幼儿开展区域活动提供方便；可以在走廊、墙壁、墙角等放置盆栽、花箱、花槽，对环境进行立体装饰，增添环境的美感和绿意；等等。

2. 室内物质环境的创设

幼儿园的室内环境主要是指班级的室内环境，一般包括活动室、寝室、楼道、走廊等。幼儿园室内环境创设，最重要的还是空间的安排和材料的投放，其中创设良好的班级活动室环境则是重中之重。

第一，活动室的空间要尽量充足，尽可能地减少家具、设备，避免过于拥挤，要为幼儿自由活动提供充足的空间。一些幼儿园将幼儿床铺改成了推拉式的折叠床或壁床，不使用时方便收纳且能节约空间；还有一些幼儿园走廊较为宽敞，就被开辟为幼儿进餐的地方。另外，活动室中的一些功能区如游戏区等，在室外天气良好时，也可以暂时安排在室外，使活动室腾出相应空间，便于同时开展其他活动。

第二，活动室区域的划分数量要适中，且应避免互相干扰。幼儿园的活动区如游戏区、棋类区或表演区等一般都有特定的功能定位。活动区的设置应考虑幼儿的切实需要和活动的效果。在区域内，幼儿一般采用分组活动的形式，2~3人的规模最适合幼儿安静地进行交往和探索活动，最多不宜超过5人。特别是在混龄活动中，由于不同年龄幼儿社会交往能力的差异，幼儿数量过多可能会增加幼儿之间的冲突，不利于区域活动的正常开展。另外，由于不同活动区的活动内容不同，因此在设置区域时要动静分离，避免相互干扰。

第三，巧妙利用既有的室内设备对室内空间进行布置。为了让不同的活动区被幼儿清楚地识别，不同活动区之间应该有明确的分隔物，分隔物可以是各种玩具柜、书架等，并以此制订相应的活动规则要求幼儿遵守。但要注意，作为分隔物的书架、书柜等不能阻挡教师的视线，以方便教师及时感知幼儿的需要，并给予其帮助。另外，活动室的各个进出口和主要通道要避免有障碍物，保持清洁畅通，避免幼儿在盥洗、饮水时拥挤和碰伤。

第四，设备及材料的摆放要方便不同年龄的幼儿选取和走动。活动室内玩具的存放要尽量便于幼儿取放。比如桌椅的安排要尽量靠近玩具存放的位置，以避免幼儿在取放玩具时发生遗漏，影响活动的效果；桌椅的安排也要留出充足的空间方便幼儿走动。玩具的摆放还应注意根据材料的性质，如较大型玩具和材料的存放不应太过于集中，以防幼儿在取用时发生碰撞，小型玩具的存放要有固定地点和专门的收纳工具，防止丢失。

第五，活动区的活动规则要明确、易懂。活动区是幼儿活动的场所，但是必须让幼儿在可控的范围内自主探索，而不是放任不管，因此在创设活动区时就必须考虑规则设置的问题。对此，教师要善于利用环境布置来创设规则，如保持书架上的书整洁、有序，以提醒幼儿拿取书时应注意秩序，并要爱护图书。在活动区外通过悬挂或张贴形象生动的规则符号，提醒幼儿注意相应的规则，如可在活动区的入口处地面贴上小脚印，告诉幼儿活动区能容纳的幼儿数量。

第六，活动材料的投放要灵活、丰富。活动区确定下来以后，教师要选择、收集适当的活动材料。一般而言，各活动区都有一些基本的相对稳定的材料，如在表演区投放各种道具和服装，在科学区投放放大镜、直尺等便于幼儿探索使用的工具。不过，活动区材料的功能也并不总是固定不变的，特别是在混龄教育活动中，教师在考虑材料投放时要兼顾幼儿的年龄特征，比如提供不同难度的多样材料，方便不同年龄的幼儿操作。

（二）混龄教育中精神环境的创设

幼儿园精神环境创设主要指一种良好的人际关系的创设，积极健康的人际关系能够对幼儿的身心健康发展产生潜移默化的影响。在混龄教育活动中，幼儿与他人之间的人际关系较为复杂，除了同龄同伴之间的人际关系和师幼关系外，还包括不同年龄幼儿间的同伴关系。因此，可以从以下方面为幼儿发展营造一个良好的精神环境。

第一，建立良好的教师间的合作关系。混龄教育活动的开展需要不同年龄幼儿班级的教师展开长久、持续的合作。混龄教育活动在具体活动内容的选择、幼儿的安排等诸多方面，都需要教师之间有良好的沟通与合作。对此，教师之间必须真诚地以幼儿发展为根本目的，就活动开展中遇到的问题及对策展开持续、深入的沟通，通过构建良好的合作关系来为混龄教育活动的有效开展提供必要支持。

第二，促进不同年龄幼儿之间的交往。促进不同年龄幼儿之间的相互学习、共同提高，是混龄教育活动的重要目标。对此，教师在班级管理过程中，应注意引导幼儿建立友好合作的同伴关系。一方面，教师要为幼儿同伴交往创设有利条件，通过灵活布置幼儿园活动区、主动为幼儿安排同伴、大力开展合作类游戏等方式，鼓励不同年龄幼儿之间的交往与合作，帮助幼儿构建良好的同伴关系；另一方面，要引导幼儿注意感知他人的需要，通过游戏、讲故事、表演活动等多种方式，引导幼儿体会他人的想法，设身处地为他人着想，学会尊重他人的意愿，并懂得关心和帮助他人，乐于助人，团结友爱。

第三，建立良好的师幼关系。良好的师幼关系是幼儿园精神环境创设中最重要的部分，直接关系到混龄教育开展的效果。为此，一方面，教师要尊重不同年龄幼儿在师幼关系中的平等地位，避免依据年龄对幼儿进行不平等的划分，要积极创设一种鼓励幼儿主动与教师交往、互动的环境和心理氛围。另一方面，要注重与幼儿进行真诚的情感交流。特别在混龄教育活动中，本班教师对于另外一个班级的幼儿要给予更多的关怀和帮助，注重与幼儿的双向交流与沟通，学会倾听和观察幼儿，及时对不同年龄幼儿的需要给予回应，并鼓励幼儿主动表达自身的需求和见解，以引导幼儿积极参与混龄教育活动，并构建和谐的师幼关系和同伴关系。

第四，与家长建立良好的合作关系。积极良好的家园合作关系对于幼儿、家长、教师都具有重要价值。这是因为家庭是幼儿成长和发展的另外一个重要场所，只有家庭和幼儿园在教育幼儿的方法、价值观等方面保持一致，才能够对幼儿形成有积极影响的教育合力。为了构建良好的家园关系，一方面，幼儿园要以平等、合作的态度对待家长，引导家长关注幼儿的成长，积极主动地与家长就幼儿成长问题进行沟通。特别是在混龄教育活动中，要通过沟通来消除家长对混龄教育的疑虑，获得家长的充分支持。另一方面，幼儿园也要鼓励家长参与幼儿园的教学与管理，特别是关注幼儿园课程方案的制订和实施，让家长理解幼儿园的混龄教育理念，并对混龄教育给予多样的支持。

第五章　混龄教育中集体教育活动的开展

集体教育活动是幼儿园的主要教育形式之一。相对于其他教育形式,集体教育活动更为正式和具有计划性,但并不是说它是完全独立的一种教育活动,集体教育活动是同游戏活动、生活活动等其他教育形式紧密联系、互相渗透的。同时,由于幼儿园的教育活动不以教学为主,对幼儿提出的学习要求也同中小学教育有很大不同,因此幼儿园集体教育活动的开展,常常要借助游戏活动、生活活动等其他教育形式。

基于混龄教育开展的特点和要求,同时围绕幼儿园教育活动的基本特点和流程,本章对混龄教育中集体教育活动的设计与规划、组织与开展进行分析与阐述。

第一节　集体教育活动的设计与规划

幼儿园的集体教育活动与幼儿个别学习活动相区分,后者往往在计划性、教育性、组织性、规范性上要弱于集体教育活动,集体教育活动的开展首先需要进行良好的设计与规划。鉴于混龄教育活动的特殊性,集体教育活动的设计与规划需要考虑在同样的时间段内,如何更好地安排适合不同年龄幼儿发展需要的教育内容以及应该采取何种教育策略。

一、明确集体教育活动的基本要求

无论集体教育活动中幼儿的年龄跨度有多大、采用何种教育内容和教育方式,基于幼儿园教育的基本目标和幼儿身心发展的基本要求,集体教育活动都必须满足以下要求。

(一) 确立活动目标

集体教育活动的目标要十分明确，直接指出活动开展的主要目标和分龄目标，同时活动的组织与实施必须紧紧围绕相关教育目标展开，并以此合理安排活动进程，确保每个活动环节都指向活动目标的实现。以混龄教育活动"我的五官"为例，活动总目标是要求幼儿"知道五官的重要性，提高保护五官的意识"，对中班幼儿的要求是"感知各器官的位置及其功用，画出脸部的不同表情"，对小班幼儿的要求是"能准确说出五官的名称和数量，了解它们的位置"。在具体的活动指导环节，无论是通过图片演示，还是让幼儿用镜子观察以及讲述故事《五兄弟》，都是围绕总目标和分龄目标来展开的。

(二) 以幼儿为本的活动设计

集体教育活动的具体设计要根据幼儿的身心发展特点和规律来安排。如在混龄教育活动"我的五官"中，针对小班幼儿观察力比较差但又正在发展的特点，在出示小孩的头像时，着重让小班幼儿观察小孩脸上的基本特点；对于中班幼儿，则着重让其说说五官在小孩面部的具体位置，对观察能力的要求随着幼儿年龄的增长逐步提高。与此同时，活动的设计还应关注对幼儿学习兴趣的培养，注重让幼儿形成良好的学习体验，比如让幼儿通过闻香水、听故事等多种具体形象的方式，感知人体器官的功能，激发幼儿主动思考的兴趣和积极性。

(三) 多元的活动方式

教师要综合运用多种活动方式，启发、引导幼儿主动参与学习过程，避免单纯地向幼儿灌输知识，仅关注幼儿智力的发展而忽视了对幼儿良好学习能力和习惯的培养。如在混龄教育活动"我的五官"中，就综合运用了图片示范、实验操作、故事讲授等多种方式，强化了幼儿对相关知识经验的理解。

(四) 注意活动内容的系统性和逻辑性

教师要根据《纲要》的要求，结合各领域内容的逻辑性，灵活组织相关活动内容，为幼儿提供系统的知识和经验。如混龄教育活动"我的五官"是属于主题活动"我爱小脸"中的一部分内容，而"我爱小脸"同其他几个主题活动"我的小手小脚""我的身体"等共同构成一个大的主题活动"我自己"，旨在让幼儿形成对自我的全面了解和认识。

(五) 充分利用现代教学技术

当前各种教学技术日益发达，妥善使用各种教学设备，能够丰富幼儿的相关知识经验。比如在活动"我来听一听"中，教师通过播放日常生活中的各种声音如雷声、电话铃声、哭声等，以强化幼儿对耳朵功能的了解。教师在集体教育活动开展的过程中可以妥善地借助各种教学设备，充分发挥现代多媒体等新型教学技术的作用，为幼儿提供多种经验刺激，深化幼儿对相关知识的理解。

(六) 注意为人师表

教师要注意自身仪态和言语风格，要以温和的教育态度和情绪感染、影响幼儿，为幼儿树立良好的学习榜样。

二、精心制订集体教育活动的计划

(一) 积极备课

首先，要根据《指南》《纲要》等文件，同时基于幼儿园的特色和学期教育计划、不同年龄幼儿身心发展的特点，选择合适的活动素材，并明确每一个集体教育活动的具体要求。

其次，要保证教育活动中相关知识的科学性，同时内容要难度适宜，能够满足混龄教育中不同年龄幼儿的切实需要，注意启发性，要形象生动，让幼儿乐于接受。同时，教师要注意对活动内容的重点、难点和关键点进行合理搭配，以便有所侧重地对幼儿施加教育影响。

再次，教师要在教育活动中仔细深入地了解不同年龄幼儿的已有知识经验和发展水平，而不是仅关注是否能够按部就班地完成教育活动。在了解幼儿的基础上，教师在备课的过程中要预设幼儿可能面临的学习困难、问题和相应的对策。

最后，要仔细考虑多种方法和器材的使用，以充分调动幼儿的多种感官来获取相关学习经验，如可以采用图画等直观的方式，采用视频、课件等素材，利用口授的形式描述、朗读，组织一系列小实验和练习活动等。方法的选择既要能启发幼儿的想象力，又要避免单纯迎合幼儿的兴趣，而忽视知识传授的系统性。

(二) 制订翔实的课时计划

翔实的课时计划既包括以学期为单位的集体教育活动计划，还包括单个活动的开展计划。前者是对幼儿园教育目标的整体统筹与部署，后者是对单个教育活动的计划与安排。

首先，制订学期集体教育活动计划。由于混龄教育目前仍是一种非主流的教育模式，在制订混龄集体教育活动计划时，要避免对传统同龄教育活动的开展造成干扰。因此，教师要依据幼儿园教育目标全盘考虑整个学期的混龄集体教育活动。如教师根据艺术领域教育目标，要帮助幼儿认识并理解音乐、美术等艺术形式的构成要素，并掌握一定的艺术表达技能，这对不同年龄的幼儿有不同的要求，而且要在整个学期的混龄教育计划中充分考虑。这显然难以通过一两次集体教育活动完成，必须以学期为单位整体设计。

其次，制订单个集体教育活动计划。单个集体教育活动计划即每次混龄集体教育活动计划的方案。教师要明确每个活动的基本思路、重点、难点、目标、步骤，还要细分活动进程中每个环节的时间，综合考虑相应的活动内容，制订详细的活动方案。单个混龄集体教育活动计划包括以下几方面：（1）集体教育活动的主题；（2）活动目标；（3）活动开展需要的时间；（4）活动的类型、方法、器材；（5）活动的具体步骤和环节。集体教育活动内容、方法的具体运用和各个环节的时间安排等都要详细列出。

(三) 做好混龄集体教育活动开展的相关准备

混龄集体教育活动计划制订好以后，就要为活动的开展准备相关材料、素材等，以确保活动的顺利开展。活动开展前，教师要提前检查相关材料是否完备，能否满足活动开展过程中不同年龄幼儿的需求。由于混龄教育活动相对复杂，需要准备的活动材料更为复杂，同时不同的集体教育活动内容所需要的材料支持也不尽相同，因此前期的准备时间会有所不同，这需要教师提前制订相关的预案。

第二节　集体教育活动的组织与开展

混龄集体教育活动在具体的组织与开展过程中，需要考虑不同的活动内容。活动内容的不同，所需要的具体支持会存在较大差异。除了在前期做好规划和设计，在活动的组织和开展过程中还要注意选择不同的指导策略和方法。

一、 幼儿学习特点与集体混龄教育

幼儿的身心发展特点和需要是集体教育活动开展的前提和基础。幼儿园教育过程中，不同年龄的幼儿有着各自不同的学习特点和发展需求，组织不同年龄的幼儿进行教育，会形成具有独特教育要求和学习特点的学习团体。对此，在正式组织与开展集体教育活动前，有必要详细分析各年龄段幼儿及混龄幼儿团体的学习特点，以采取有针对性的指导策略和方法。

（一）小班幼儿的发展需要和学习特点

小班幼儿刚刚从家庭进入陌生的幼儿园集体环境中，他们的个别需求难以像在家庭中一样得到关注，加上其社会交往能力较弱，因此会面临诸多不适应。部分幼儿可能不习惯集体活动，不会听从教师面向全班幼儿提出的要求，故最初开展集体教育活动很难，一般只能先采取分组活动的形式，只有当幼儿熟悉了幼儿园环境以后，才能逐步开展集体教育活动。

总的来讲，小班幼儿注意力容易分散，社会生活经验有限，语言也正在发展，对他人提要求以及理解他人要求的能力都比较弱。针对这些特点，教师开展集体教育活动时，应尽量采取直观教学法和游戏法，让幼儿能通过观察、直接参与等多种方式，获得具体、形象的学习经验，使幼儿能有机会动手操作、亲身体验。同时，教师要设法调动幼儿学习的兴趣和积极性，引导幼儿逐步学会与他人交往和合作，懂得遵守秩序和规则，在参加集体教育活动时能自觉保持安静，听清楚教师的要求，并具有一定的自制力，不被其他无关的东西所吸引。

（二）中班幼儿的发展需要和学习特点

中班幼儿已经有了一定的参与集体教育活动的经验，自主学习的积极性也显著提高，集体教育活动对他们的影响也在逐渐加强。随着集体教育活动次数的增加，教师可以逐步提高对幼儿的要求，鼓励幼儿自主完成学习任务，养成良好的学习习惯和常规。

总而言之，中班幼儿的语言能力和人际交往能力已经有了一定的发展，不仅能够听懂教师和同伴的要求，也能清楚地对他人提出要求。同时，伴随着思维的发展，幼儿的规则意识和逻辑推理能力也开始发展起来，能够在集体教育活动中更好地理解相关规则，并且将遵守规则和个人荣誉感联系在一起，能够自主地解决与他人的矛盾和冲突，自觉维护集体教育活动的秩序。

(三) 大班幼儿的发展需要和学习特点

大班幼儿经过较长时间的幼儿园学习生活，无论是个人求知欲还是自制力等方面都显著增强，对集体教育活动也更为适应。他们普遍已经具有比较高的学习欲望，懂得遵守相应的活动秩序和规则，能够对教师的要求做出积极的回应，并努力完成教师提出的各项要求和任务。同时，对于大班幼儿而言，还将面临幼小衔接的问题，小学的学习生活对幼儿参加集体教育活动又有更多的要求，因此幼儿园的集体教育活动实际上也应为幼儿进入小学做好相关准备。对此，幼儿园集体教育活动不仅要适当延长时间，还应丰富和深化活动内容，适当减少游戏时间和直观教具，相应地增加语言讲授的内容。教师除了在活动过程中要通过多种方式满足幼儿的求知欲，激发幼儿学习的积极性，重视幼儿的认知、社会性等多方面的发展外，还要进一步培养幼儿自主学习、分析问题和解决问题的能力，进一步强化幼儿的规则意识，为幼儿升入小学做好充分的准备。

二、活动前的准备与检查

鉴于不同年龄幼儿的学习特点和发展需求不同，在组织集体教育活动前，要根据活动内容和幼儿的年龄特征进行相关的活动准备与检查，以保证活动的顺利开展。

(一) 活动要素的准备与检查

各种活动材料、设施设备、场地以及相关配合的人员等，是开展集体教育活动需要提前进行准备和检查的主要内容。混龄集体教育活动因为幼儿构成复杂，且活动目标较多，往往需要较多的要素包括人员、物质条件等的支持。教师在活动方案和计划中一般都会详细罗列相关要求，但开展活动之前，仍要对各种要素进行梳理和检查。如果发现有缺漏，需要及时补充。

需要指出的是，集体教育活动还需要关注活动的秩序，由于幼儿年龄以及幼儿自身自制力、规则意识发展水平的差异，对年幼幼儿和对年长幼儿的常规要求必然会存在不同。如果仅依赖教师对幼儿进行常规管理，无疑会给教师造成巨大压力。因此，在活动正式开展前，教师要为维持集体教育活动的秩序做好相关人员和预案的准备，比如可以安排其他教师或保育员在集体教育活动开展时做好相关支持工作，或者制订比较周密的"大带小"的教育计划，合理安排幼儿的座次或同伴，利用同伴间的影响帮助幼儿了解并遵守活动常规。

（二）幼儿学习状态的观察与评估

幼儿的情绪、态度等会影响幼儿的学习动机和兴趣，因此活动开展前的另外一项检查工作，就是初步判定参加集体教育活动的幼儿的学习状态，比如幼儿是否情绪低落、注意力是否集中等。如果发现一些幼儿情绪状态不适合参与集体教育活动，教师就要提前做好相关安排，或安排专人照料，让那些幼儿独自学习，或安排那些幼儿参加分组活动。

另外，由于集体教育活动的内容对幼儿有不同要求。例如，集体体育活动需要幼儿做出肢体较大的动作，因此活动前的检查还应关注幼儿的衣着、动作水平等，避免幼儿在活动过程中因着装不合适影响活动效果，或者因动作水平不够造成伤害。又如，当幼儿参加语言类等相对比较安静的集体教育活动时，幼儿的坐姿是否正确等，也是教师需要关注和检查的内容，以方便教师在活动开展过程中及时纠正。

三、活动的开展与指导

集体教育活动开始以后，决定活动质量与水平的关键因素是教师与幼儿的互动水平。因此，在集体教育活动过程中，教师指导策略的选择，是保证集体教育活动有效开展的关键。

首先，对于教师而言，要充分发挥其在整个活动中的主导作用，调动幼儿学习的积极性。对此，一方面，教师要保证自身在活动开展时保持充沛的精力和饱满的精神状态，给幼儿以积极的情绪影响，保证活动能在一种积极、融洽的氛围中开展；另一方面，教师要能根据前期的活动设计方案，围绕教育目标，运用准确、生动的语言和具体形象的教育方法引导幼儿学习。具体到集体教育活动的实施过程，活动开展初期教师需要尽快通过讲解、示范等方式，向幼儿明确传达活动的目标和任务，引导幼儿自主尝试运用已获得的相关经验进行探究，逐步建构并深化相关的知识经验体系。同时，教师在引导幼儿自主探究、独立完成学习任务的同时，还要注意发展幼儿良好的学习品质和能力，鼓励幼儿学会倾听教师的讲解和描述，并能仔细观察和模仿教师、同伴的行为，懂得根据教师的指示去观察、思考并自主操作，能够独立提出问题、分析问题和解决问题。另外，教师要注意帮助幼儿及时总结和巩固已获得的经验,通过多种方法对所学的知识进行扩充和升华,并以此激发幼儿的学习兴趣,鼓励幼儿主动获得更多的相关经验。最后,教师要能敏锐感知在集体教育活动中幼儿的学习效果和发展状况,在给予个别指导的同时注意区分不同年龄幼儿和不同发展水平幼儿的需要,对不同年龄的幼儿提出不同的要求,努力使幼儿在"最近发展区"内获得充分发展。

其次,对于幼儿而言,在集体教育活动中,应能在教师的指导下积极发言,乐于主动表达自己的意见和看法,描绘自己的见闻,做自己力所能及的事情,自行解决自己遇到的问题,愿意动手、动脑、动口。教师要注意区分集体教育活动中幼儿主动表达、积极表现和违背活动常规的行为之间的差别。很多情况下,幼儿天性好奇、活泼好动,对很多事情的反应十分感性,且自我控制力还较弱,在集体教育活动中遇到有趣的事情或问题时,就会直接地表达自己的情绪或想法。对此,教师不应该单纯地为了维护活动的秩序而要求幼儿规规矩矩、一声不吭地听从教师的安排,压制幼儿正常的情绪反应和情感表达。相反,教师应鼓励幼儿积极主动地表达自己的情绪情感,充分展现幼儿在活动中的主体地位。当然,教师并不是对幼儿的所有行为都不加管理控制,对于幼儿不恰当的坐姿、不合理的要求、不正确的交往行为等,都要及时指出并规范,特别对于涉及学习品质的行为习惯要不断地提出更高的要求。如提醒幼儿养成认真倾听他人发言的良好习惯,大声、清晰、自然地回答教师的提问或提出自己的要求;外出集体活动时遵守活动秩序、不独自脱离集体去玩耍,能区分危险和对错;等等。

四、 活动后的评估

混龄集体教育活动结束后,教师要及时对活动开展的效果进行评估和总结,以发现活动中存在的问题和需要改进的方面。

(一) 评估的内容

混龄集体教育活动同一般的同龄集体教育活动一样,目的都是促进幼儿的发展。相比于同龄教育活动,混龄教育活动突出了不同年龄幼儿之间的互动对促进幼儿发展的重要性。因此,混龄集体教育活动评估的内容,除了评估幼儿是否在活动中获得相应经验外,还要评估混龄教育这样一种形式是否有效支持了集体教育活动的开展,并达到了预期的目的。

1. 评估幼儿的学习状况和任务完成情况

评估的内容是幼儿的学习状况和具体的任务完成情况,以判断相应的教育活动是否对幼儿的发展起到了很好的支持作用。具体而言,可以将不同年龄幼儿在集体教育活动开展初期对相关内容的理解或相关技能水平作为参照,也可以对照前期制订的教育目标,对比教育活动结束后幼儿的行为表现和知识经验的变化。例如,将集体语言活动结束后幼儿的行为表现与活动预期的目标相对照,看幼儿看图讲述、复述故事、回答问题时的语言表达能力是否达到了相关要求或在原有基础上是否有一定的提升,从中发现幼儿已经发展和依然欠缺的部分,然后进行整体评估和总结。

需要注意的是,一方面,由于混龄教育活动中幼儿发展差异较大,教师面临沉重的工作压力,利用量表等工具对每个幼儿发展的状况进行评估以判断活动效果,并不现实;另一方面,幼儿的发展是渐进的过程,不可能仅仅通过一两次活动就出现明显的进步,而需要教师持续地组织相应的教育活动,因此对每次活动都事无巨细地进行评估和总结并无必要。所以,对混龄集体教育活动的评估总结,应采取日常定性评估和阶段性定量评估相结合的方式。也就是说在日常集体教育活动的过程中,教师可以采取观察、案例分析等方式,对活动开展过程中出现的问题以及幼儿的学习过程进行分析,以此评估活动开展的效果;在一个学期或半个学期结束的时候,则采用较为科学、客观的评估工具,如调查问卷、观察记录表等,对幼儿在接受一段时间的集体教育活动后相关方面的发展状况进行具体、客观的调查,对活动开展的效果进行详细评估和总结。

2. 评估混龄教育形式的效果

混龄教育的价值就在于不同年龄幼儿之间的互动,它能够为幼儿获得完整、深刻的学习经验提供支持。因此,混龄集体教育活动在开展过程中,除了在活动开展的基本环节上与同龄集体教育活动类似,在具体的管理和指导策略方面也存在一定的差异,这是由受教育对象——不同年龄幼儿之间的差异所决定的。那么,混龄集体教育活动相比于同龄集体教育活动,在支持幼儿的学习与成长方面是否有不一样的效果,就成为活动评估和总结的一个主要内容。评估混龄集体教育活动的效果可以从以下两个方面着手。

首先,评估活动开展过程中教师的工作投入和效果。从目前混龄教育活动组织的经验看,混龄教育活动的开展对教师本人的工作经验和专业素养要求较高，教师要对不同年龄幼儿的身心发展特点与规律有全面的了解，并能据此做出有针对性的指导，这是决定教师工作投入和效果的关键。因此，如果仅仅把混龄教育活动看作是不同年龄幼儿的分组活动，形式上混龄而实际上实行的是同龄分组教育，那么只是增加了教师的工作量，而不是开展真正的混龄教育。如一些幼儿园在开展混龄教育时，虽然一个班级里包含不同年龄的幼儿，但在教育活动中仍然是按年龄大小分为小组或大组，有时甚至需要两个教师同时为不同组的幼儿开展活动。这样的混龄教育活动只是一种形式上的混龄，不同年龄幼儿之间几乎没有发生有益的互动，反而增加了教师的工作量。因此，评估混龄集体教育活动，要关注混龄教育活动开展时教师的投入内容及形式，且在活动效果上有无突破。

其次，评估活动开展过程中，不同年龄幼儿之间的互动是否深刻、有效，幼儿是否在与不同年龄幼儿的互动中获得了同龄幼儿互动所没有的支持。在混龄教育活动"太阳光的颜色"中，对中班幼儿的要求是"了解光的七色是红橙黄绿青蓝紫，大胆想象并续编故事"，对小班幼儿的要求是"初步了解太阳光的几种基本色，享受听故事的乐趣"，总的活动目标则是让幼儿"获得有关颜色的经验，并了解几种主要颜色的名称"。幼儿获得有关颜色经验的方式既来源于教师的指导和对相关内容的学习，同时也来自不同年龄幼儿之间的分享与交流，因此活动开展过程中，让不同年龄幼儿就活动内容通过各自的方式如手偶表演和故事讲述等进行互动分享，就成为一个必要的环节。评估这种混龄集体教育活动，关注点除了幼儿的学习与发展外，还要注意活动是否有效地促进了不同年龄幼儿之间的互动，并通过互动深化、丰富、扩展了幼儿的相关经验。如果活动并未促进不同年龄幼儿之间的有效交往，那么活动的效果就值得质疑，即使幼儿的表现达到了相应的目标。

（二）评估的方式

对混龄集体教育活动进行评估的方式有很多，可以是定性评估，也可以是定量评估。需要指出的是，不管采用哪种评估方式，关键是要发现活动开展过程中出现的问题和可以进一步改进、完善的方面，不断提升活动的效果，因此评估的方式要服务于改进的目标。评估本身并不是目的，通过评估来发现和反思活动中的问题才是目的。这里不对具体的评估方式进行全面的阐述，仅就对提升混龄教育活动效果最为有效的一种评估方式——反思性评估进行阐述。

反思性评估是借助一些具体的评估方式和手段,如观察量表、调查问卷、谈话、实验等,对观察到的现象或问题进行价值性反思,分析集体教育活动的组织与开展是否真正有效的一种评估方式。

首先,反思性评估要追问混龄集体教育活动中相关教育目标确定的依据和必要性。是否有利于实现幼儿发展的目标、是否符合教育发展的基本规律、是否符合幼儿学习发展的客观规律,都应成为反思性评估所要分析的具体内容。如混龄教育活动"染色游戏",活动的总目标是让幼儿"尝试染色,体验染色的乐趣";分龄目标中,对中班幼儿的要求是"学习多种折纸方法,并在绵纸上染色,发现染色后绵纸的千变万化",对小班幼儿的要求是"参与简单的染色游戏,欣赏不同色彩的美"。本活动所制订的幼儿发展目标符合《纲要》的有关要求,关注幼儿学习兴趣的培养和自主探索经验的形成。

其次,反思性评估要对集体教育活动的各种指导策略和方法进行分析,分析其背后所隐含的教育理念是否合理,进而推断相应的指导策略和方法是否恰当。有的教师在混龄集体教育活动中,为了达成整体教育目标,面对幼儿的一些"常规"问题会采用一些不恰当的策略,这既与教师自身的教学经验有关,同时也与教师更为深层次的教育价值观有关。比如同样在"染色游戏"活动中,当教师要求幼儿对角折纸、对边折纸,有些幼儿会采取不规则的折叠方式,经验不足的教师可能会让幼儿按照既定的要求折叠,而忽略了折纸的目的是为了让幼儿理解图形对称和图案形状之间的联系,结果可能抑制了幼儿的创造性,也不利于幼儿自主性的发挥。因此,教师在活动后应该对自身的教育行为进行反思,寻求更好的指导策略,以便在后续的活动中能够做出更恰当的教育行为。

染 色 游 戏

活动目标

- 尝试染色,体验染色的乐趣。
- 中班:学习多种折纸方法,并在绵纸上染色,发现染色后绵纸的千变万化。
- 小班:参与简单的染色游戏,欣赏不同色彩的美。

活动准备

- 各种各样的染纸作品，各色颜料，白色绵纸，毛笔，水，盘子。

活动指导

1. 欣赏染纸作品。

出示各种各样的染纸作品，引导幼儿欣赏并观察色彩排列规律。

引导语：今天老师带来一些很漂亮的东西，你们想不想看？它们叫什么？你们知道它们是怎么做出来的吗？

2. 演示染纸方法。

（1）折纸的简单方法：对角折、对边折。

（2）蘸颜料或刷颜料：要控制用量，不宜太多。

（3）轻轻拆开，见证奇迹。

3. 染纸操作。

（1）给中班幼儿提供白色绵纸，引导他们把绵纸折叠成不同的形状并染色。

（2）给小班幼儿提供已折好的白色绵纸，引导他们用各色颜料染纸。

4. 展示作品。

活动延伸

引导幼儿将自己的染纸晒干，用其折纸、作画等。

第六章 混龄教育中区域活动和户外活动的开展

区域活动能够提供丰富的、与幼儿年龄相适应的材料，能够让幼儿自己选择活动的材料、内容、主题和同伴，能够让幼儿按自己的速度、方式和语言等自由操作与探索，符合幼儿园游戏活动的基本特征。可以说，区域活动"以游戏为基本活动"，为幼儿提供主动学习的环境，有利于"寓教育于幼儿园一日生活之中"的实现，也有利于教师对幼儿"因材施教"。

学前儿童身体生长发育迅速，可塑性大，身体各器官的系统尚未发育完善。为此，根据幼儿生长发育的规律，为幼儿开展户外活动科学地提供条件，并充分利用户外的阳光、空气、水等自然资源，对促进幼儿身体机能发展、保持身心健康有很大的作用。

本章主要从活动的设计与规划、组织与开展两方面论述混龄教育当中的区域活动和户外活动。

第一节 区域活动的设计与规划

教师有意识地创设活动环境、投放材料，旨在通过活动区的活动帮助幼儿获得相应的关键经验。区域活动承载着独特的教育价值，既把幼儿的行为、情感、技能有机联系起来，将教育者的教育意图渗透其中，又具有自主性、自选性、小组性，是促进幼儿全面发展的教育形式之一。《纲要》指出："幼儿园应为幼儿提供健康、丰富的生活和活动环境，满足他们多方面发展的需要，使他们在快乐的童年生活中获得有益于身心发展的经验。"区域活动是幼儿自我学习、自我探索、自我发现的活动，有相对宽松的活动氛围，能满足幼儿发展的需要，能更好地促进幼儿身心全面和谐发展。

一、系统思考活动区的设置

（一）整体思考活动区设置，合理安排活动区位置

为了避免区域活动内容枯燥，区域活动之间各自为营、相互分割，不能有效发挥作用等问题，教师在区域活动设计与规划时应该有一个系统性的思考，全盘考虑物质环境的各种因素，最大限度地发挥整体教育功能。

首先，根据活动区的功能、性质及特点选择适宜的空间场地，活动性强的区域要和较为安静的区域隔离，避免区域间的相互影响，例如表演区等活动性较强的区域要与阅读区、益智区等分开。

其次，根据活动对场地以及辅助条件的需要进行区域设计。对于需要用水的区域如科学区、美工区，要选择离水源较近的空间；对于建构区、表演区，要留有活动或操作的空间；建构区、美工区等还需要有摆放材料和展示幼儿作品的空间，这些区域适合设置在宽敞的空间，且幼儿活动和材料摆放的场地要留有通道，方便幼儿取放；语言区会有图书阅读活动，因而对于光线有较高的要求，要设置在光线充足的位置。

再次，考虑各个活动区之间幼儿的互动，使容易发生交往活动的区域相邻近，比如幼儿在表演区需要的道具、建构区需要的辅助材料可以到美工区去制作，或请美工区的同伴帮忙制作。这就需要教师支持幼儿积极互动，在空间设置上给幼儿提供便利。

（二）考虑混龄教育中不同幼儿的需求，有侧重地安排区域活动

区域设置要充分考虑各个领域教育的需求，开设具有不同功能的区域，实现通过区域活动落实各领域目标的目的。除此之外，区域的设置还要考虑幼儿的不同兴趣和不同需求，使他们能够找到适合自己的活动。不同功能的区域要设置齐全。实践告诉我们，不同年龄的幼儿特点不同，区域活动教育的重点也各不相同。

小班幼儿的情感需求较为强烈，生活自理能力较弱，对成人有明显的依恋；认知活动往往依靠具体的动作，喜欢摆弄和操作材料，但小肌肉动作发展不协调、不灵活。因此，小班区域活动的重点目标应为满足幼儿情感需要，稳定幼儿情绪，提高幼儿生活自理能力，促进幼儿精细动作及语言表达能力的发展。小班的重点区域有角色区、美工区、阅读区。

中班幼儿活泼好动、喜欢探索，能积极运用感官感知事物，思维的概括性和心理活动的有意性有所提升，任务意识增强，同伴之间的交往逐渐增多，交往能力逐渐提高。中班的重点区域有益智区、建构区、美工区和科学区。

大班幼儿求知欲强，开始萌发抽象思维，在活动中能够制订行动计划或行动方案，能自己解决活动中的问题，规则意识增强，具有一定的自我控制能力。大班的重点区域有益智区、科学区、阅读区、表演区、美工区和建构区。

当不同年龄幼儿组成混龄班级时，教师要考虑到每个年龄段幼儿的需求，做到侧重点合理。比如小大混龄班幼儿的区域设置既要照顾小班幼儿的发展，也要照顾大班幼儿的需要，因而可以设置类型多样的活动区。在材料投放上要区分不同的难度层次，在不同年龄幼儿进行选区活动时教师应给予指导。

二、合理有效地利用空间

区域活动设计与规划应当考虑室内空间的整体规划，做到综合考虑、统筹安排。如果室内面积比较大，可以在集体活动区之外单独进行区域规划；如果室内面积有限，可以考虑把容易取放的材料、作品摆放的区域与集体活动区域融为一体。寝室也可以充分利用起来，作为开展表演游戏、角色游戏等需要一定空间的活动区域。

为了更合理、有效地整合与利用各个班级的资源，可以采取以下几种方式：（1）充分利用公共空间。对于邻近的班级，可以开发利用共同的空间，作为公用的活动区，可在楼道设置建构区、美工区、角色区等可供两个班级共用的活动区。（2）联合开区。同性质的混龄班可以开设一些公用区域，区域的开设可由同性质的不同班级来承担，如有的班级开设"饭店"，有的班级开设"商店"，有的班级开设科学区，这样就可以在平行班级中实现资源共享。

三、材料投放策略

（一）材料投放的全面性

每学期区域活动的目标应当考虑各领域目标的全面性，不能单一地强调某一阶段性的目标或某一领域的目标，而使整体目标缺失。例如，小中混龄班益智区的材料投放应该既有助于实现配对、分类、排序等目标，又有助于实现点数及感知形状的目标。阅读区、美工区等领域特点明显的区域也应该考虑这一原则。

以益智区为例，不论是中大混龄班、小中混龄班还是小大混龄班，都应当包含以下材料。

1. 有关数概念的材料

（1）木质计算架或计数器：练习手口一致地点数，可进行单双数数、5个5个地数或10个10个地数。

（2）1～10船形排序板：练习点数1～10的数量和认读数字，数物匹配，通过操作比较，领会长短、多少、大小等含义，强化数的守恒概念。

（3）1～10插入式组合板：练习点数，数物匹配和认读数字，练习数的分解组合。

（4）阶梯排序板：练习点数，比较多少及认读数字，感知数序。

（5）多面盘、套管及珠子：练习点数，比较多少，感知数的分解组合。

（6）扑克牌：通过接龙、拉火车、配对、比大小等游戏，练习认读数字、数的顺序、相邻数。

（7）游戏棒：游戏后点数取出了多少根，比较谁多谁少，决出胜负。

教师可利用以上材料灵活引导幼儿练习点数、计数、认读数字，理解10以内的基数、序数、相邻数、数序、数的组成等。

2. 有关分类排序材料

（1）几何形状分类：练习按形状进行分类。

（2）几何柱分类：练习按几何柱的形状进行分类。

（3）几何柱排序：练习按颜色、形状、高矮进行排序。

（4）几何形状排序：练习按颜色、形状、大小进行排序。

（5）形状套盒、套碗：比较大小，按大小排序、镶嵌。

（6）感知、操作集合、逐级分类板及实物。

3. 有关感知等分的材料

（1）圆形组合：感知圆的二等分、四等分，理解整体和部分的关系。

（2）正方形组合：感知正方形的二等分、四等分，理解整体和部分的关系。

（3）长方形组合：感知长方形的二等分、四等分，理解整体和部分的关系。

(4) 几何形状组合：感知不同形状的等分，理解整体和部分的关系。

(二) 材料投放的层次性

布鲁纳曾说过："教育对象是在利用教师提供的材料中进行学习的，教师提供的材料，必须尊重幼儿在心理发展上的不同速率。"因此，教师要尊重幼儿的个体差异，仔细观察幼儿与材料的互动，了解每个幼儿的发展水平，提供多层次的操作材料，满足幼儿的不同发展需求。材料的层次性主要有两层含义：首先，针对具体教育目标而言，由于幼儿发展水平存在明显的个体差异，所以应通过提供不同难易程度的材料，让具有不同发展水平的幼儿都能动手操作。其次，对于某一阶段性目标而言，不可能通过一种材料就实现幼儿的发展，教师要通过分解活动目标，投放相应的系列化材料，从材料投放的先后顺序上体现目标的层次性。

"美丽的鱼"案例分析

小中混龄班美工区绘画活动"美丽的鱼"中，根据幼儿的能力水平，提供了如下材料。

1. 不同层次的小鱼画纸：完整小鱼的画纸、半条鱼的画纸和没有图案的白纸。完整小鱼的画纸是为那些处于涂鸦阶段的小班幼儿准备的，幼儿在画纸空白处自由涂鸦就可以完成作品。半条鱼的画纸是为能力稍强的小班幼儿准备的，他们在半条鱼的画纸添上一笔或两笔，就可以初步画成一条小鱼，并涂上自己喜欢的颜色。没有图案的白纸是为中班幼儿准备的，中班幼儿已经具备了涂色和用简单线条绘画小鱼的基础，在此基础上给他们增加一些难度，让他们在白纸上绘画。他们可以根据自己的想象、喜好来自由绘画小鱼，自由装饰，表达自己的情感。

2. 体现层次性的工具：油画棒、水彩笔、棉签、荧光笔和水粉笔等。油画棒是最容易使用的，适合小肌肉动作发展不够灵活的幼儿，较大的笔不需要精细的手部动作；水彩笔、棉签适合中班幼儿，他们控制笔的动作较为灵活，但这些笔不能很好地表现细节；荧光笔和水粉笔的使用相对较难，有较强的挑战性，适合部分动手能力强的中班幼儿，可以满足他们表达细节的需求。

通过有层次地投放材料，幼儿可以自由选择适合自己的工具来绘画小鱼、给小鱼涂上自己喜欢的颜色、装饰上自己喜欢的花纹。这既激发了不同年龄幼儿的兴趣，同时也使他们获得成功的快乐，促使所有幼儿都能够得到发展。

（三）材料投放的渗透性

教师可以将活动目标渗透在区域活动中，通过有目的地投放活动材料，让幼儿在与材料的互动中获得与主题相关的直接、完整的经验。例如，中大班混龄区域活动"我国的少数民族"的活动内容来自"我是中国娃"的二级主题"一家人"。该主题的内容与要求是"知道我国是一个多民族的国家，初步感知少数民族服装特点"，针对大班幼儿的要求是"简单了解四个民族的主要生活习惯及居住地"，对中班幼儿的主要要求是"尝试从服装上辨认蒙古族、藏族、维吾尔族、朝鲜族"，由此教师可为幼儿提供中国地图、四个民族的服饰及其居住地（蒙古包、大雪山等）等彩色图片。这些材料的提供，让幼儿在与材料的互动中实现活动目标，引发幼儿关注社会、关注生活，积累知识，知道祖国由很多民族构成、大家都是一家人，在此基础上鼓励幼儿收集更多其他民族的信息，开展"谁知道得多？"等民族知识竞赛游戏。

（四）材料投放的动态性

随着主题活动的不断深入，区域活动中投放的材料也要根据幼儿的兴趣和需要不断更新。材料投放是一个动态调整的过程。例如，在活动"认识钟表"中，幼儿在活动初期收集了各种各样的时钟、手表。教师可以提供陈列架，让幼儿自由摆放、欣赏自己收集的钟表。随着认识的深入，教师可以给幼儿提供纸、笔、剪刀和其他废旧用品等，满足幼儿自制钟表的愿望。随着活动的开展，幼儿对认识时间的兴趣越来越浓厚，教师可以及时增加钟表的样式、幼儿在园一日生活作息表、笔、纸等材料。幼儿可以选择不同的材料，或将时间和作息表配对，或自己绘制时钟和生活作息表等。在这样的互动中，幼儿逐渐认识了时间，并形成遵守一日生活作息的规则意识。之后，教师还可以提供小学生作息时间表，让大班幼儿在比较中了解小学生的作息时间，为升入小学做准备。

（五）材料投放的灵活性

材料投放的灵活性指教师根据幼儿与材料互动情况及时调整材料。在材料投放的过程中，教师往往会遇到各种各样的问题：准备的材料幼儿不感兴趣，幼儿无聊地摆弄材料，频繁地更换材料；幼儿没有按材料的玩法操作，自行改变玩法；幼儿在操作过程中遇到困难无法进行下去。如何解决这些问题呢？教师要在观察幼儿与材料互动的基础上，分析材料，分析幼儿，据此及时调整材料，满足幼儿的需要。如根据幼儿与材料互动的情况调整材料的结构性，依据幼儿的发展水平调整材料，顺应幼儿的兴趣调整材料。教师应根据混龄班实际情况，具体问题具体分析，对材料进行调整。

"玩套娃"案例分析

在益智区有一组俄罗斯套娃，从大到小一共七个，幼儿可以按套娃身体的大小给套娃排序，当排好顺序后，套娃自然呈现出由高到矮的顺序。

小班幼儿对漂亮的套娃很感兴趣，随着对材料的熟悉，幼儿呈现出对套娃本身的关注，能够将大小差异很大的两个套娃摆对位置，但不能将三个以上的套娃按照从小到大的顺序排列。对于中班幼儿而言，一部分幼儿在排序时常常将相邻的两个套娃摆错位置，却不能意识到自己的错误，当教师提醒他看看能不能套进去的时候，才发现顺序反了；另一部分幼儿很快就能摆好，材料对他们而言已不具备挑战性。

遇到这种情况，对于能力弱的幼儿，教师可以通过提供暗示性的材料支持幼儿排序；对于能力强的幼儿应该提供有挑战性的材料，使幼儿在原有水平上进一步提升。于是，教师可以让小班幼儿对两个套娃或者三个套娃进行排序。对能力较强的中班幼儿，教师可投放一组情境性材料，有七个高矮不同的小矮人、七个大小不同的苹果、七棵大小不同的树，引导幼儿玩"白雪公主和小矮人"的游戏。根据套娃对应摆放小矮人、苹果、树，练习按照大小和高矮排序。教师投放新的材料后，幼儿对活动更加感兴趣。在游戏情境中，不同能力水平的幼儿都获得了发展。

四、主题区域活动设计

（一）根据不同年龄幼儿的特点设置教育目标

混龄教育活动开展最为困难的地方在于教育对象存在差异性。由于不同年龄幼儿的身心发展水平具有明显的差异性，混龄教育活动的设计必须同时考虑不同年龄阶段幼儿的真实发展需要，并能尽量予以满足。在主题活动的开展过程中，不同主题的活动内容可以千变万化，但要尽可能地与不同年龄幼儿的身心发展需要相适应。以混龄教育活动"太阳光的颜色"为例,中班幼儿和小班幼儿所要达到的目标是不同的。在语言区,对中班幼儿的要求是能够结合生活经验,进行诗歌的仿编,了解光的七色是红橙黄绿青蓝紫,可以大胆想象、续编故事;对小班幼儿的要求则是尝试理解儿歌的内容,从中发现颜色的微妙变化,初步了解太阳光的七种颜色,享受听故事的乐趣。在开展区域活动时,教师要鼓励小班幼儿和中班幼儿进行有效的互动,鼓励中班幼儿带领小班幼儿一起认识太阳光的颜色。

(二)根据幼儿兴趣设置活动区域内容

美国教育家布卢姆认为:"学习的最大动力乃是对所学材料的兴趣。"兴趣是最好的老师,是幼儿学习的内驱动力。幼儿往往对喜欢的事物特别感兴趣。区域活动是幼儿自我学习、自我探索、自我发现的活动,因此,只有满足幼儿的兴趣和当前的发展需求,才能激发幼儿的探索欲望。如在大班开展主题活动"我们的社区"前,根据主题的内容与要求,教师事先在阅读区的墙面上张贴反映周边社区环境和房子变化的照片、"文化一条街"以及不同特色商店的照片,并投放《各种各样的房子》《各种各样的商店》《我们的社区》等图书,以此了解幼儿的兴趣点和已有经验。很快,教师发现幼儿会结伴或独自走进区域中:有的一边翻看图书,一边自言自语;有的指认着汽车商店里不同的汽车商标;有的站在房子的照片前仔细观察;有的则指着游乐园和公园说自己去过哪些地方。通过一周的观察,教师把走进区域的幼儿人数、关注的内容、相互交谈的话题等记录在表格中,发现班级中的男孩对房屋建筑和交通较感兴趣,女孩对商店设施较感兴趣,所有的幼儿都对游乐园感兴趣。于是,结合幼儿兴趣情况,教师设置了三个活动区域,分别为室内的"城市建筑师""城市商业区"以及室外的"游乐园"。

(三)延伸主题活动内容

主题背景下的区域活动内容既要激发幼儿的活动兴趣、丰富幼儿的经验,又要推动主题活动的发展。由此,在针对幼儿的兴趣设置活动区域后,教师要结合主题活动的要求与幼儿的需要设置相应的区域活动内容。以混龄主题活动"彩色世界"为例,活动的总目标是让幼儿获得有关颜色的感知经验,但在具体的操作过程中,要实现总的活动目标,对于不同年龄幼儿所采取的教育手段是不一样的:对于小班幼儿,更重要的是让其去感知、体验;对于中班幼儿,更重要的是让其在体验的同时能够尝试归纳和总结。因此,教师在具体的指导过程中,往往更注重激励中班幼儿去尝试探索并交流自身的感受与经验,对小班幼儿则注重激励他们去感受并形成积极的情绪体验。幼儿在集体教育活动中进行了相关实验的操作,并且表现出极大的热情。在集体教育活动中,幼儿更多的是直观感受颜色的变化,但是对于颜色变化的过程没有真切的体会,没有感知相同材料的不同操作也会产生意想不到的效果,因而在科学区,教师所要做的是鼓励幼儿大胆尝试,感受颜色的不同变化。比如可以鼓励幼儿尝试将几种不同颜色的面团揉捏在一起并观察其颜色变化、将不同颜色水彩笔混合之后观察其颜色变化。教师可以引导中班幼儿通过实验操作了解三原色的原理,引导小班幼儿观察发现颜色的多变性并对色彩产生兴趣,进而激发其动手操作的兴趣。在活动过程中教师也可以采用"大带小"、一对一结对子的方式让中班幼儿带领小班幼儿一起操作,一起记录结果,一起发现探索。在区域活动的设计与开展过程中,教师都要考虑如何在活动内容上有相应的扩展,以便在活动组织的后期尝试让不同年龄的幼儿在既定的教育目标上有所扩展,比如对于年幼幼儿而言,不仅要乐于体验和操作,而且要试着对自身的体验进行概括和总结。

(四)发散主题活动内容

在主题背景下设置区域活动内容时,教师可以基于幼儿的兴趣和生活经验,将不同的二级主题内容融合在一起,设置与二级主题相契合的活动内容。如在区域活动"城市建筑师"中,教师设计了"小小建筑师""造桥工程师"和"造船工程师"三个内容。"小小建筑师"主要通过提供建构材料,供幼儿搭建城市建筑;"造桥工程师"则让幼儿探索桥面的承重,积累和建构科学知识;"造船工程师"可以让幼儿了解船舶的结构,积累和建构数学、美术、科学等领域的经验。在区域活动"社区"中,教师设计了"美丽的商店""小小邮局"和"快乐美术馆"三个内容。这些内容与主题活动"我们的城市"的内容、要求相吻合,有利于主题活动的推进。

(五)关注幼儿自发生成的内容

在主题活动推进的过程中,幼儿会在活动中产生即时的兴趣。教师应根据幼儿的兴趣,生成新的活动,以满足幼儿的发展需要。例如,有一天班级里的一个幼儿带来一张全家福,他的照片引发了班级幼儿热烈的讨论。由此,教师开展了小大混龄的"全家福"活动。在活动"全家福"中,总的活动目标是能够感受家的温暖,萌发爱家(自己的家和幼儿园)、爱同伴的情感;对大班幼儿的要求是能讲述自己的趣事，并大胆想象和仿编诗歌，借用物体表达对家的感受；对小班幼儿的要求是能简单介绍自己的家庭成员，掌握一些量词，懂得幼儿园也是自己的家。教师还提供了《家是什么？》的录音，引导幼儿欣赏。在语言区，可以鼓励小班幼儿朗诵、讨论诗歌，引导大班幼儿讨论"家还可以是什么？"，使其更加深刻地理解家的温馨，萌发热爱家和幼儿园的情感。活动中，教师可以有意识地采用大小结对子的方式，让大班幼儿教会小班幼儿正确使用量词等。

第二节 区域活动的组织与开展

一、区域活动组织与开展的一般原则

在区域活动中，教师是引导者，应当在幼儿需要的时候做出有效、适宜的指导，使不同年龄的幼儿都能在活动中充分地展现自我、发展自我。如何在混龄班的区域活动中发挥教师的指导作用，也是大家热议的话题。下面谈谈混龄教育中区域活动组织与开展的一般原则。

(一) 明确教师定位，提供充足的空间

在混龄班的区域活动中，教师要明确自身的定位。教师在活动中是多重角色的扮演者，既是组织者也是观察者，既是指导者也是评价者，在必要时候还需要充当幼儿的玩伴。教师要在集体教育活动和区域活动中转变自己的角色，以幼儿为中心，发挥年长幼儿的作用，由施教者真正转为活动的观察者、支持者。教师要在区域活动中为不同年龄幼儿提供充足的空间，让幼儿的能力在活动中得到提高。例如，佳佳平时喜欢表演活动，但在动手能力上有所欠缺。在一次区域活动中，需要幼儿制作玩具秤，通过制作玩具秤了解、发现秤的原理，并利用玩具秤对物体进行称重。在制作过程中，教师观察到佳佳的制作过程不太顺利，但没有马上干预，只是在佳佳无法继续下去的情况下才给予适当的提示。后来教师发现大班幼儿会主动帮助佳佳解决问题。在幼儿园区域活动中，教师应时刻关注、适时引导，让幼儿在活动中发现问题、克服困难、解决问题，这样才能培养幼儿坚强的性格、合作的品质，促进幼儿的发展。

（二）积极关注幼儿，抓住指导契机

在混龄班的区域活动中，教师需要时刻关注幼儿的活动。幼儿的想象力是无穷的，教师应当给予幼儿充分的信任，让幼儿充分发挥自己的主动性、创造性，鼓励幼儿充分锻炼自己的各种能力。当幼儿遇到各种困难的时候，教师要关注幼儿，引导幼儿尝试利用混龄班的优势，运用同伴关系去解决，鼓励年长幼儿帮助年幼幼儿。当幼儿因自身发展的局限性而无法解决某些问题时，教师应当及时给予适宜的指导。无论是放手让幼儿自己去操作，还是鼓励幼儿合作完成，或是适度指导幼儿完成，这些都需要教师对幼儿保持高度的关注，了解幼儿遇到的问题的难易程度以及来龙去脉，把自己放到与幼儿同等的位置上，让不同年龄幼儿之间、教师与幼儿之间产生互动。

（三）注重指导方式，把握个体差异

混龄班的幼儿处于不同的年龄段，每个幼儿的学习方式也不一样，教师应当根据不同年龄幼儿的特点有针对性地指导。教师可以通过询问来锻炼幼儿发现问题、表述问题的能力。在指导过程中，教师要注重交流、互动，以锻炼幼儿的思维能力、解决问题的能力。在作品制作完成后，教师可以通过提示让幼儿说说作品的创意、结构、作用、使用方法等，以锻炼幼儿思维的发散能力以及对问题的总结能力。由于每个幼儿的家庭背景、教养方式不同，其心理发展水平、知识水平也会有所差异，因此教师在指导策略上要灵活，要充分发挥幼儿的特长。在区域活动中，教师要先学会观察，通过观察来发现每个幼儿的独特之处，同时可以将观察记录形成文字资料并整理分析，针对每个幼儿形成不同的指导方案。

（四）坚持最优化教育理念，最大限度促进不同年龄幼儿互动

在最优化教育理念的引领下，教师需要在区域活动中不失时机地发挥混龄班的优势，最大限度促进不同年龄幼儿互动，促进每个幼儿富有个性地发展。教师可以灵活处理预设与生成的关系，建立班级自主管理的常规，引导年长幼儿定期交流、分享与年幼幼儿相处和互动的办法。在寻求教育最优化的过程中，要突出区域活动的层次性，内容应注重生活化与适宜性。教师可以采用混龄、分龄、个别等多种组织形式，让幼儿形成学习共同体，共享资源。

活动区的创设主要是从促进幼儿身心全面和谐发展的角度出发的。由于混龄班幼儿年龄的差异和不同领域目标的差别，教师对于语言区、建构区、科学区、美工区等区域的指导侧重点也不同。比如，对于小班幼儿，教师的

指导更侧重于角色区、积木区等,科学区主要是为小班幼儿提供观察的场地,不作为重点指导区域。对于中大班幼儿来说,教师应当培养他们积极探索的乐趣,引导他们对阅读区、益智区、科学区等产生兴趣。教师在引导幼儿游戏的过程中,要鼓励幼儿积极动脑、发展社会交往能力,对于大班幼儿要鼓励他们自己探索问题、解决问题。具体到每个混龄班级,每个幼儿的身心发展水平与能力不一定符合其所属年龄段的典型特征。有的中班幼儿可能表现出大班幼儿的特点,有的中班幼儿则可能表现出小班幼儿的特点,因此教师应当根据本班幼儿的实际情况开展区域活动。

二、区域活动组织与开展的各个环节

我们把区域活动的组织分为五个环节:制订规则、选择活动区、正式活动、收拾整理、开展评价。这五个环节相互关联,密不可分。制订规则是区域活动开展的前提,有利于促进幼儿规则意识的发展。选择活动区是幼儿活动目的性、计划性的体现,是幼儿自主活动的开始。正式活动是在幼儿选择活动区之后进行的,在该环节,幼儿通过与材料及他人的相互作用去学习、探索、发现,从而建构新的经验,教师在该环节的观察和指导将起到非常重要的作用。收拾整理环节发生在幼儿活动结束之后,幼儿要对操作后的材料进行整理、分类摆放和打扫。收拾整理环节可以培养幼儿良好的行为习惯、做事的条理性、责任感。评价环节是整个区域活动的最后一个环节,是幼儿分享、交流、梳理经验的过程。幼儿在与教师、同伴积极交流与讨论的过程中,回忆自己做过的事情、遇到的问题以及解决问题的过程,使幼儿零散的经验概括化、系统化,从而实现经验的主动建构。

(一)师幼合作,共同制订规则

教师与幼儿共同制订规则是区域活动有效开展的重要保障。混龄教育中区域活动的开展必须要有相应的规则作为保障,区域活动规则的制订应该由教师和幼儿共同完成。活动规则的制订有以下几种类型:第一种是在活动之前制订的,要求幼儿在活动过程中必须遵守,比如不能用剪刀伤人、不能攻击其他小朋友、各区可以容纳几个小朋友等。第二种是针对游戏中产生的问题制订的规则。这类规则一般是在活动中逐步形成的,如有些区域在人数比较多的情况下,容易发生争抢玩具等现象,这时教师可以通过"如何才能减少这类情况的发生?"等问题,让幼儿在讨论与反思中逐渐建立起相应的规则。由于这类规则是幼儿自己商量制订的，能够有效满足幼儿的需求，幼儿比较容易接受，并且能够自觉遵守。第三种是幼儿在活动后的反思过程中逐渐建立的规则。比如在积木区，有的幼儿没有收拾玩具的习惯，教师可以这样引导幼儿："为什么地上有这么多积木呢？怎么没有人收拾呀？"小班的幼儿可能会说："可能是因为今天的房子搭得太大了，今天的桥没有搭好……"大班的幼儿可能会说："因为××没有收拾，××乱扔玩具。"这时，教师可以引导大班幼儿带领小班幼儿一起收拾玩具，通过大班幼儿的示范帮助小班幼儿养成游戏结束后及时收拾玩具的良好习惯。

(二) 区域活动前指导幼儿科学选区

在区域活动正式开展之前，我们常常会发现有的幼儿无所事事，缺乏兴趣，不想参加区域活动。在区域活动开展的过程中，有的幼儿一遇到困难就要放弃，也有的幼儿频繁地换区，不够专注。

选区指幼儿根据自己的兴趣、经验、需要，主动选择去某个区域进行活动。选择区域活动也是幼儿区域活动的开始，看似简单，其中却蕴含着很多教育价值。首先，选择是幼儿行为有意性的表现，幼儿的行为随机性大、目的性不强，因此区域活动前教师可以有意识地引导幼儿根据自己的兴趣选区。其次，让幼儿自主选择，可以培养他们的自我意识，使他们意识到自己可以做决定，并能根据自己的决定来行动，从而发展幼儿的决策能力。再次，幼儿通过做出选择、进行活动、克服困难、取得成功这一完整的过程，不断获得新的经验，体验成功，增强自信。这样的过程不断地循环，使幼儿不断向更高水平发展。

教师指导幼儿进行科学选区要根据不同的情况，对症下药，一般而言，幼儿在选择区域方面表现出的问题主要有以下几类：(1) 小班或中班初期的幼儿往往会出现不会选择区域活动的情况。这一年龄段的幼儿，很多活动都是无意行为，往往是先去做之后再去想。教师要理解不会选择区域活动的幼儿，这是幼儿的年龄特点所决定的，但也不能放任不管，可以通过提问、建议、行动示范等方法来培养幼儿行为的目的性，并在活动中通过反复实践使之强化。(2) 幼儿可能出现排斥区域活动的情绪。区域活动开始时，大部分幼儿兴奋地选择了自己喜欢的活动，但有个别幼儿不做出任何选择，对于教师的引导也无动于衷，甚至出现排斥的情绪。这种情况在小班幼儿中较为常见。这时教师不要急于要求幼儿进入某一区域，而应先通过谈话等方式帮助幼儿表达心中的情绪。幼儿表达情绪时教师应该认真倾听，并适时表示理解，然后通过适宜的方式疏导幼儿的情绪，也可以转移幼儿的注意力，利用有趣的材料或情境来吸引幼儿，使他们逐步产生参与活动的兴趣。也有的幼儿并非因为情绪困扰而不想选区，他们只是对活动不感兴趣。教师可采用建议、提示、邀请的方式引导幼儿进入区域，让区域中同伴的情绪来影响和带动他们，使其自愿参与活动。（3）年长幼儿还会出现总是专注于一个活动区的现象。面对这种情况，多数教师的做法是任其发展，或者强迫其到另一个区域。教师的用意是好的，希望幼儿能得到全面发展，却忽视了幼儿的个性发展及心理需求。针对这样的幼儿，教师不妨先观察分析，看看幼儿为什么只选一个区，如果他确实对这个区很有兴趣，并且游戏水平也在不断提高，就不应直接干预。教师可以在适当的时候利用幼儿的兴趣点，引导其参与其他区域的活动。例如对于喜欢建构区的幼儿，教师可以巧妙地引导其到美工区制作桥梁、房屋、花园等辅助材料。教师切忌强迫幼儿换区，而应该通过一些巧妙的策略来引导。

（三）正式活动阶段

区域活动中，幼儿的自主活动是主体部分，主要包括幼儿的主动参与和教师的协助参与。教师应放手让幼儿创造性地、主动地操作，推动和激励幼儿在活动中发现问题和解决问题。

1. 在幼儿遇到困难时加以指导

区域活动中，幼儿会遇到各种各样的问题。面对幼儿遇到的困难，教师应当认真倾听，明确问题，与幼儿一起讨论解决问题的方案，培养幼儿积极思考、多角度思维、创造性解决问题的能力，并培养其良好的意志品质。

以建构区为例，小班幼儿可能不会搭建物体，只是拿着积木玩，比如敲打积木。中班幼儿可能会进行比较单一的搭建。针对不同年龄幼儿遇到的困难，教师可以布置任务、引导幼儿观察描述和相互讨论，使幼儿注意周围生活中的多种建筑，丰富幼儿的经验。

2. 养成写观察记录的好习惯

区域活动中，教师要密切观察幼儿的活动内容、活动方式、活动结果及遇到的问题，并及时给予幼儿必要的指导，修正活动方案、策略等。教师要养成写观察记录的习惯。观察记录包括观察对象、观察时间、所在活动区、操作材料、观察过程、观察反思等方面的内容。

第六章　混龄教育中区域活动和户外活动的开展

区域活动观察记录范例

观察对象：奇奇、嘉嘉

观察时间：下午区域活动时间

所在活动区：建构区

操作材料：积木

观察过程：奇奇3岁半了，一个人在建构区搭积木。他尝试搭高楼，但遇到了一些困难。在搭的过程中，楼层不稳固，总会歪倒。这时，5岁的嘉嘉也过来搭积木，嘉嘉很熟练地搭成了一座大桥。这吸引了奇奇的注意，他走过去，看着嘉嘉的作品。过了几分钟，教师走过来，对嘉嘉说："嘉嘉，你搭的大桥很棒，你还可以跟奇奇一起搭更好的房子。"嘉嘉回答："不，我要自己搭，不要和奇奇一起搭，他不会。"这时，奇奇有些沮丧，不知所措地站在旁边。教师对嘉嘉说："嘉嘉是个好孩子，好孩子要能够帮助弟弟，弟弟特别想搭房子，你们一起合作一定会更好。"于是，教师鼓励奇奇走向嘉嘉并勇敢地说出自己的请求。他们最终搭建出了一座很漂亮的房子。

观察反思：奇奇和嘉嘉最终能够走向合作是很好的结果。教师起到了很好的引导作用，抓住了不同年龄幼儿的心理特点。教师通过对话沟通促进不同年龄幼儿之间的合作，奇奇和嘉嘉都能够在这次的建构区活动当中有所收获。

(四) 收拾整理阶段

收拾整理指活动结束后幼儿对操作过的材料及环境进行分类、摆放、打扫。这一环节能够培养幼儿的责任感，让幼儿知道自己应该对使用过的材料负责。

1. 指导幼儿收拾整理的方法

在收拾整理的过程中，有的教师发现似乎每个幼儿都在收拾整理材料，但过了一段时间后，整个区域环境仍然凌乱不堪。这时候教师往往会产生急躁情绪。其实，很多幼儿非常喜欢自己动手整理材料，然而复杂的环境和琐碎的物品常常会让他们感到不知所措，如美工区、科学区、表演区等区域，玩具材料比较复杂，地面与桌面上都有。在这样的环境下，幼儿首先会遇到收拾整理的顺序问题，所以指导幼儿如何收拾显得尤为重要。

（1）在收拾整理的过程中，幼儿要用笤帚扫掉地上的纸屑，要用抹布擦桌子，要按对应标记摆放物品，要清洗一些器具，要把衣物叠放整齐……如何能够在短短的时间内让幼儿收拾整理得井井有条、忙而不乱呢？教师指导的关键在于分解动作细节，帮助幼儿很好地掌握动作要领和顺序。例如在美工区结束后的扫地环节，可以启发幼儿思考怎样才能更快地扫干净、应该从哪边扫、怎样扫才能不漏掉、倒纸屑的时候要怎样才能不让纸屑飞到垃圾桶外面。

（2）大班幼儿已经基本掌握了收拾与整理的技能，而中班幼儿正处在自我服务意识增强的阶段，教师可以有意引导他们学习收拾与整理，在劳动中鼓励他们学习扫、搓、倒等技能。在维护环境整洁的过程中，中班幼儿的责任感也日益增强。对于小班幼儿，教师在开始的时候可以有意识地引导他们做一些自己能做的事情，进而慢慢学会收拾和整理。不论是哪种类型的混龄班，在整个过程中，教师都可以有意识地让年长幼儿带领年幼幼儿一起收拾，发挥其榜样示范的作用。

（3）指导幼儿进行特殊材料的收拾整理。在收拾整理的过程中，幼儿还会遇到一些比较特殊的材料，如针、刀等危险性材料，磁铁、橡皮泥、水彩笔等易混易丢的材料。幼儿可能会胡乱地把玩具塞进玩具柜，或是漏放，造成丢失。对于这些特殊材料，教师要引导幼儿了解材料的特殊性，从而主动寻找收拾整理的好方法。

2. 指导幼儿分工与合作

在混龄班级，分工与合作显得尤为重要。在收拾整理的过程中，幼儿往往会为了谁用笤帚扫地而争执，或是抢着清洗水粉笔和颜料盒，而其他工作却没有人去做。出现这些情况是因为幼儿自我意识较明显，他们只关注自己看到的或感兴趣的事物，不会从整体上规划区域里有哪几件收拾整理的工作要做，意识不到如果别人做某件事，自己还可以做别的事。因此，在收拾整理的过程中，要有意培养幼儿的分工与合作意识。根据中大班幼儿的年龄特点和能力水平，指导幼儿分工与合作，而小班幼儿则要在教师的引导下参与收拾与整理。

（五）组织幼儿开展有效的评价

在收拾整理活动结束之后，教师要组织幼儿对区域活动进行评价。评价应以幼儿为主体，采取幼儿自评、幼儿互评、教师点评相结合的方式进行。

评价中教师应以过程评价为导向，避免结果评价，关注幼儿的知识、技能、情感的发展。教师通过集体或小组的形式，组织幼儿交流、分享区域活动的操作经验，发表对活动过程、活动结果、问题、困惑等的看法，以支持幼儿梳理、提升经验，目的是通过评价实现指导的功能，促进幼儿的发展。

中大班幼儿的自我意识水平不断提高，他们开始关注同伴，并喜欢通过比较、讨论来解决问题，因而可以成为评价过程的小主人。在教师的引导下，幼儿之间可以开展自评和互评。首先，幼儿可以回忆自己在活动中做了什么，看看、听听别人都做了什么，从而使自我评价能力及对他人评价的能力得到发展。其次，幼儿在与同伴交流、分享经验的过程中不仅发展了幼儿思维的逻辑性，更重要的是实现了经验的建构和整合。评价环节是为了让幼儿在与教师、同伴互动的过程中获得发展，应本着让幼儿积极参与的原则引导幼儿通过观察、比较、判断、分析、概括进行思考，从而内化新经验。小班幼儿由于其思维的具体形象性，他们分析概括的能力相对比较弱，语言表达能力有限，需要教师更多地进行引导。

评价可以采用以下几种方法：（1）作品分析法，即教师引导幼儿观察、比较、分析自己的作品和别人的作品，通过对作品的关键要素、结构进行对比以提升幼儿经验与能力的方法。这种方法适合评价美工区的手工作品、建构区的搭建作品等。（2）情境表演，即教师通过引导幼儿表演再现幼儿活动中遇到的问题，引导幼儿进行讨论，从而学习正确行为的方法。这种方法在指导幼儿社会交往时使用得比较多。（3）讨论法，即教师提出幼儿在活动中出现的问题，通过引导幼儿表达自己的观点，并与他人的观点进行比较、分析来获得正确认识的一种方法。（4）行为强化法，即教师观察到幼儿活动中积极正确的行为，在活动结束时给予肯定和表扬以强化正确的行为，对消极错误的行为给予批评从而纠正错误行为的方法。

第三节　户外活动的设计与规划

户外活动是幼儿喜爱的活动之一，有助于增强幼儿的体质、提高幼儿的人际交往能力、培养幼儿良好的品质、调节幼儿的情绪，对幼儿身心发展具有重要意义。因此，幼儿园如何设计与规划户外活动是值得关注的问题。值得一提的是，在混龄教育中，合理地设计与规划混龄户外活动，能让不同年龄的幼儿互动与相互学习，让每个幼儿都能够在各自的"最近发展区"内获得相应的成长与进步。

一、 创设良好的户外活动环境是重要的物质前提

幼儿园提供的户外环境和物质条件都直接影响着户外活动的开展。开展户外活动应因地制宜，创设能促进幼儿身心发展的户外环境，为幼儿开展户外活动创设良好条件。平坦、开阔的操场，供幼儿跑、跳、钻、爬、攀的运动器械和多功能大型玩具，这些物质条件是开展户外活动的前提。同时，户外活动的环境应当优美，布局合理，结构完整，达到绿化、美化、教育化和童趣化的要求，符合幼儿的兴趣和需要，使幼儿感到舒适、愉快和有吸引力，成为幼儿锻炼身体、自由嬉戏、促进幼儿体智德美劳和谐发展的"小乐园"。

针对不同年龄幼儿的特点，不同类型混龄班可投放不同的大型、中型以及小型玩具。

班级类别	大型玩具	中型玩具	小型玩具
中大混龄班	娃娃城堡、滑梯、攀岩、攀登架、蹦床、攀爬网、悬垂器材、秋千、迷宫	平衡凳、拱形桥、梅花桩、大平衡板、高低跳台、小推车、组合平衡玩具、组合篮筐	根据目标和季节，结合集体教育活动，自由灵活投放，包括自制玩具
小中混龄班	娃娃城堡、滑梯、秋千、迷宫、转椅	组合平衡玩具、组合篮筐、摇马、大树平衡桥	
小大混龄班	娃娃城堡、滑梯、攀岩、攀登架、蹦床、攀爬网、悬垂器材、转椅	平衡凳、拱形桥、梅花桩、大平衡板、高低跳台、小推车、摇马、大树平衡桥	

以上这些运动设施，便于幼儿进行各种基本动作和基本能力的练习。幼儿在玩大中型玩具时可以发展其综合能力，获得身体各方面的协调发展。在幼儿园场地的一些边角区域，还可以设置梅花桩、轮胎、高低跳台等锻炼目标相对单一的设施，以满足不同兴趣、不同能力幼儿的运动需求。除了这些相对固定的大中型玩具外，每天的户外体育活动还可以提供一些小型玩具，如皮球、绳子、铁环、空竹、毽子、沙包、软棍、纸球等。

有条件的幼儿园，可以在操场设置体育活动区域，包括跳跃区、平衡区、钻爬区、投掷区、合作区等，并开展游戏。

区域	材料	主要游戏
跳跃区	竹竿、高低跳台、跳跳球、跳绳、皮球等	跳皮筋、跳房子、小青蛙捉害虫、竹竿舞等
平衡区	木桩、高跷、平衡木、木梯、大小平衡板等	小兔采蘑菇、摘果子、小扁担运粮等
钻爬区	拱形门、钻圈、爬垫、攀爬网、长条凳、轮胎、攀岩墙等	小小侦察兵、争红旗等
投掷区	沙包、软球、网、圈等	背篓投球、套圈、打怪兽、看谁投得远等
合作区	小足球门、小排球网、羽毛球、乒乓球、合作平衡板等	小足球赛、小排球赛、门球赛、羽毛球赛、乒乓球赛、两人三足等

随着教育改革的深入，幼儿体育活动的重心已从机械和单纯训练幼儿的基本动作转向使幼儿喜欢并积极参加体育活动。幼儿园应因地制宜，就地取材，自制教具、玩具等。幼儿园可从多方面着手为幼儿提供种类丰富、式样有趣的自制体育器械，让幼儿利用这些器械，锻炼走、跑、跳、钻、爬、投掷、平衡能力。一些自制器械，平时是幼儿园的装饰，游戏时则是幼儿的"玩伴"。自制体育器械，不仅丰富了幼儿的体育活动，还为幼儿园节省了经费；既发挥了教师的主动性、创造性，提高了教师的业务技能，又促进了家园合作，丰富了幼儿户外体育活动材料。

二、户外活动设计与规划的"五要素"

（一）科学合理安排户外活动内容，培养户外活动兴趣

在安排户外活动时，教师可根据幼儿生理、心理特点和教育教学工作需要抓三个结合。

1. 户外活动与体育锻炼密切结合。在开展户外活动时应注意充分利用户外的新鲜空气、充足的阳光和水。早饭后让幼儿到户外做操，呼吸新鲜空气，并根据气温情况增减衣服。春、秋、冬季都应该坚持让幼儿多在阳光下活动，夏季可在树荫下活动。在户外锻炼时，教师要注意观察幼儿的反应，发现异常情况及时处理或暂停锻炼。

2. 户外活动与各领域教育活动结合。大自然能给幼儿提供活的教材、活的教具。因此，教师要根据教育内容就地取材，利用幼儿园环境中的有利条件，让幼儿充分调动感官获得直接经验。教师可以组织幼儿到植物园认识花卉，还可以组织幼儿到田野去观察田园景色、农作物在不同季节的变化等。每天幼儿还可以到自己的小种植园地浇水，观察植物生长过程。幼儿既满足了好奇心，又愉悦了身心。

3. 户外活动与各类游戏结合。教师开展户外活动，一般以体育游戏为主，根据幼儿身心发展特点和动静交替原则，有时也在户外活动中穿插进行一些运动量较小的游戏，如角色游戏、建构游戏、智力游戏等。

（二）从大处着眼规划，关注区域的合理性

在开展区域性体育活动前，幼儿园管理层及教师需要根据幼儿园实施混龄教育的实际情况，对全园的活动场地进行全面规划：什么地方适合设置哪些区域，需要多大的空间，怎样利用周围的环境设施等。教师应挖掘本园的环境资源特点，因地制宜，合理布局，将周围环境和运动区域进行有效结合。例如旋转楼梯拐角处比较低矮，可放置"纸箱迷宫钻爬组合"；圆形的紫藤架旁边悬挂呼啦圈，可以让幼儿练习钻圈；不同年龄幼儿可以在小山坡上自由爬上爬下，山坡边摆放拱形门，"钻爬区"就应运而生了；操场边的水泥路上有一排"城堡"，在"城堡"上贴上"灰太狼"或"敌人"等图片，就可以练习投准，"城堡"尽头还可练习投远；游泳池边的塑胶地被规划成"跳跃区"，不同年龄幼儿根据自身发展水平和兴趣，可以在塑胶地和蹦床上自由蹦跳，还可利用葡萄架上悬挂的高低不同的铃铛练习纵跳触物；游泳池还可用来练习从高处往下跳；充分利用沙池，在其边沿固定废旧轮胎，中间设置"梅花桩"，沙池外的小路上放置平衡木等，规划成"平衡区"……

（三）从小处入手创设，关注幼儿动作发展的全面性

幼儿身体的发展是全方位的，任何一项体育运动都只能锻炼某一种或几种动作技能。因此，教师应以幼儿的全面发展为立足点，按基本动作设置活动区域，包括走跑区、投掷区、钻爬区、平衡区、跳跃区、攀登区等，以满足不同年龄幼儿的需要。总的来说，区域的设置是相对稳定但又不是一成不变的，例如我们根据不同年龄幼儿动作发展的状况增加了按材料种类划分的球类区和车类区，各种各样的球和车激起了不同年龄幼儿尝试的欲望、运动的热情，给幼儿更大的选择空间。同时，随着季节的变化可以灵活调整，寒

冷的冬季适当增加运动量较大的跑跳内容，炎热的夏季增加玩水区等。这样，户外环境既有活动量大的区域又有活动量小的区域，既有锻炼上肢的区域又有锻炼下肢的区域，既有锻炼基本动作的区域又有培养综合素质的活动区，从而组合成一个有机的整体，使不同年龄幼儿获得多种运动体验，身体得到全面锻炼。

(四) 注重标志的作用，关注活动的安全性

户外活动具有愉悦性、开放性的特点。这种活动更需要将安全原则贯穿始终。场地的安全、材料的安全、游戏的安全、幼儿的安全都是成功开展活动的先决条件。我们将这些安全因素融入场景设置中。标志能够让幼儿了解各运动区域的场地、材料及活动的注意事项。例如不同年龄幼儿戴不同颜色的胸牌，利于区域教师分辨和指导；区域入口处的鞋印、插牌、挂钩（胸牌）等的数量有助于控制进区活动的人数；区域器械上的箭头指引幼儿运动的方向等。同时，每个区都有标志牌，图文并茂地介绍该区的内容、玩法、注意事项等，如在攀登区，教师可以拍摄幼儿正确攀登、翻越竹梯姿势的照片，并将照片贴在该处；另外，年长幼儿还可以参与设计禁止标志牌，在标志中画上危险动作，并打上醒目的叉号警示。这种正误对比的展示，简洁易懂地提醒幼儿动作要领和安全要求。

(五) 支架式学习，关注幼儿的个体性

虽然户外活动充分体现幼儿的自主性，但并不等于"放羊式"的活动。正如"支架学习"理论所指出的，幼儿个体性化发展需要教师的帮助。因此，在户外活动中，教师投放的材料是关键，它内隐地构建支架，直接影响不同年龄幼儿参与活动的兴趣和质量。

平衡区：提供高跷、平衡木、梅花桩等练习平衡技能的多种材料，同时，还配备装了水的可乐瓶、大沙包等辅助材料。不同年龄幼儿利用这些材料进行"挑水过桥""顶沙包走桩"等游戏。丰富适量的材料可激发不同年龄幼儿创新多种组合，成为户外体育活动的"激活源"。

钻爬区：用大纸箱制作漂亮的"钻桶"。颜色鲜艳的"钻桶"吸引幼儿将其组合成"钻桶迷宫"，玩得不亦乐乎。此外，还可以提供动物脚掌似的"护膝"、印有小乌龟壳的背饰等，提升运动中的快乐指数。

投掷区：投放高度不等、大小不一的投掷对象，投掷距离不同，投掷物轻重不一，可让不同年龄幼儿根据自己能力来选择，使年幼幼儿有体验成功

的机会，年长幼儿有挑战自我的机会。富有层次性的材料成为提高幼儿动作能力的"催化剂"。

攀登区：可在大树下架竹梯，一个横着架，一个竖着架，还有一根攀登绳从树上垂下来。不同年龄幼儿选择不同的方法上树，取下树上的"心愿卡"。其间，幼儿需手脚协调地上下树，取卡时需要调整身体平衡等，极具挑战性。这些就像是户外体育活动的"刺激素"，激励幼儿积极思考、勇敢挑战。在这个过程中，不同年龄幼儿既积累了运动经验，又提高了体能素质。

第四节　户外活动的组织与开展

一、户外活动的指导策略

（一）建立幼儿户外活动规则

1. 师幼合作，制订规则

对幼儿进行常规教育，是幼儿园各项教育活动顺利开展的保证。常规教育可以减少意外伤害事件的发生，有利于幼儿的身心健康。幼儿进入某个区域时，首先需与该区的指导教师打招呼、问好。这样既能培养幼儿讲礼貌的习惯，又能使该区的教师知道自己的区域中又来了一个小朋友；同样的道理，幼儿在离开区域时，也必须同教师打招呼，说一声"再见"。在混龄教育活动中，教师需要帮助幼儿建立起取放玩具的常规、换区的常规以及"大让小""大带小"的游戏常规等。需要注意的是，教师不能把一切要求强加于幼儿身上，而要让幼儿自己考虑应该怎样做、不该怎样做。教师可以和幼儿一起制订规则，抛出一些问题请幼儿讨论，从而达成共识，如制订玩滑梯的规则时可以问："许多小朋友喜欢从上往下滑，也有的小朋友喜欢从下往上爬，可是碰在一起时很容易受伤，怎么办？"幼儿纷纷出谋划策，有的说都从上往下滑吧，有的说叫下面的人让一让，有的说上面没人时就爬上去，有人时就不能爬……

2. 富有弹性，执行规则

合理的规则应该是有弹性的，应随着幼儿的发展变化和年龄特征而不断改进完善，如滑梯深受幼儿喜爱，玩的频率非常高，可以容纳二十多名幼儿同时玩。幼儿玩法多样，有的三五成群手牵手一起滑下去；有胆大的幼儿从上往下跑着冲下去一直冲到草地上；也有的喜欢叫同伴拉住自己的手，将自己身体挂在斜坡中间……游玩期间幼儿乐趣无穷。教师应根据不同年龄幼儿不同的运动水平与体能，分阶段制订相应的规则，富有弹性地执行规则，使安全性与趣味性并存。

3. 张弛有度，奖惩并行

有规则必然有奖惩。除了玩法规则可以让幼儿自己尝试拟定外，也可以让幼儿一起讨论奖惩办法，即在玩的过程中如果违反了规则要求应该受到怎样的惩罚，表现得好应该给予什么样的奖励。例如给积极参与活动并遵守游戏规则的幼儿颁发小奖状；给帮助年幼幼儿克服困难的年长幼儿颁发乐于助人奖；给勇敢参加户外活动的年幼幼儿颁发勇敢小勋章；等等。

可以采取以下惩罚措施：（1）当个别年幼幼儿违反规则时，教师可以先请年长幼儿帮忙提醒，并引导年幼幼儿按规则玩。当幼儿被提醒多次仍不改正时，教师可以取消他游戏的资格，请他暂时离开集体，在旁边观察学习同伴是怎样玩的。（2）若出现伤人或伤己的情况，则对其进行教育，请他想想同伴（自己）为什么会受伤、以后怎么改正。（3）如果班级里有三分之一以上的幼儿都存在违规的现象，那么中止活动，请大家就地集体反思或者回活动室。

（二）将活动内容科学化，将活动情境趣味化

幼儿园开展户外活动的科学性体现在活动内容和活动量上。活动内容的选择要符合混龄班幼儿的年龄特点。在幼儿期，每一个年龄段幼儿的身心发展水平都有明显的特征。因此，体育活动要根据不同年龄幼儿的体力、智力和能力条件，科学地选择和安排；活动量、活动的强度安排也要科学且合理，同时注意动静交替，以免幼儿因过度疲劳而影响健康。

幼儿在户外活动中的兴趣来源于活动本身，来源于教师的指导。混龄户外活动的内容和形式要游戏化，同时符合不同年龄幼儿的学习与发展特点。小班幼儿喜欢情节单一且具有呼应性的体育游戏，中大班幼儿则喜欢一些具有竞争性的体育游戏。因此，户外活动的设计要充分考虑到不同年龄幼儿的年龄特点。

（三）依据幼儿的动作发展规律，指导过程循序渐进

幼儿熟悉并掌握某一动作，必定有一个循序渐进的过程，而且幼儿之间还有着明显的个体差异，在混龄班这种差异尤其明显，所以教师要站在幼儿的立场充分观察幼儿的行为表现，有针对性地进行个别化指导，从而让不同年龄的幼儿各有选择，最终达到活动的最佳效果。对年幼幼儿应该鼓励或带领他们一起活动，且重点在于方法上的指导，同时应鼓励年长幼儿帮助年幼幼儿。

（四）发挥幼儿的主动性，给幼儿更多的选择权

幼儿园户外活动的组织形式多种多样，有集体体育活动、早操等。教师要充分利用这些活动形式的特点，互相配合、取长补短，激发幼儿参与活动的兴趣和积极性。同时，教师还可以不断拓展单个活动的内容，给幼儿一些自由活动的时间与空间，让他们根据自己的爱好自由选择运动器械，自由结伴，在快乐、有趣的环境中与人交流和分享自己的发现，让幼儿真正成为活动的主人。教师只需要认真关注幼儿的情感、态度和活动状况，给予必要的引导，不需要过多干预。总之，户外活动是一个丰富多彩的世界，教师要不断从激发幼儿的兴趣入手，把握幼儿的身心发展规律和年龄特点，尊重和理解幼儿的个体差异，因材施教，勇于创新，注重培养幼儿的创新意识、综合能力和积极向上的情操，这样才能适应素质教育的要求，促进幼儿的全面发展。

二、户外活动不同阶段的组织与开展策略

（一）活动开始阶段

户外活动之前，要让幼儿在生理和心理上做好准备。生理准备指身体的准备活动，应逐步提高幼儿机体的活动能力，使幼儿身体各部位进入活动状态，为开展较大活动量的身体运动做好准备。可以以韵律操的形式让幼儿活动各个关节，使幼儿身体各部位都做好充分的准备。心理准备指调动幼儿参与活动的主动性、积极性和愿望，使幼儿精神振奋、情绪饱满。教师的情绪、语调和姿态会直接影响幼儿的情绪和兴趣，比如教师用兴奋的语气对全体幼儿说："又到了我们户外活动的时间了，你们开心吗？"教师用自己的情绪带动幼儿，激发他们的活动兴趣，另外还可以发挥音乐的作用，利用节奏欢快活泼的歌曲伴奏，营造欢乐的气氛。

在户外活动开展初期，很多幼儿对区域不熟悉，可以在活动前用轮流参观的方式向幼儿介绍各区的玩法。每参观一个区域，指导教师就为幼儿介绍区域环境和玩法，耐心示范，并让幼儿尝试玩一次。这样既可以让幼儿熟悉规则，又可以根据幼儿的表现调整区域材料。

(二)活动进行阶段

1. 观察记录

实施教育，观察先行。蒙台梭利曾指出："作为一名教育工作者，应该有一双敏锐的眼睛。"教师不是忙碌的穿梭者、发号施令的权威者，而是站在幼儿背后的沉着、耐心的观察者。教师应从观察中获取幼儿与同伴互动、与环境材料互动的准确信息，关注幼儿的表现和反应，敏锐地察觉他们的需求。混龄户外活动为不同年龄幼儿提供了充分活动的机会，在这一过程中，幼儿的个性、兴趣、爱好、动作、运动能力得以充分表现，为教师观察了解幼儿创造了条件。那么教师在户外活动中需要观察什么呢？观察内容有"三看"：一看器材的提供是否适合不同年龄的幼儿，器材的数量是否能满足幼儿的需求；二看幼儿的学习、探索情况，分析幼儿活动的兴趣点，分析幼儿为什么这么做，分析幼儿活动中遇到困难的原因；三看活动差异，把握不同年龄幼儿的认知水平、情感态度、个体差异等，理解活动中幼儿不同行为的合理性。

教师要通过幼儿的情绪、表情、动作了解幼儿的心理情况，如观察幼儿活动中的情绪，是否对活动感兴趣；根据幼儿在活动中的表情和情绪来了解幼儿的需要，从而进行适当的调整。同时，教师需要在活动中实时关注幼儿遇到的问题，给予及时的指导与帮助。

2. 关注不同年龄幼儿的差异，个性化指导

如何指导不同年龄的幼儿，使每个幼儿都能在活动区中自由愉快地活动，是每个教师都要面临的问题。以下几个解决方法可供教师借鉴。

首先，应重视教师培训。既然是指导混龄户外活动，教师就应当了解不同年龄幼儿的特点，这样才能更好地开展混龄户外活动。幼儿园可以采用集体培训和小组讨论的方式让教师更了解幼儿，对幼儿动作发展能力、游戏特点、心理因素做到心中有数，例如同样是跨跳，中班幼儿侧重跨水平障碍，大班幼儿侧重跨垂直障碍。只有充分了解幼儿，教师才能在户外活动中进行有针对性的指导。

其次，材料应体现层次性。在同一个活动区，教师要考虑不同年龄幼儿

的活动差异，投放材料要体现层次性，便于幼儿根据自己的能力选择。层次性主要体现在材料本身，如投掷区中投掷目标有大有小、有高有低，跳跃区用于跨跳的材料有窄有宽、有低有高，以满足不同年龄幼儿的需求。层次性还体现在障碍设置上，如在游戏中可以设置两条不同的路线通向终点，一条路线长、一条路线短。年长幼儿可以选择长一些的路线，年幼幼儿可以选择短一些的路线。

再次，教师的指导应具有针对性。对于不同年龄的幼儿，教师的指导方式也应有所不同。年幼幼儿往往在开始参加活动时胆子较小，需要教师不断地鼓励，并给予及时的帮助；而年长幼儿更愿意尝试难度大的、有挑战性的游戏，教师要给予肯定，并对他们提出更高的要求，启发他们探索出更多的玩法。

总而言之，教师的指导要求为：一要适时，教师一般在幼儿发生矛盾、缺少活动器材、场地划分不合理、活动内容难以深化、运动量超极限或运动量不足情况下介入；二要适度，教师的指导多是间接的，一般不直接说出动作要领，尽量让幼儿自己去探索、去发现。教师可以根据幼儿的实际运动水平适度调整活动环境和材料，例如绕障碍物运球走的活动，障碍物的大小和障碍物之间的距离都隐含着不同的要求。

(三) 活动结束阶段

1. 整理活动材料

户外活动首先体现的是自主性，活动结束后幼儿自己整理活动材料是其发挥自主性的一个表现，也是活动后的放松。同时，幼儿通过做力所能及的事情，培养自我管理和解决问题的能力及责任感。在这个过程中，也会出现各种各样的问题，教师需要适时引导。

2. 开展评价活动

评价形式有三种：第一种是围绕一个幼儿共同感兴趣的问题，进行集体讨论。这种讨论可以使幼儿相互交流，丰富幼儿的经验，同时也可以帮助他们掌握一些动作要领。第二种是激发幼儿的学习兴趣，对一些尚未引起幼儿注意又有发展价值的器材，可以通过教师的启发，激发幼儿的兴趣，探索多种玩法。第三种是鼓励性的语言，目的是让幼儿提高活动中的速度，增强活动密度，更好地促进幼儿动作的发展。

三、教师指导幼儿活动时应注意的几个问题

(一) 保障幼儿的安全

《纲要》明确提出幼儿园必须把保护幼儿的生命和促进幼儿的健康放在工作的首位。户外活动具有打破班级界限、活动材料丰富、自由性强、人际互动频繁的特点。活泼好动是幼儿的天性，但他们的动作水平处于较低级的阶段，灵敏性和协调性较差，缺乏生活经验，对突发事件不能做出准确的判断，当处于危险中时也缺乏自我保护的能力，因而做好户外活动的安全工作不能有一丝懈怠。

首先，整体调整、安排户外活动，排除安全隐患。根据混龄班的幼儿数量、活动场地的大小以及不同混龄班的性质，可以对户外活动作息时间做出统一调整。在班级人数多的情况下，班级教师可以和年长幼儿共同组织活动，或者进行"大带小"的分组活动，减少幼儿消极等待的时间，减少幼儿发生意外的概率。另外，减少同一时间活动的班级数量，争取给每个幼儿以充足的活动场地，避免发生拥挤、推搡等事件。

其次，确保活动场地、活动材料的安全。幼儿园应当有专人负责定期检查活动场地、维修大型器械等工作。教师要做一个细心、负责的人，随时检查，发现并排除安全隐患，如滑梯的坡度要适当，表面要光滑，秋千、吊环等要牢固。每次活动之前要检查活动场地的安全，同时，必须在保证材料安全的情况下，活动材料才能投入使用，发现安全隐患要及时排除与调整。

再次，要提高教师应对突发事件的能力。幼儿园应当重视教师的安全技能培训，适当学习一些急救知识，在危急情况下能够给出最快最好的处理，从而把户外活动中意外事故的伤害性降到最低。每位带领幼儿进行户外活动的幼儿园教师至少应当掌握扭伤、跌伤、割伤、脱臼、骨折等意外的应对措施，并且定期丰富和巩固有关的知识技能。

最后，家园互动，做好幼儿户外活动的安全管理工作。幼儿园的大型玩具区、沙池区等是开放的，特别是离园时，幼儿喜欢在这些区域游戏玩耍，此时家长的安全保护责任显得尤为重要。家长是幼儿园最重要的合作伙伴，在幼儿园户外活动的安全管理中，应搭建家园合作的桥梁，建立协调、一致、互补的关系，共同保障幼儿的安全和健康，使他们快乐地成长。

(二) 培养幼儿的安全意识和自我保护能力

1. 正确引导，提高幼儿的安全意识。有的幼儿园户外场地比较大，可分为跳跃区、攀爬区、平衡区等很多区域，且每个区域的玩具、材料都不一样。教师在学期初开展区域活动之前需要进行区域介绍，每到一个活动区域，先和幼儿一起分析容易出现的危险情况，讨论怎样玩才不会发生危险，同时指导幼儿怎样玩，比如投掷、跳跃、跨障碍物、正确取放运动器械等。

2. 建立活动规则，提升规则意识。教师在开展户外活动前必须建立户外游戏规则，并使之成为常规，从而保证户外活动安全有序地进行。

3. 提高自我保护能力。教师在活动时应教给幼儿一些自我保护的方法。例如，幼儿经常会因为滑倒而摔伤，教师可以引导幼儿，只要用手撑一下地，受到的伤害就会小得多。又如，踩高跷时要适时调整自身重心位置，躲闪投掷物时要用双手保护脑袋，等等。教师教给幼儿自我保护的技能和方法，可以使幼儿在遇到安全问题时，避免受到伤害或减轻伤害。

4. 发挥标志的作用。标志的作用是多种多样的，可以标明活动的场地范围，也可以标明运动的方向与路线，还可以起到安全提示的作用。教师应做个有心人，发现安全隐患时要及时提醒幼儿，引导其讨论应该用什么样的标志来提示，并制作安全标志。在设计安全标志的过程中，对于发现的可能存在的危险情况，共同商量标志的样式。标志制作完成以后，教师要鼓励幼儿互相监督，检查标志的警示作用。

(三) 控制幼儿的活动量

户外活动期间是幼儿身体最为放松的时间段，但幼儿缺少调整自身活动量的意识和能力，容易出现活动量过大或偏小的情况。教师应当随时关注幼儿，给予适当的引导与帮助。

首先，在户外集体体育活动中，教师要巧妙安排活动的环节，活动的准备时间要充足，准备活动要做好，活动量安排要适宜。考虑到混龄班幼儿的差异性，可以采用分组活动等形式配合集体体育活动。户外活动要考虑区域位置的合理规划，既要有活动量大的区域，又要有活动量小的区域，而且应根据季节进行调整。如在夏季活动中，一般都把适合冬季的跳跃区、走跑区等运动量比较大的区域更换成平衡区、水区之类的运动量相对小的区域，这样既便于合理控制幼儿的运动量，又能以新的区域、新的游戏吸引幼儿，让幼儿积极主动地参与活动。

其次，教师要在活动中随时关注幼儿，并及时提示幼儿。有的幼儿跑得满头大汗、气喘吁吁，教师应该适时提醒他们注意休息或者参加活动量小的游戏进行调节；有的幼儿在沙区或水区玩了很长时间，教师应该提示他们去运动量大的区域游戏。教师还可以通过让幼儿扮演不同的角色来调整他们的活动量。例如在游戏"我是交警"中，教师可以让已经有较大运动量的幼儿当交警来指挥车辆出行，让不怎么参与活动的幼儿充当"安全小卫士"，负责保护年幼幼儿的安全。

第七章　混龄教育中的家园共育

世界上没有两片相同的树叶，也没有两个相同的幼儿。每个幼儿的生活环境不同、已有经验不同、作用于环境的方式不同、发展水平不同，这些差异决定了每个幼儿都是特殊的。在混龄教育当中，不同年龄幼儿之间的差异更加明显，因材施教才是好的教育，这时家园合作就尤为重要。那什么是家园共育呢？

家园共育，是指在一定的社会背景下，由幼儿园、幼儿家庭、幼儿所形成的三位一体的教育联合体，幼儿园和家庭围绕幼儿的发展积极主动地相互了解、相互配合、相互支持，通过幼儿园和家庭之间的多向互动共同促进幼儿的身心发展。其中，既有一对一的双向教育，例如教师对家长、教师对幼儿、家长对幼儿；又有二对一的多向教育，即教师和家长对幼儿。这种多层次、多维度的多向互动形成教育合力，指向幼儿的发展。在教师、家长和幼儿之间发生的合作共育关系中，彼此是同等重要、互为主体的。同时，家、园之间的这种合作交互作用和影响不是一次性的或间断的，而是一个链状、循环的连续过程。

本章首先讨论混龄教育中家园共育的一些基本问题，包括家园共育的必要性、教师和家长在家园共育中的角色、家园共育的效益等方面；紧接着探讨混龄教育中家园共育的原则、方式、策略和途径；最后阐述混龄教育中家园共育在推动幼儿德育、提高幼儿早期阅读能力等方面的相关实践和探索。

第一节　家园共育的基本问题

一、家园共育的必要性

（一）家园共育是幼儿身心健康发展的需要

心理学家埃里克森的心理发展理论把人的一生按照心理的发展分为八个阶段，其中涉及学前儿童的有三个阶段。

第一个阶段是婴儿期（0～1.5岁）：基本信任和不信任的冲突。这一时期的婴儿与主要养育者母亲形成最初的社会关系，人生最初的阶段形成的社会关系是他后期成长的基础。这一时期里，母亲对婴儿身体上、心理上的要求或需要给予适当的满足会使婴儿形成对母亲的信赖感。这种信赖感会使他在将来成人后的社会关系中也较容易对他人建立起信赖感。

第二个阶段是幼儿期（1.5～3岁）：自主与害羞和怀疑的冲突。这一时期，一方面，成人必须控制幼儿行为使之符合社会规范，即养成良好的习惯；另一方面，幼儿开始有了自主感，有了自己的行为习惯，家长若过分严厉，又会伤害幼儿的自主感和自我控制能力。如果成人对幼儿的保护或惩罚不当，幼儿就会产生怀疑，并感到害羞。因此，只有把握好"度"的问题，才有利于在幼儿人格内部形成意志品质。

第三个阶段是学龄初期（3～6岁）：主动对内疚的冲突。在这一时期，如果幼儿表现出的主动探究行为受到鼓励，幼儿就会产生主动性，这为他将来成为一个有责任感、有创造力的人奠定基础；如果成人讥笑幼儿的独创行为和想象力，那么幼儿就会逐渐失去自信心，这将使他更倾向于生活在别人为他安排好的狭窄圈子里，缺乏自己开创幸福生活的主动性。因此，这一阶段成人对于幼儿的鼓励至关重要。

从上面的理论我们可以看出，幼儿的成长需要家长和幼儿园教师的共同参与。在混龄教育中，教师面对的是不同年龄的幼儿，更需要家园合作。教师和家长因为文化背景、世界观等不同，对幼儿的教育也一定会有所不同。这种差异如果是原则上的、根本上的而且非常大的话，会使幼儿在成长过程中得不到一贯性的教育，从而在心理上、行动上和情绪上发生混乱，甚至可能导致幼儿成人后性格的不确定性以及与他人交往困难。教师和家长合作，可以给幼儿创造出更多样的教育环境，让幼儿了解更多的知识。因此，教师与家长建立起良好的合作关系，经常探讨幼儿的教育方式，并共同制订短期内的教育目标，有助于幼儿养成良好的行为习惯以及在人生初期形成对他人的信赖感。

（二）家园共育是幼儿教育发展的必然

自20世纪90年代以来，我国颁布了一系列学前教育的政策与法规，明确指出了幼儿园必须与家庭、社区相互配合，统一管理，以提高教育影响的一致性和有效性。2022年起施行的《中华人民共和国家庭教育促进法》第十九条规定："未成年人的父母或者其他监护人应当与中小学校、幼儿园、婴幼儿照护服务机构、社区密切配合，积极参加其提供的公益性家庭教育指导和实践活动，共同促进未成年人健康成长。"因此，家长主动参与幼儿园的教育工作是遵守国家政策与法规的必然要求，也是家长全面履行教育职责的体现。

发达国家学前教育的一条成功经验就是家长积极投身于学前教育事业，为学前教育机构提供道义和情感上以及人力、物力和财力上的支持与援助。发达国家学前教育都倡导幼儿园要重视利用家庭和社区的资源，以丰富、加深幼儿对自己、对他人和对社会的认识。美国《0～8岁幼儿适宜性发展教育方案》和日本第三个《幼稚园教育振兴计划（1991～2000年）》，都强调幼儿园要充分利用家庭和社区资源对幼儿进行教育，促进幼儿在体力、认知、情感、社会性、语言、审美等方面的最大发展。中外许多教育家都呼吁家庭要与幼儿园配合，家长要和教师合作，以保证学前儿童得到更好的发展。苏联教育家苏霍姆林斯基把刚开始接受教育的幼儿比喻为一块大理石，把教育者比喻为雕塑家，他认为这些雕塑家第一是家庭，第二是教师，第三是集体，第四是幼儿本人，第五是书籍，第六是偶然的因素。可见，家长要把孩子塑造成全面发展的形象，就必须与教师等雕塑家协作。由于家庭群体关系在时间上最为持久，家庭成员互动的频率很高，成员之间的接触是面对面进行的，而且主要是通过非正式的形式相互控制和影响，同时家庭成员彼此利益相关、目标一致，联系十分密切，所以在教育上家庭有其自身的优势。在混龄教育中，幼儿园管理者和教师面对的幼儿不仅仅具有个体特征的差异，还具有年龄的差异，要兼顾幼儿个体能力、经验、学习方式的差异和年龄的差异，仅靠幼儿园一方的力量是无法完成的，因此家园共育更具有必要性。

(三) 家园共育是时代发展的需求

社会经济、文化、科技的发展使社会系统对教育的影响越来越大，教育与社会的关系越来越密切，教育信息源越来越多样化，幼儿园已经不再是幼儿教育信息的唯一来源。大众传媒的普及、家庭文化水平的提高，为幼儿增加了许多学习途径。在多种途径相互碰撞的过程中，教育的不一致性会对幼儿产生消极或积极的影响。在这种情况下，要想保证幼儿的良好发展，幼儿园就需要把家庭及社会影响作为与幼儿园教育相关的统一体加以考虑，在了解、掌握家庭及社会信息的前提下，完善自身的教育内容和策略，扩大积极影响，减少或消除负面影响。

社会的发展对人的素质提出了前所未有的要求，对幼儿园的教育目标产生了很大的影响。显然，要适应社会的要求，单靠教育部门是无法担负起培养新时期优秀人才的任务的。混龄教育也是如此，单靠幼儿园把不同年龄的幼儿集合在一起施教是不够的。幼儿园教育需要家庭教育的配合，家庭教育也需要幼儿园教育的指导。由于大部分家长缺乏教育理论的指导，缺乏对幼儿生理、心理特点以及年龄特征的研究，对自己的孩子要求很高又缺乏相关的教育经验，仅仅凭着对孩子的爱进行教育，往往会出现许多偏差，有时甚至是溺爱。这突出表现在教育观念落后、教育内容偏差、教育方法不科学等，可能会严重影响家庭和幼儿园教育的质量，所以必须集合家庭、社区乃至更大的社会力量，让混龄班级的每个幼儿都能按照适合自己的方式、途径和速度获得发展。在现实面前，混龄教育给家园共育提出了新的挑战。

二、教师和家长在家园共育中的角色

教师和家长是家园共育的主体，并且是互动的关系，二者在家园共育当中扮演着不同的角色。学前教育实践证明，教师必须摒弃主从观念、树立平等意识，把家长当作合作的伙伴，才能构建健康的家园关系，调动家长参与幼儿园教育的主动性，提升教育的积极效果和幼儿的发展水平。

(一) 教师在家园共育中的角色

1. 教师是幼儿园教育的形象代言人

很多人对幼儿园的评价是根据教师的表现做出的。如果教师温柔细心、多才多艺、穿着打扮大方，而且能以热情友好的态度对待家长，认真完成保教工作、家长工作、教研工作，那么自然而然地会为幼儿园赢得好口碑。良好的师资是学前教育机构在市场经济条件下得以生存和发展的必要条件，而且教师的教育教学质量对于幼儿园发展及幼儿成长都起着非常重要的作用。

2. 教师是幼儿家长声音的倾听者

教师要了解家长，要用眼睛去观察，用耳朵去倾听。家园共育的成功经验表明，学会倾听、善于倾听是教师成为家长亲密伙伴的前提条件。教师只有与家长坦诚相待，才能使家长视教师为倾诉的对象，敢在教师面前讲真话。如果教师能够妥善处理家长的意见和建议，那么家长会非常乐意去配合幼儿园的工作，成为信息的传递者和教师的好帮手。另外，教师要尊重和理解家长，保护家庭的隐私，为家长不同的文化价值观、居住条件、极端的经济条件（如极高或极低的薪水和待遇）、就业状况（如下岗、待业）保守秘密，使家长消除顾虑，保持家园的良好互动。

3. 教师是幼儿家庭教育的指导者

幼儿家庭教育指导要取得预期的成效，就必须以科学的方法为基础。幼儿园教师作为专业的幼儿教育工作者，大多接受过正规的学科教育或者岗位培训，具备专业的实践技能和丰富的理论知识。从认真负责的职业素养要求角度来说，幼儿教师应当注意从家庭的实际情况出发，运用自己所学的教育理念、教育知识以及科学有效的方法对家长进行适宜的指导：（1）根据家长的学习类型予以指导，提高家长的学习效果。教师在对家长的学习类型进行事先了解和分类以后，可启发"听觉型"家长多去听一些学前教育机构开办的"家长学校讲座"，如怎样提高父母观察孩子的能力；鼓励"视觉型"家长多观看幼儿园布置的橱窗及板报、开放的一日活动；引导"动觉型"家长多参加幼儿园组织的亲子活动，如全家人齐心协力参加集体比赛。（2）根据家长的兴趣、需要予以指导，满足家长的合理需求。比如家长们普遍喜欢利用接孩子的这段时间参加集体活动，教师就可以把家长会、家长咨询活动等安排在这一段时间里，以便更多的家长能参与。

4. 教师是幼儿家长意见的采纳者

教师和家长由于教育对象、教育场所、教育时间、教育途径的不同，在教育幼儿的过程中，难免会出现认识上的分歧和行为上的差异等问题。教师应在倾听家长的呼声之后，认真分析家长的意见，迅速给家长提供反馈信息，认可家长的正当需求，接受家长的合理化建议，并付诸实践，以强化家长参与幼儿园活动的主动性、积极性和创造性。教师应帮助家长从支持者、学习者的角色，过渡到参与者、决策者的角色，使他们能自愿为幼儿园提供力所能及的帮助，自觉参与幼儿园教育决策的形成、执行和监督等各个环节的运作过程，以不断丰富合作的内容，提高家园共育的质量。

5. 教师是幼儿家长施教的合作者

随着家园共育工作的不断推进，教师基本上都能和家长建立合作伙伴关系，进行双向交流，彼此尊重，相互协作，共同承担保育、教育幼儿的责任。首先，教师要经常利用各种机会和家长讨论幼儿的学习和成长情况，支持家长提高教育的决策能力，如教师可以和家长一起讨论幼儿在哪些方面具有特长、哪些方面的发展需要进一步加强。许多教师把决策权交给家长，启发他们和幼儿一起商量后再做出决定。其次，教师应和家长一同评估幼儿的发展水平，制订相应的教育计划。如教师可以给家长发放幼儿心理、行为发展等方面的量表，让家长观察、填写幼儿在家的表现，教师随后收回量表，并且给出评价与具体的教育要求、建议，给家长以实际的指导。

6. 教师是幼儿园与家长沟通的纽带

幼儿教师是家长和幼儿园之间沟通的纽带。一方面，幼儿园教师要积极向家长传达正确的教育理念和幼儿园的办学思想，以寻求家长的理解和支持，引导家长配合幼儿园，共同向幼儿施加正面教育；另一方面，幼儿教师要及时将家长的相关要求反馈给幼儿园管理者，以便幼儿园及时做出调整，更好地服务于社会。

总之，幼儿教师作为"人的关系的艺术家"，通过与其他教师、幼儿园领导、幼儿家长之间的真诚对话和沟通来达成共识，推动幼儿园和家庭共同营造关心支持幼儿成长的良好环境。

(二) 家长在家园共育中的角色

1. 家庭是幼儿的第一所学校，父母是幼儿的第一任教师

在个性、社会性、认知发展和文化特征方面，父母是幼儿成长过程中最重要的环境影响因素。在幼儿正式进入托儿所、幼儿园之前，其在家庭生活中获得的生活习惯、经验、能力（尤其是语言能力和动手能力）将在很大程度上影响和制约幼儿园教育活动的开展。进入幼儿园学习后，幼儿园对幼儿的教育也离不开家长的配合。

2. 家庭有效弥补幼儿园教育的不足

众所周知，幼儿身心发展迅速，需要特殊的保护与关爱，作为社会基本

单元的家庭，其责任尤其重大。教育生态学理论认为，对于幼儿来说，家庭是最自然的生态环境，幼儿的成长需要和睦的家庭氛围。家庭这个以血缘关系为纽带、人一出生就生活在其中的社会单位，是幼儿最重要的安全基地。人类最初的教育是由家庭承担的，随着社会生产力的发展，为了解放妇女劳动力，幼儿园教育开始普及，幼儿教育才由家庭私人的责任变成社会公共事业。幼儿园发展到今天，家庭教育的重要性又逐渐受到重视。幼儿教育强调回归自然，而家庭就是幼儿赖以生存的最自然的生态环境。

3. 家长是重要的家园共育资源

家长是园所宝贵的教育资源，各种不同职业或者不同文化背景的家长可以给幼儿园带来丰富的教育内容，并能为幼儿园的需要提供各种支持和服务。另外，家长是教师最好的合作者，父母更加了解自己的孩子，家长是教师了解幼儿最重要的信息源。家长积极参与幼儿园组织的各种活动，能让幼儿感受到幼儿园活动的重要性，也能加深亲子感情，在家庭教育中更能保持良好的互动与默契。

三、家园共育的效益

家长与教师密切联系，相互配合，不仅能使家长自身的教育能力得到提高，而且有助于教师提升教育质量，还能促使幼儿园和家庭更好地发挥教育作用，从而形成教育合力，使幼儿的发展更加完善。具体突出表现在以下几个方面。

（一）帮助家长树立正确的家教观念

家长的教育观念决定着家长的教育行为，在混龄班中，幼儿的年龄不同，能力以及各方面发展的优势也不同，这些极其容易让家长感觉自己的孩子不如别人或者认为自己的孩子是绝对完美的。一些家长过分推崇"不让孩子输在起跑线上"的教育观，给幼儿灌输大量知识，严重违背幼儿的身心发展规律；有的家长强调超常教育和天才教育，只注重幼儿某一方面能力的培养，忽视了品德、行为习惯的培养。家园共育能够帮助家长树立正确的家教观念，使幼儿在德、智、体、美、劳多方面和谐发展。

（二）帮助家长更深刻地理解幼儿

家长只有深入、全面了解自己的孩子，才能选择适当的教育内容，运用恰当的教育方法，对幼儿进行有针对性的教育。幼儿生活在家庭和幼儿园这两个不同的地方。家长在参与幼儿园混龄教育活动的过程中，通过耳闻目睹自己的孩子在集体中如何生活、游戏和学习，获得幼儿成长的感性知识和经验，从而加深对幼儿的认识和对幼儿发展的理解。幼儿园可以通过多种方式帮助家长更深刻地了解孩子。

一是通过家长学校系统地向家长传授幼儿身心发展方面的知识，使家长从理论上了解幼儿在认知、情感、能力等方面的特点，从而理性对待自己孩子和班级其他幼儿的差异，做到科学育儿。

二是通过帮助家长订阅教育类杂志，使家长能学习一些有针对性的育儿方法，比如如何帮助孩子形成良好的行为习惯，如何教会孩子学会宽容，如何纠正孩子的攻击性行为，如何帮助自己的孩子和不同年龄的幼儿进行有益的社会交往与互动等。

三是通过家长会向家长介绍幼儿在混龄班的一些表现，让家长了解幼儿的认知、情感与社会性发展的水平，从整体上把握幼儿的发展。

四是通过半日开放活动，使家长从实践中认识不同年龄幼儿的发展特点，进而理解幼儿园混龄教育活动的时间安排、分组安排以及活动内容等。

五是通过家长园地、家访、个别谈话，使家长了解幼儿最近的学习、生活与幼儿园的要求，随时掌握孩子的情况。

(三) 提高家长观察幼儿的能力

观察是家长全面系统了解幼儿的重要手段之一，家长用眼睛去"看"幼儿，用耳朵去"听"幼儿，就能获得幼儿发展的第一手资料。幼儿园可以通过多种方式帮助家长提高观察能力。

一是通过与家长每天的对话或者聊天，重点指导家长如何观察幼儿某一方面的发展状况，进而去指导幼儿的行为，掌握幼儿成长过程中的更多信息。

二是针对混龄班相对于同龄班而言更加自然的环境，通过家园开放活动或者幼儿园举办的亲子活动，为家长提供观察自己的孩子与其他幼儿发展水平差异的机会。这样，家长可以更好地把握自己孩子的发展水平，能够敏感地抓住一些教育契机。

(四) 提高家长评价幼儿的能力

家长对幼儿的评价要全面、恰当。有的家长对幼儿要求过高，有的家长对幼儿放纵过多，而更多的家长只重视智力开发而忽视幼儿个性品质和习惯的培养。混龄班幼儿的年龄跨度相对较大，会给有的家长带来错觉，认为自己孩子的能力不如别的幼儿强,从而苛求自己的孩子,提出一些超越幼儿年龄的不适宜要求。期望不同、教育方法不同,教育结果、教育评价也相应不同,因此指导家长正确评价幼儿非常重要。

一是指导家长树立全面育人的观念,不要过分追求幼儿某一方面能力的发展,应当重视幼儿的全面发展。

二是帮助家长全面了解自己的孩子。由于幼儿性格特征有所差异,在家和在园的表现不完全一致,并且在幼儿园是和不同年龄的幼儿待在一起,所以家长容易对幼儿做出单一、片面的评价。因此,教师要和家长经常交流,在对幼儿的认识上达成共识。

三是指导家长实施正确的教育方法。对幼儿既要严格要求,又要耐心引导,不能急于求成,也不能过于迁就。教师可以通过家长会介绍教育方法和经验,举办专题讲座、半日开放活动等,使家长了解幼儿发展既有共性又有个性,要因材施教,在将自己的孩子与别的幼儿进行横向比较的时候,要考虑自己孩子的实际情况,使幼儿在家也能接受正确的教育,得到恰当的评价。

四是指导家长全面、客观地评价幼儿。由于混龄班级的复杂性,孩子与不同年龄幼儿的交往会表现出不同的特征,比如孩子更喜欢与比自己年龄大的幼儿一起游戏,那么在与比自己年龄小的幼儿一起游戏的时候,可能他游戏的积极性并不高,但家长不能因此评价自己的孩子不合群。家长应当正确、客观地认识自己的孩子,透过现象认识到背后的本质。

(五)帮助家长创设良好的家庭教育环境

无论是行为主义理论、认知理论还是建构主义理论,它们都强调环境对幼儿发展的影响和作用。家庭作为幼儿成长的第一个环境也是最重要的环境之一,应当为幼儿发展提供基本的物质环境与良好的心理环境,教师应建议家长为幼儿提供适宜的、适量的活动材料和活动空间。另外,随着电视、电脑以及游戏机的不断改进,越来越多的幼儿每天有大量的时间待在家中接触电子产品,对此,家长应当多带幼儿去户外活动、锻炼身体、陶冶情操。另外,心理环境对幼儿成长有着潜移默化的作用,家庭成员之间的和睦关系对于幼儿的依恋、安全感形成都有莫大的作用。家园共育有助于家长提升自我要求,为幼儿创设一个安全、温馨的心理环境。

(六)有助于教师因材施教

因材施教的基本前提是了解每个幼儿的个性特点。对于一个教师来说,了解集体中每个幼儿的独特性需要大量时间和精力，这对混龄班教师来说更是如此，同时教授不同年龄的幼儿给教师带来了很大的挑战。家园共育为教师了解每个幼儿提供了良好的途径与方式，家长是幼儿最亲近的人也是最了解幼儿的人，将幼儿的发展情况与家长进行定期与不定期的交流能够帮助教师更好地展开保教工作，从而给幼儿以最适宜的教育。另外，家园共育能帮教师减少一定的工作量，热衷于参加幼儿园活动的家长能够给班级教育工作带来极大的便利，这样的家长不仅能够培养好自己的孩子，还能够跟其他家长交流育儿经验，让教师的工作更有效、更顺利地开展。

（七）有助于形成教育合力，达到促进幼儿发展的最终目标

教师、家长的通力合作，出发点与归宿都是促进幼儿全面、健康、快乐成长。在混龄教育中，家园共育显得尤为必要。教师是专业的幼儿教育工作者，也是家庭教育的指导者。家长是教师进行幼儿园教育的支持者与配合者，如果教师和家长能进行良好的沟通、交流与合作，在教育理念和教育方法上达成一致，那么必然能取得更大的教育成就，幼儿也必将能够获得更全面、更协调的发展。

第二节 家园共育的原则、方式、策略和途径

一、家园共育的原则

（一）平等原则

幼儿家长和教师分别是家庭和幼儿园两大环境的施教者，同为教育主体，从角色位置上看，他们之间原本就应该是一种平等合作的伙伴关系。长期以来，在狭隘教育观的影响下，部分幼儿教师可能自以为是教育的行家里手，将家长看作单纯的受教育者、幼儿园旨意的执行者，将家长工作的目的看成仅仅是教育家长。持这种认识，不仅会导致幼儿园家长工作的实效性差，无法发挥家长这一教育主体的作用，而且会导致幼儿教师和家长之间的双向互动无法形成，难以实现家园共育。这对于混龄教育来说是非常不利的。在幼儿本身的能力结构、层级结构和互动结构已经呈现出复杂化的情况下，不利用好家长这一良好的教育工作支持者和鼓励者的支持是非常可惜与不明智的。

因此，教师必须真正从狭隘的教育观中走出来，充分认识到：家长工作的最终目的在于实现家园合作，共同为幼儿的发展奠定良好的基础；教师与家长必须建立平等合作的伙伴关系，相互尊重、相互信任、相互学习、相互支持。

（二）倾听原则

在与家长沟通的过程中，教师应善于倾听，充当耐心的听众，并为家长创造诉说自己心愿、发表自己见解的机会。学会倾听、善于倾听是教师成为家长亲密伙伴的前提条件，教师只有与家长坦诚相待，才能让家长敢在教师面前说真话，从而使家园沟通更畅通。教师在倾听时应注意以下几点：（1）克服自我中心，不要总是把自己置于话题的主导与中心地位，迫使对方只能被动地接受信息。（2）克服自以为是的想法，不要总想占上风，认为自己的观点才是正确的，别人的观点总是错误的。（3）尊重对方，要让对方把话说完，不要因深究不重要或不相关的细节而打断对话。（4）不要急躁激动，要仔细地听对方说些什么，不要匆忙下结论、急于评价对方的观点，不要急切表达自己的建议，避免与家长产生激烈争执。（5）尽量不要使自己的思维跳跃得比说话者还快，不要试图理解对方还没有说出来的意思，避免带有偏见，否则很容易影响沟通的效果。

（三）换位原则

教师与家长要设身处地为对方着想。在与家长沟通的过程中，教师要站在家长的角度去看问题，为家长着想、换位思考，从而调整交流、沟通的方法和技巧，使沟通更好地进行下去。在混龄教育中，教师跟每一位家长沟通的时候，要从家长的角度出发审视幼儿在这个混龄集体当中的表现，给予客观评价，从而给予家长科学的指导与帮助。这种方式是最能让家长接受的，因为家长会觉得教师在很真诚地帮助自己的孩子成长，也在时时刻刻考虑客观公正地教育自己的孩子。

（四）互动原则

互动是指家庭和幼儿园相互配合，共同完成教育目标。幼儿园与家庭的互动中，教师和家长同等重要，双方应积极交流沟通，充分发挥双方优势互补的作用。互动过程中的双方要从互动的目标出发，促进不同年龄幼儿的适宜发展。

（五）信任原则

信任是指教师与家长相信彼此，信任是架设在教师与家长之间的桥梁。

针对混龄教育的实际情况，教师容易认为自己是幼教专业工作者，是某种意义上的权威，对不同年龄的幼儿有着很好的整体把握，认为家庭教育只是从属于幼儿园教育；而家长容易认为幼儿园只是看孩子的地方，自己才是最爱孩子的，是真正为孩子好的。教师应相信家长对幼儿的爱，与家长真诚地沟通；家长也应信任教师教书育人的良好出发点。双方要坦诚沟通，以促进幼儿身心和谐发展。

（六）理解原则

理解就是用自己的体会去感受对方的想法。教师要善于与不同类型的家长相处，虚心地听取家长的意见和要求，平等友好地与家长沟通和交流。教师和家长在教育过程中难免会出现认识上的分歧和行为上的差异，需要双方相互尊重，以友好的态度进行沟通。工作中遭到家长误解时，教师要保持冷静，善于控制自己的情绪；遇到矛盾时教师要主动反思，并为疏通沟通渠道做出努力。家长和教师对幼儿的教育虽然存在差异，但目标是一致的，所以双方应相互理解，在教育过程中实现观念一致、行动一致、相互配合。

（七）尊重原则

教师要认识到家庭教育是幼儿教育的重要组成部分。家庭是幼儿出生后最先接触和接触时间最长的生活环境，家长与幼儿有着深厚的情感联系。家庭教育渗透在家庭生活的方方面面，家庭环境对幼儿的发展起着潜移默化、深刻的影响，特别是对其品德、个性、行为习惯等方面影响很大。教师要尊重家长，理解家长的心情，体察家长的需要。

二、家园共育的方式

（一）邀请式

幼儿园作为专业的幼儿教育机构，应当主动邀请家长参与幼儿园的各项活动，协助幼儿园完成教育与保育工作，让幼儿园、家长共同承担幼儿教育的任务。幼儿园也可以联手社区，邀请家长带孩子一起参加社区的关爱老人、特殊节日庆祝等活动，帮助幼儿形成良好的品德以及集体荣誉感与归属感。

（二）走进式

幼儿园可以充分发挥自身的教育优势，主动走进家庭开展早教工作，比如针对不同家庭的需要，开展走进残疾人家庭、困难家庭、单亲家庭等活动，针对不同年龄的幼儿给予不同的指导。

(三) 开放式

幼儿园可以主动开放，利用自身的教育资源，为社区及家庭服务。幼儿园开放的主要目的是共享教育资源。在时间安排上有半日开放、全天开放等；在开放内容上有图书阅览室开放、图书借阅、玩具共享、节日庆祝等。此外，也可以定期组织家长参加家长学校的学习，帮助家长树立正确的儿童观、教育观，提高家长的科学育儿水平。

(四) 体验式

幼儿园可以联手社区，根据近期的教育目标，举办一些让家长参与的活动。家长根据自己的职业能力、兴趣特长主动报名，积极参加，并通过与幼儿一起活动，感受与幼儿一起成长的快乐，真正实现家庭、幼儿园携手共促幼儿发展的目标。家长和教师也可以在活动当中互换角色，换位体验。例如，家长在幼儿园以教师的角色出现，亲身参与活动的全过程，深刻体验教师平时的教育过程，并客观地了解幼儿在活动中的表现及能力发展情况，更好地促进幼儿的发展。

三、家园共育的策略

(一) 总体策略

1. 准备策略

准备策略主要是在活动前实施。教师可以通过电话、家访或者问卷的形式来了解家长的职业、特长、爱好等，并将家长的信息进行整合、分析，同时还可以了解幼儿在家庭中的成长状况，为家园共同施教奠定基础。幼儿园可以与家长共同做好活动准备，如收集活动材料，共同制订参观或游览计划等。

2. 协商探讨策略

混龄教育中教师与家长的沟通至关重要。教师、家长针对幼儿的教育问题在相互探讨的过程中达成共识，有利于教师更好地关注不同幼儿的发展需要，也可以帮助家长提升育儿能力，形成教育合力，促进幼儿健康、快乐成长。例如，在儿童节、国庆节、元旦等节日中，教师与家长共同承担节目策划、组织等任务，相互帮助、相互学习，为了共同的目标而努力。协商探讨策略应当贯穿于家园共育的始终。

3. 优势互补策略

在家园共育过程中，优势互补策略一般在活动中实施，家长与教师合作，起到优势互补、共同施教的作用。例如，在一些科学活动或者科学区的创设当中，可以充分发挥家长的专业知识优势，弥补教师的不足；而在其他一些教育活动中，教师可以利用自己专业的幼教知识与技能给家长以示范，让参与活动的家长了解有效促进幼儿发展的教育方法，获得更多的育儿经验，让双方都能受益。

4.反思借鉴策略

活动后，教师和家长双方可通过重温活动过程、反思成败，提高家园双方的教育能力。例如，活动后双方就目标完成情况、活动组织形式、教师的引导、家长的参与、幼儿的表现等进行认真分析，制订整改措施，为以后的活动提供可借鉴的经验。

（二）具体思路

1.从幼儿的发展水平出发

幼儿园往往会针对幼儿发展的不同水平，组织不同的活动。家长可针对幼儿的实际情况，有选择地参与其中，以促进幼儿更好地发展。

（1）操作活动。如果幼儿的操作能力较强，而家长又想借着活动强化幼儿的动手能力，那么家长就应鼓励幼儿参加幼儿园举办的各种动手操作活动，如手工活动、种植活动。如果幼儿的动手能力较弱，而家长又想通过活动提高幼儿的操作能力，那么家长就应为幼儿创造操作的条件，激发幼儿操作的兴趣，培养幼儿操作的信心，使幼儿的操作活动从易到难，如先和幼儿一起参加搭积木的活动，再指导幼儿参加折纸、剪纸、制作贺卡的活动，以逐步提高幼儿的动手能力。

（2）语言活动。如果幼儿的语言发展水平较高，那么家长就可为幼儿提供展现其才能的机会，为幼儿报名参加幼儿园或者其他机构举办的各种语言类活动，如讲故事大赛、表演比赛等。如果幼儿的语言发展水平较低，那么家长就应多给幼儿提供锻炼口语能力的机会，和幼儿一起进入幼儿园的图书角，开展亲子共读活动，提高幼儿的阅读能力和表达能力，使幼儿敢在人多的场合下讲话，敢在陌生人面前说话。

（3）认知活动。如果幼儿的判断能力、推理能力较强，那么家长可引导幼儿参加幼儿园组织的"智力大冲浪""脑筋急转弯"等活动，以进一步提高幼儿思维的敏捷性和变通性，促进幼儿思维能力的发展。如果幼儿的分析能力、综合能力较弱，家长就应多与幼儿共同参加班级的思维训练活动，如数学区域活动、科学活动、问题解决活动，以丰富幼儿的逻辑数理知识，提高幼儿思维的准确性和流畅性。

2. 从家庭的独特情况出发

每个家庭都有自身的特点，不论是在住房条件、经济水平还是在家庭结构上都有所不同。这是家长配合幼儿园教育时所必须考虑到的重要因素。

（1）考虑家庭的居住情况。住在相同小区的或者邻近小区的幼儿可以经常串门，或者共同进行户外活动；可以让幼儿邀请同伴来家玩耍，加强家庭之间的互动，发展幼儿的社会性。

（2）考虑家庭的经济条件。不论是幼儿园还是社区组织集体活动，都要考虑幼儿家庭的经济情况，不要铺张浪费、过于奢华，达到促进幼儿发展的目的即可。

（3）考虑家庭结构。家长要根据家庭结构的特点，参与幼儿园的活动。对于核心家庭来讲，参与幼儿园活动的可以是父亲，也可以是母亲。但对一个主干家庭来讲，参与幼儿园活动的不仅可能是父辈家长，还可能是祖辈家长，两代人在育儿观念上会有不同之处，这是需要协调的地方。家长在教育观念与教育行为上应当达成一致。

3. 从家庭教育的问题出发

不同家庭在幼儿成长的不同时期会遇到这样或那样的问题，家长可以此为据，选择参加幼儿园的教育活动。

（1）教养方式与态度。什么样的教养方式才适合自己的孩子？不良的教养态度有哪些？如何矫正？针对专制型家长、放任型家长、溺爱型家长各有哪些注意事项？如何培养民主的教养态度？当幼儿园举办类似讲座活动的时候，有此类问题的家长要积极参加，了解自己的教养方式属于什么类型，为端正自己的教养态度做好知识上的准备。

（2）幼儿园教育与混龄教育。家庭教育和幼儿园教育有什么不同？混龄教育跟同龄教育又有什么不一样的地方？优点在哪里？有此类问题的家长可以到幼儿园参观幼儿的一日活动，了解幼儿的学习特点和教师的教育方式，了解自己的孩子如何跟不同年龄的幼儿互动与交往，在与不同年龄幼儿的比较中客观评价自己的孩子。

（3）良好行为习惯的培养。针对如何纠正幼儿在家出现的不良行为习惯，如何培养幼儿良好的行为习惯等问题，家长可以及时与教师沟通，寻求教师的帮助，了解幼儿在幼儿园中的表现。家长可以通过参加家长学校、与其他家长沟通的方式学习如何对待幼儿的不良行为习惯，还可以在幼儿园的图书室借阅相关图书、音像资料、杂志等自主学习。

4. 从活动的时间、性质和角色出发

幼儿园举办的各种家园共育活动在时间、规模、角色上都存在着差异，家长要适时选择，积极参与。

（1）活动时间。家长在选择参加幼儿园活动时，首先要考虑的是时间安排。不同的活动会被安排在不同时间进行，有的在工作日的上午或下午，有的在双休日。不同活动持续的时间也不尽相同，有的长达几小时，有的短至几分钟。家长要事先了解活动的性质以及时间，注意选择自己能够按时参加的活动，因为如果答应了幼儿去参加活动，就应尽量信守承诺，坚持到活动结束，让幼儿充分地信任家长。

（2）活动性质。家园共育活动的规模是不同的，有的是以幼儿园、年级为单位的大型活动，有的是以班级为单位的中型活动；活动的目的是不同的，有的是发展幼儿的合作分享能力，有的是发展语言能力，有的是发展肢体协调能力。家长要具体情况具体对待，针对自己孩子的情况，选择适宜的活动参加。

（3）活动角色。总体而言，家长在家园共育中起着重要的作用，但在不同类型的共育活动中所扮演的角色不会完全相同，有时是配合幼儿园教师完成教育活动任务，有时则是整个活动的支持者；在活动的不同阶段所扮演的角色也不完全相同，前期是支持者、参与者和实施者，后期是决策者和评价者。因此，家长要根据活动的性质、流程、时机，扮演不同的角色。

四、家园共育的途径

针对不同类型的家长，教师可以采取不同的交流与沟通方式。对于年长幼儿及彼此比较熟悉的家长，教师可在注重个性化教学的同时，侧重培养幼儿勇敢、自信、乐群、合作的心理品质。而对多数年幼幼儿，教师可把工作重点放在对幼儿良好生活习惯的培养上。基于不同年龄幼儿不同的培养目标及家长的特点，教师可通过个别沟通和群体沟通两种形式，增加与家长交流的机会，保持与家长的密切联系。

（一）个别沟通

个别沟通主要针对不同幼儿的问题和不同家长在教育上的问题，以促进每个幼儿的身心发展为目的。

个别沟通的信息内容主要有幼儿的健康状况、幼儿的童言稚语、幼儿在园学习和生活的表现、特殊或意外事件的原因、园所内的消息或通告、育儿经验交流等。个别沟通的方式主要有以下几种。

1. 电话沟通

电话沟通是最灵活、最快捷的一种方式，能够及时与家长沟通幼儿在家或在园的情况，迅速处理紧急问题或者突发情况。通过电话，教师可以简短地向家长介绍幼儿在园的表现以及生活、游戏、学习等情况，如果家长有事情也可以及时地通过电话与教师沟通。

2. 随机交流

家长接送幼儿时的随机交流是一种便捷灵活的沟通方式。教师、家长可利用每天早晨幼儿入园和傍晚幼儿离园这段时间交换意见。教师要把握时机，有效地发挥随机交流的作用。

3. 约谈

针对幼儿发展过程中出现的情况，教师可以通过电话或在家长接送幼儿时和家长约定交谈的时间。这种约谈一般目的比较明确，教师要有充分准备，谈话的内容包括建议和措施、专家的意见、幼儿园的要求、本班的情况等。约谈时教师始终要与家长像朋友似的交流，这样家长才会觉得放松。通过约谈，幼儿园、教师和家长之间会减少很多矛盾。

4. 在线社交软件

幼儿在园的一日生活中随时可能会出现情绪不稳定、身体不舒服、弄湿衣裤等问题，教师、家长可以利用在线社交软件及时沟通。另外，针对幼儿近期出现的问题，教师与家长可以就约谈的时间、地点等利用在线社交软件告知对方，以便家长做好准备。

5. 家访

这是幼儿园开展家长工作的一种重要方式，一般由教师承担，目的在于：一方面，深入了解幼儿的家庭环境、在家的生活情况、家长的教养态度、教养方式以及家庭周围环境对幼儿身心发展的影响，从而为教育提供良好的基础；另一方面，通过家访使家长了解自己的孩子在幼儿园的游戏、生活情况（包括进步和不足）等，通过分析幼儿的具体情况，教师与家长共同探讨教育措施。家访使教师和幼儿、家长之间的感情得到交流，产生亲近感和熟悉感。

根据关注的不同重点,家访可以分为定期家访、个性化幼儿的重点家访和特殊家访三种类型。

(1) 定期家访。幼儿随着年龄的增长,身心不断发生变化,为了让家长更多地掌握幼儿的情况,教师通过定期家访,一方面向家长汇报幼儿的成长变化,争取家长的配合,另一方面也使家长能对幼儿不同阶段的发展变化有连续性的了解。

(2) 个性化幼儿的重点家访。幼儿的成长环境不同,性格各异,因而在园生活和游戏的表现也不尽相同:有的幼儿思维活跃、活泼好动,做事冲动有余,耐性不足;有的幼儿胆小怯懦、做事畏首畏尾,却耐心细致等。对于这些幼儿,教师需要在弄清问题的基础上对症下药。在家访时,教师要在分析幼儿的年龄特点及个性发展优势的基础上,向家长如实反映幼儿在园的表现,倾听家长的看法和意见,耐心和家长一起分析原因,共同找出对策。对一些不宜在幼儿面前说的话,教师可以和家长约定时间与地点再做进一步交谈。如有的幼儿注意力不集中,教师可以建议家长注意为幼儿提供适宜的学习环境,选择并讲述适合其年龄特点的故事,培养其专注倾听的习惯。

(3) 特殊家访。在幼儿发生疾病、事故和幼儿有严重行为问题时,教师应当及时进行家访,以便幼儿园顺利开展工作。

6. 家园联系册

家园联系册需要由家长与教师共同完成。这里记载着幼儿成长中的进步与不足,记载着家长、教师关于幼儿教育的困惑与建议。

(二) 群体沟通

群体沟通是指教师面向全体家长,通过各种活动形式,就一个或多个教育问题进行交流、研讨或答疑。群体沟通的信息内容主要有园所简介、发展思路、日常工作及注意事项、学期安排、工作计划及需要家长配合的方面、阶段性工作汇报、交流、观摩等。群体沟通的方式主要有以下几种。

1. 家长会

(1) 新生家长会。专门面向新入园的幼儿家长,一般在新生入园之前或者入园之初,由管理者向家长介绍园所的基本情况、日常工作、应注意的事项等,也可以是教师就目前班级情况、学期工作等的介绍,使家长积极主动地配合幼儿园工作。

(2) 新学期家长会。新学期之初,向家长报告新学期的安排,包括主要的教育工作、计划以及家园共育活动等，使家长心中有数，以便有的放矢地开展教育活动。

（3）阶段性家长会。在开学一段时间后召开家长会，向家长反馈近阶段的教育工作情况，尽可能地就每个幼儿在园的表现与家长进行交流与分享。

（4）小型专题家长会。小型专题家长会主要适合针对共性问题进行研讨和交流，可以由幼儿园组织，也可以由班级组织。这种小型专题家长会要事先确定主题、内容，人数最好控制在 10 人以内。针对一个问题进行研讨，思想上达成共识，比如"如何帮助幼儿克服任性的问题？""幼儿注意力不集中怎么办？"等，通过研讨提高认识、解决问题。

2. 家长学校

家长学校是有效提高家长教育能力和家庭教育素质的途径，幼儿园可以针对家长教育子女过程中常遇到的困难和易产生的问题进行有计划、有重点、有针对性的指导。讲课者可以是本园的教师，也可以聘请相关专家。家长可以在讲座、参观、讨论中受到启发和帮助，提升自己的育儿能力，在家庭教育的过程中信任幼儿、赏识幼儿，对幼儿有充分的信心。

3. 家长开放日

幼儿园可以在每个学期定期举行家长开放日（全日或者半日），邀请家长参与幼儿园的教育活动，使家长了解幼儿在园的真实表现，了解幼儿园的教育内容和方法，增加家长和幼儿园沟通的机会，从而更好地促进幼儿的全面、健康发展。家长也可以到幼儿园做志愿者，亲身参与幼儿园教育活动，体验幼儿的一日生活，了解幼儿园教育教学情况，更好地监督和支持幼儿园工作。

4. 活动开放

活动开放主要分为三种类型：一是观摩开放，让家长更直观地了解教师的工作，主要是班级教育、教学活动，促进家园携手共同施教。二是互动开放，这种活动多为庆祝活动或展示活动，如儿童节、迎新年、运动会等，让家长通过和幼儿互动感受亲子活动的乐趣，增强幼儿的集体意识和凝聚力。三是参与开放，主要是利用家长、社区特殊的教育资源开展幼儿园活动，如邀请当医生的妈妈、派出所的民警、消防队员等走进幼儿园，与幼儿一起游戏，增强幼儿的学习兴趣，弥补教师在某些专业领域知识的不足。

5. 研讨座谈

研讨座谈是指教师与本班幼儿家长或幼儿园与家长代表的交流研讨。这种研讨主要是针对双方比较困惑的问题，互相交流教育经验和育儿方法，通过研讨交流，使家园双方形成教育合力。

6. 家园专栏

家园专栏是家园沟通的主要方式之一，目的是使家长了解幼儿园是怎样教育幼儿的，并给家长提供一些关于幼儿教育、保育知识的学习材料，提升家长的科学育儿水平。

7. 园刊、园报

园刊、园报是幼儿园自行创办的园内刊物，也是教师与家长交流的互动平台，主要内容有班级工作、班级活动、相关的教育信息、幼儿情况、亲子游戏、童言童语等。园刊、园报可以定期印制，也可以根据重大节日或特殊节日印制特刊。

第三节　家园共育的实践和探索

家园共育是当今幼教改革的大趋势，是新时期科学教育理念的进一步渗透，它能促进利于幼儿身心健康发展的良性教育机制的形成，也使家庭和幼儿园的各种教育资源得到了有效利用，推动幼儿教育事业的不断发展和壮大。幼儿园应树立大的教育观和课程观，结合教育形势和本地区幼教特点，将家园共育的内容纳入幼儿园的整体教育工作中。

一、通过家园共育推进幼儿品德教育

幼儿时期是人身心发展的一个重要时期，其思维、个性、道德观念的形成，感觉、知觉、注意、想象、记忆、情感、意志的发展，无不需要教师的密切关注和科学的教养。其中，幼儿的品德是重中之重，其形成是知、情、意、行统一的过程。知是基础，行是关键，习惯是归宿，只有将幼儿对道德行为的认识转变为自觉的行动，才能真正达到品德教育的目的。但在教育实践中，由于幼儿人数较多，教师往往仅采用言语说服、形象感染等方法提高幼儿对道德的认知，而忽视了幼儿的德育实践活动。那么，作为家长和教师，在提高幼儿道德认识的同时，如何加强幼儿道德行为训练，使之形成良好的道德品质呢？

首先，在特定情境中激发幼儿的道德行为意识。比如在重阳节，教师可对幼儿进行尊敬老人的教育，鼓励幼儿帮父母捏捏肩膀，陪爷爷奶奶一起散步，让幼儿知道要给家人更多的关心和照顾。教师应留心去发现或设置一个特定的情境，通过组织幼儿讨论，激发幼儿良好的道德行为意识。针对混龄班的实际情况，不同年龄幼儿的品德培养重点与方式是不同的。年长幼儿在帮助年幼幼儿的时候，他的道德行为意识已发展为自身的道德行为。这种帮助的情境和行为多次出现后，年幼幼儿在观察学习的过程中也会逐渐习得以上榜样行为，使自身的道德意识向道德行为转化。

其次，共同创设条件为幼儿提供练习的机会。德育活动是对幼儿进行有目的、有计划的思想品德教育的主要途径，而行为实践是德育活动中不可缺少的重要组成部分。比如在学习"讲礼貌"的活动中，教师可先以讲故事的形式进行，而后在实践过程中，将平日霸道、攻击性强的幼儿分到各组去活动，让幼儿通过实践知道该如何讲礼貌。也可以通过幼儿最喜欢的角色游戏去提升幼儿的道德品质，在游戏中设定规则。为了让游戏进行下去，幼儿必须控制自己的行为，用角色的规则要求自己，通过扮演角色，增强自觉性行为，达到理解并执行规则的目的。在家庭教育中，家长可以带幼儿串门互访，教幼儿怎样成为一个好客的小主人和礼貌的小客人。

再次，利用社区资源培养幼儿的良好品德。例如，可利用超市对幼儿进行自我控制的教育，让幼儿知道超市里的东西不可以随便拿，看到好吃的和好玩的不能拆开包装，要学会控制自己的需要和情感冲动。

最后，消除不良因素的影响。当今时代是信息时代，大众传播媒介对幼儿道德品质的影响也不可低估。幼儿喜爱模仿的心理特征决定了他们会去模仿大众传播媒介中他们喜欢的人物的言行、举止，一旦形成不良的行为习惯，将很难改正，因此教师和家长应当在他们有类似表现时及时制止。教师和家长应注意合理使用大众传媒，使之成为影响幼儿品质和行为发展的积极因素。

二、通过家园共育提高幼儿的早期阅读能力

（一）家园配合，共同为幼儿营造良好的阅读环境和氛围

1. 混龄班级当中，由于幼儿的年龄跨度比同龄班级大，在阅读指导方面，需要从实际情况出发，分批对不同类型、不同文化层次的家长进行幼儿早期

阅读能力培养方面的指导，让他们都能认识到培养幼儿早期阅读能力的必要性和重要性，逐步提高自己的育儿水平和能力，从而努力为幼儿营造一个和谐舒适的阅读氛围。如果家长爱看书、爱看报纸，并且喜欢交流，那么长期坚持下来，幼儿也会潜移默化地受到影响，从模仿家长看书开始，幼儿也会渐渐热爱读书。

2. 要求家长每周必须抽出一段时间与幼儿进行亲子阅读，最好是在每天下班后、幼儿睡觉前的这一段时间与幼儿共同阅读。工作忙的家长可以轮流在这段时间与幼儿进行分享阅读。在共同阅读的过程中，帮助幼儿养成良好的阅读习惯，掌握正确的阅读方法。通过亲子阅读，幼儿能学习到科学的阅读方法，增进对书本知识的理解，还能增强爱护图书的意识，学会正确翻阅、取放图书。条件允许的情况下，家长还可以带幼儿去公共图书馆阅读，体验阅读氛围的温馨、浓郁，让幼儿学会安静地阅读、认真地阅读。

3. 有效利用各种时间、机会进行阅读教育。家长在带幼儿外出时可以进行生活阅读，在和幼儿逛街、走动时，有意识地引导幼儿观察身边的广告牌、路标等，让幼儿明白阅读就在我们的生活中，阅读对我们的生活很重要以及我们可以创造性地阅读。比如遇到明显的路标、警示标记，家长可以和幼儿一起讨论红色的标志牌表示什么，黄色的标志牌表示什么，不同形状的标志牌又分别代表了什么。这些简单明了的图标配上简单的文字，能让幼儿在最短的时间内记住它们。

（二）家园共育，为幼儿提供丰富、适宜的阅读材料

1. 针对混龄教育的特点，要为每个年龄段的幼儿挑选符合其年龄特点的阅读材料。小班幼儿年龄小，有意注意时间短，要注意挑选图片鲜艳、文字少、故事情节简单的图书，选择的图书要能吸引他们的兴趣。为中班幼儿选择的阅读材料要生动有趣，贴近社会，与幼儿生活息息相关，能让幼儿有兴趣自主地感知、体验、探索，并有发挥创造力和想象力的机会。针对大班幼儿已有一定阅读能力的情况，可以让幼儿自由地选择，并且可以着重培养大班幼儿欣赏美文的能力。需要指出的是，要严格控制幼儿看视频资源（如动画片、短视频等）的时间，要引导幼儿做眼保健操，知道保护眼睛。看完视频以后，可以让幼儿讲讲自己最喜欢的某一情节或某一片段，甚至可以为幼儿提供简单的道具，让幼儿挑选自己最喜欢的角色进行表演，引导幼儿有表情地学说角色间的对话。

2. 同样的阅读材料，对不同年龄幼儿的要求是不一样的。比如开展主题活动"落叶"，欣赏同样的散文内容，但由于这是大班幼儿与小班幼儿的混龄教育活动，所以教师为小班幼儿和大班幼儿设置的活动目标有明显的不同。小班幼儿的活动目标是："初步了解散文内容，能够向同伴简单地讲述。"活动过程中，教师会引导小班幼儿说说散文叫什么名字、散文中有谁，还会让小班幼儿去展示与年长幼儿合作完成的落叶贴画作品。针对大班幼儿，这个活动的目标则是："尝试有表情地朗诵散文，并大胆仿编散文。"活动结束时，教师引导大班幼儿朗诵仿编的散文，在延伸活动中鼓励大班幼儿邀请家长一起仿编散文，并与家长一起将仿编的散文用自己喜欢的方式记录下来。

3. 幼儿园的图书资源有限，班级可以充分利用家庭资源的优势，建立小小图书角，让家长引导幼儿推荐好看的书与其他小朋友一起分享，并定期更换图书角的图书，共同为幼儿提供丰富的阅读材料。幼儿也可将在幼儿园特别感兴趣的书拿到家中阅读，并及时归还。

（三）家园合作，培养幼儿良好的阅读习惯

对不同年龄的幼儿，阅读所要达到的目的是不同的。比如对小班幼儿，幼儿园和家长共同需要做的是：首先，要指导幼儿学会正确看书的方法。有的幼儿喜欢倒置图书阅读，对此要引导幼儿自己去发现、观察图片的方位，体会正置图书阅读的重要性。其次，要指导幼儿改掉五指抓翻的翻书习惯，学会用两指捻翻，知道要用大拇指和食指翻书。再次，要指导幼儿学会有顺序地看书。可以在书的封面上贴上便笺纸、即时贴等作为标记，并告诉幼儿，让幼儿逐渐养成看书要先看书封面，然后再往后看的习惯。如果幼儿看过封面后便很快翻完整本书，或者喜欢跳页阅读，那么教师和家长可以先选择页数少的图画书，让幼儿一页一页地翻看，然后逐渐增加页数，引导幼儿逐渐学会有序阅读。

在阅读之前，家长要事先了解图书的内容，可以鼓励幼儿猜猜图书讲的是什么；可以与幼儿讨论书的作者，比如安徒生、格林兄弟等，讨论图书的绘画者，比如他的绘画风格和表现手法；可以向幼儿介绍图书的主角，与幼儿讨论图书中与幼儿已有经验相关的内容。

在阅读中，要给幼儿足够的时间自己翻阅图书，教师或家长可在一旁观察幼儿的阅读习惯；可将故事的内容精细化，以符合幼儿的理解能力；可偶尔问一些问题，以了解幼儿对此故事的理解程度，若发现幼儿对其中某些内容不太理解,则可以作适当解释;讲到有趣、有悬念、出乎意料的环节时,可提问幼儿接下来可能会发生什么情况,以发展幼儿的想象力和创造力;最后还可以请幼儿把刚才阅读的故事讲给家长听。

在阅读之后,教师或家长可以引导幼儿回忆这个故事的关键要素,包括时间、地点、人物以及事情经过和结局,帮助幼儿串联整个故事,并且联想生活中类似的经验,鼓励幼儿思考故事的意义。

事实上,亲子阅读或者幼儿园的分享阅读没有固定的或者是被奉为真理的阅读技巧,只要阅读环境安静、温馨、适宜,教师或家长态度热情、语言生动,故事书内容有吸引力,阅读时间充足,有适时提出的、能刺激幼儿思考及回应的问题,并且幼儿感觉愉快,那么这些就能够成为幼儿阅读故事的基本条件,从而形成良好的阅读效果。日积月累,幼儿的进步会给教师和家长带来惊喜。

(四) 指导家长帮助幼儿进行阅读练习

1. 引导观察

建议家长在指导幼儿看图时,要有顺序、方向性,要根据图画的内容,提出相关问题,比如画里有谁,他们在干什么,发生了什么事等,让幼儿带着问题有目的地看。幼儿的思维具有跳跃性特点,看图随意性大,面对一幅画时,一会儿看这儿,一会儿看那儿,家长需要适时地加以引导,让幼儿学会有序、有效地看图。

2. 启发思考

如果只注重引导幼儿观察而不引导幼儿想象,那么观察到的只是一些细节,不能将故事情节有机地联系起来。因此,家长要在引导幼儿观察的基础上,启发幼儿积极思考,根据画面内容大胆联想。例如问幼儿小动物们会说些什么,会怎么想,会怎么做等。

3. 准确表述

教师和家长要引导幼儿自己去讲述,指导幼儿用规范的语言、恰当的词汇准确地表达图意。教师和家长要注意倾听幼儿的讲述,可用关键词提示,并询问幼儿这些词的意思,让幼儿有意义地用词。小班幼儿在上学期基本会把词说得有关联性,到下学期就要学习说完整句。中班幼儿要能说完整句,表达流利,会理解新词,完整地讲述故事情节,学习创编故事。大班幼儿要能完整、有趣地讲述故事,会用好新词,并能创造性地运用图标和教师或家长一起记录故事。

(五) 为幼儿及家长提供相互交流的平台

混龄教育中，家长之间的互相学习与沟通显得尤为重要。在对幼儿进行阅读教学时，教师可适时组织丰富多彩的阅读活动，这不仅有利于增加幼儿的阅读兴趣，而且能提高幼儿的语言表达能力、表演能力和组织能力，提高幼儿的综合素质。例如适时组织"小小故事会""我的图书最好看""图书漂流瓶""亲子交流会"等活动，让幼儿之间、幼儿与家长、幼儿与教师、家长与教师之间相互交流，共同分享自己的读书成果。另外，家长长期对幼儿进行阅读能力的培养，也有许多好的经验，对此教师可采取家长交流会的形式，实现家长与教师近距离的沟通与交流。在交流过程中，可请育儿有方的家长介绍自己的育儿经验，大家相互讨论，最终达成共识。

主要参考文献

［1］〔美〕Eleanor Reynolds. 早期儿童教育指导［M］. 郭力平，等译. 上海：华东师范大学出版社，2007.

［2］〔美〕奥莉维亚·莎拉. 幼儿园教师与儿童的认知风格［M］. 阮婷，钱琼，译. 上海：华东师范大学出版社，2011.

［3］〔美〕Richard A Schmuck，Patricia A Schmuck. 班级中的群体化过程［M］. 廖珊，郭建鹏，等译. 北京：中国轻工业出版社，2006.

［4］〔意〕蒙台梭利. 蒙台梭利幼儿教育科学方法［M］. 任代文，译. 北京：人民教育出版社，2001.

［5］陈帼眉，冯晓霞，庞丽娟. 学前儿童发展心理学［M］. 北京：北京师范大学出版社，1995.

［6］董奇. 心理与教育研究方法［M］. 北京：北京师范大学出版社，2004.

［7］葛晓英. 混龄班幼儿教育活动实例［M］. 福州：福建人民出版社，2011.

［8］华爱华. 学前教育改革启示录［M］. 上海：上海社会科学院出版社，2009.

［9］刘晓东，卢乐珍. 学前教育学［M］. 南京：江苏凤凰教育出版社，2009.

［10］庞丽娟. 教师与儿童发展［M］. 北京：北京师范大学出版社，2003.

［11］杨汉麟. 外国幼儿教育史［M］. 北京：人民教育出版社，2011.

［12］刘晶波. 社会学视野下的师幼互动行为研究：我在幼儿园里看到了什么［M］. 南京：南京师范大学出版社，2006.

［13］张文新. 儿童社会性发展［M］. 北京：北京师范大学出版社，1999.

［14］吴式颖. 外国教育史教程［M］. 北京：人民教育出版社，1999.

［15］程彩玲. 幼儿园3－6岁连续混龄教育的组织与实施［J］. 学前教育研究，2010（11）.

［16］葛晓英. 探索最优化的混龄班教育模式［J］. 学前课程研究，2009（Z1）.

［17］葛晓英. 幼儿园混龄教育的探索与课程构建［J］. 学前教育研究，2012（7）.

［18］华爱华. 幼儿园混龄教育与学前教育改革［J］. 学前教育研究，2005（2）.

［19］黄娟娟. 师幼互动类型及成因的社会学分析研究：基于上海50所幼儿园活动中师幼互动的观察分析［J］. 教育研究，2009（7）.

［20］姜晓华. 浅谈混龄游戏促进幼儿的社会性发展［J］. 课程教材教学研究（幼教研究），2008（2）.

［21］李阿芳，娄玉珍. 幼儿混龄游戏的社会性教育功能探析［J］. 中国校外教育，2010（20）.

［22］李玉峰. 国外儿童混龄教育及其对我国学前教育的启示［J］. 现代教育管理，2009（7）.

［23］罗璇. 我国幼儿混龄教育现状与展望［J］. 毕节学院学报，2011（3）.

［24］潘晓云. "大带小"在幼儿园一日活动中的有效应用［J］. 当代学前教育，2012（2）.

［25］钱秀华. 在我国幼儿园实践混龄教育的困难与建议［J］. 学前教育研究，2008（2）.

［26］童宪明. 当前幼儿园混龄体育活动存在问题与指导策略［J］. 教育导刊（下半月），2010（2）.

［27］王春燕. 混龄教育对幼儿社会性发展的独特作用［J］. 山东教育（幼教刊），2005（Z6）.

［28］王晓芬，刘晶波. 论幼儿混龄教育的必要性［J］. 幼儿教育（教育科学），2007（11）.

［29］王晓兰，李少梅，黎艳，等. 幼儿异龄互动中的同伴关系研究［J］.

陕西教育学院学报，2012（2）.

［30］吴一慧. 幼儿园混龄特色教育模式的实践探索［J］. 上海教育科研，2007（4）.

［31］吴育红. 国内外关于幼儿异龄交往研究综述［J］. 晋中学院学报，2008（1）.

［32］武建芬，陈冰美. 间断性混龄：一种比较适合我国国情的学前教育组织形态［J］. 山东教育（幼教刊），2006（12）.

［33］杨燕. 德国幼儿园的混龄教育［J］. 教育文汇，2003（4）.

［34］叶子. 师幼互动的内容分布及其特征［J］. 幼儿教育（教育教学），2009（7）.

［35］余红梅. 混龄教育的实践价值与所面对的挑战［J］. 咸宁学院学报，2007（5）.

［36］张虹. 德国学前教育机构的混龄教育［J］. 幼儿教育，2003（11）.

［37］张杰，王美芳. 浅谈幼儿园混龄教育的特点［J］. 当代学前教育，2007（4）.

［38］章小芬. 幼儿混龄教育的实践与思考［J］. 山东教育（幼教刊），2005（Z6）.

［39］赵菁. 幼儿园混龄课程园本化研究［J］. 学前教育研究，2005（10）.

［40］成洁萍. 混龄教育促进幼儿社会性发展研究［D］. 山东师范大学硕士学位论文，2011.

［41］田红艳. 混龄教育基本理论研究［D］. 南京师范大学硕士学位论文，2012.

［42］王晓芬. 幼儿园混龄班教育研究［D］. 南京师范大学硕士学位论文，2006.

［43］张更立. 幼儿异龄同伴交往研究［D］. 西南师范大学硕士学位论文，2004.